Georg Christoph Lichtenberg, geboren am 1. 7. 1742 in Oberramstadt bei Darmstadt, ist am 24. 2. 1799 in Göttingen gestorben. In acht Wachstuchhefte trug Georg Christoph Lichtenberg seine Einfälle, Anmerkungen, Beobachtungen, Notizen, Vorstufen, Entwürfe, Fragmente und Arbeitsmaterialien ein. Diese sogenannten Sudelbücher edierte Albert Leitzmann 1901 zum ersten Mal vollständig. Unsere Ausgabe, die der jüngst verstorbene Literaturwissenschaftler Kurt Batt herausgab, bringt einen Querschnitt durch Lichtenbergs Aphorismensammlungen.

Lichtenberg ist vor allem durch seine Aphorismen bekannt, die ihn »wenn auch erst postum, zu einer der führenden Gestalten der deutschen Nationalliteratur des 18. Jahrhunderts werden ließen. An den Aphoristiker dachte Hebbel, wenn er lieber mit Lichtenberg vergessen als mit Jean Paul unsterblich sein wollte; den Aphoristiker meinten Platen und Tolstoi, der Physiker Einstein oder Publizisten von hohen Graden wie Karl Kraus und Kurt Tucholsky, wenn sie Lichtenberg zu ihren Lieblingsschriftstellern zählten.« *Kurt Batt* insel taschenbuch 165

# Lichtenberg
# Aphorismen

GEORG CHRISTOPH LICHTENBERG

# APHORISMEN

IN EINER AUSWAHL HERAUSGEGEBEN UND MIT EINEM NACHWORT VERSEHEN VON KURT BATT

INSEL

insel taschenbuch 165
Zweite Auflage, 11.-18. Tausend 1977
Lizenzausgabe mit freundlicher Genehmigung
der Dieterich'schen Verlagsbuchhandlung Leipzig, DDR
Vertrieb durch den Suhrkamp Taschenbuch Verlag
Umschlag nach Entwürfen von Willy Fleckhaus
Satz: Librisatz, Kriftel/Ts. · Druck: Ebner, Ulm
Printed in Germany

# APHORISMEN

## 1764–1772

Der große Kunstgriff, kleine Abweichungen von der Wahrheit für die Wahrheit selbst zu halten, worauf die ganze Differentialrechnung gebaut ist, ist auch zugleich der Grund unserer witzigen Gedanken, wo oft das Ganze hinfallen würde, wenn wir die Abweichungen in einer philosophischen Strenge nehmen würden.

Es ist eine Frage, ob den Wissenschaften und Künsten ein Bestes möglich sei, über welches unser Verstand nicht gehen kann. Vielleicht ist dieser Punkt unendlich weit entfernt, ohnerachtet bei jeder Näherung wir weniger vor uns haben.

Die Erfindung der wichtigsten Wahrheiten hängt von einer feinen Abstraktion ab, und unser gemeines Leben ist eine beständige Bestrebung, uns zu derselben unfähig zu machen; alle Fertigkeiten, Angewohnheiten, Routine, bei einem mehr als bei dem andern, und die Beschäftigung der Philosophen ist es, diese kleinen blinden Fertigkeiten, die wir durch Beobachtungen von Kindheit an uns erworben haben, wieder zu verlernen. Ein Philosoph sollte also billig als ein Kind schon besonders erzogen werden.

So wie das Ohr Verhältnisse mißt, so berechnet vielleicht die Zunge Flächen von Körpern.

Die größten Dinge in der Welt werden durch andere zuwege gebracht, die wir nichts achten, kleine Ursachen, die wir übersehen und die sich endlich häufen.

Rousseau nennt mit Recht den Akzent die Seele der Rede. Und Leute werden von uns oft für dumm angesehn, und wenn wir es untersuchen, so ist es bloß der einfache Ton in ihren Reden. Weil nun dieses bei den Schriften wegfällt, so muß der Leser auf den Akzent geführt werden, dadurch daß man deutlicher durch die Wendung anzeigt, wo der Ton hingehört. Und dieses ist es, was die Rede im gemeinen Leben vom Brief unterscheidet und was auch eine bloß gedruckte Rede von derjenigen unterscheiden sollte, die man wirklich hält.

Die Versart den Gedanken anzumessen ist eine sehr schwere Kunst, und eine Vernachlässigung derselben ist ein wichtiger Teil des Lächerlichen. Sie verhalten sich beide zusammen wie im gemeinen Leben Lebensart und Amt.

Da alle Glieder der Tiere eine sehr weisliche Absicht ihres großen Schöpfers zeigen, so fragt sich, warum die Menschen oft Gewächse, Glieder ohne eine Absicht, bekommen.

Die Esel haben die traurige Situation, worin sie jetzo in der Welt leben, vielleicht bloß dem witzigen Einfall eines losen Menschen zu danken. Dieser ist schuld, daß sie zum verächtlichen Tier auf immer geworden sind und es auch bleiben werden, denn viele Eseltreiber gehen deswegen mit ihren Eleven so fürchterlich um, weil es Esel, nicht weil es träge und langsame Tiere sind.

Der Aberglauben gemeiner Leute rührt von ihrem frühen und allzu eifrigen Unterricht in der Religion her. Sie hören von Geheimnissen, Wundern, Wirkungen des Teufels und halten es für sehr wahrscheinlich, daß dergleichen Sachen überall in allen Dingen geschehen könnten. Hingegen wenn man ihnen erst die Natur selbst zeigte, so würden sie leichter das Übernatürliche und Geheimnisvolle der Religion mit Ehrfurcht betrachten. Da sie hingegen jetzo dieses für etwas sehr Gemeines halten, so daß sie es für nichts Sonderliches halten, wenn ihnen jemand sagte, es wären heute sechs Engel über die Straße gegangen. Auch die Bilder in den Bibeln taugen nicht für Kinder.

Es gibt keine Synonyma; die Wörter, die wir dafür halten, haben ihren Erfindern gewiß nicht einerlei, sondern vermutlich Spezies ausgedrückt.

Die Schnecke baut ihr Haus nicht, sondern es wächst ihr aus dem Leib.

Aus den Träumen der Menschen, wenn sie dieselben genau anzeigten, ließe sich vielleicht vieles auf ihren Charakter schließen. Es gehörte aber dazu nicht etwa einer, sondern eine ziemliche Menge.

Die Furcht vor dem Tod, die den Menschen eingeprägt ist, ist zugleich ein großes Mittel, dessen sich der Himmel bedient, sie von vielen Untaten abzuhalten; vieles wird aus Furcht vor Lebensgefahr oder Krankheit unterlassen.

Daß der Mensch grob sündigen kann, daran ist mehr die Beschaffenheit der äußeren Dinge als seine eigene schuld; könnte er nicht die Wirkung gewisser Dinge hindern, andere zerstören, wie könnte er fehlen, wenn alles, was er gegen die Wesen außer ihm vornähme, denselben zum Vorteil gereichte?

Die Speisen haben vermutlich einen sehr großen Einfluß auf den Zustand der Menschen, wie er jetzo ist, der Wein äußert seinen Einfluß mehr sichtbar, die Speisen tun es langsamer, aber vielleicht ebenso gewiß. Wer weiß, ob wir nicht einer gut gekochten Suppe die Luftpumpe und einer schlechten den Krieg oft zu verdanken haben. Es verdiente dieses eine genauere Untersuchung. Allein wer weiß, ob nicht der Himmel damit große Endzwecke erreicht, Untertanen treu erhält, Regierungen ändert und freie Staaten macht und ob nicht die Speisen das tun, was wir den Einfluß des Klimas nennen.

Heftigen Ehrgeiz und Mißtrauen habe ich noch allemal beisammen gesehen.

Ich habe etliche Male bemerkt, daß ich Kopfweh bekam, wenn ich mich lange in einem Hohlspiegel betrachtete.

Wenn ich bisweilen viel Kaffee getrunken hatte und daher über alles erschrak, so konnte ich ganz genau merken, daß ich eher erschrak, ehe ich den Krach hörte. Wir hören also gleichsam noch mit anderen Werkzeugen als mit den Ohren.

Leute, die nicht die feine Verstellungskunst völlig innehaben und andere mit Fleiß hintergehen wollen, entdecken uns gemeiniglich das Generelle ihrer ganzen Denkungsart bei der ersten Zusammenkunft. Wer also der Neigung eines andern schmeicheln will und sich in dieselbe schicken lernen will, der muß bei der ersten Zusammenkunft sehr achtgeben, dort findet man gemeiniglich die bestimmenden Punkte der ganzen Denkungsart vereinigt.

Ich träumte neulich an einem Morgen, ich läge wachend im Bette und könnte keinen Atem bekommen. Darauf erwachte ich ganz helle und spürte, daß ich nur ganz mäßig Mangel nach meiner damaligen Lage daran hatte. Einem bloß fühlenden Körper kommen böse Empfindungen allzeit größer vor als einem, der mit einer denkenden Seele verknüpft ist, wo selbst oft der Gedanke, daß die Empfindungen nichts zu bedeuten haben oder daß man sich wenn man nur wollte, davon befreien könnte, vieles vom Unangenehmen vermindert. Wir liegen öfters mit unserm Körper so, daß gedrückte Teile uns heftig schmerzen, allein weil wir wissen, daß wir uns aus dieser Lage bringen könnten, wenn wir nur wollten, so empfinden wir wirklich sehr wenig. Dieses bestärkt eine Anmerkung, die ich unten gemacht habe, nämlich daß man sich durch Drücken die Kopfschmerzen vermindern kann.

Der Tod ist eine unveränderliche Größe, allein der Schmerz ist eine veränderliche, die unendlich wachsen kann. Dieses ist ein Satz, den die Verteidiger der Folter zugeben müssen, denn sonst foltern sie vergeblich, allein in vielen wird der Schmerz ein Größtes und kleiner als der Tod.

Die Vorurteile sind sozureden die Kunsttriebe der Menschen; sie tun dadurch vieles, das ihnen zu schwer werden würde, bis zum Entschluß durchzudenken, ohne alle Mühe.

Eine Sprache, die allemal die Verwandtschaft der Dinge zugleich ausdrückte, wäre für den Staat nützlicher als Leibnizens Charakteristik. Ich meine solche wie zum Exempel Seelsorger statt Prediger, Dummkopf statt Stutzer, Wassertrinker statt anakreontischer Dichter.

Debitum naturae reddere heißt auf lateinisch gemeiniglich sterben. Oh, es könnte noch mehr heißen! Viele Schwachheiten, die wir begehen, sind Schulden, die wir der Natur bezahlen.

Unser Leben hängt so genau in der Mitte zwischen Vergnügen und Schmerz, daß uns schon zuweilen Dinge schädlich werden können, die uns zu unserm Unterhalt dienen, wie ganz natürlich veränderte Luft, da wir doch in die Luft geschaffen sind. Allein wer weiß, ob nicht vieles von unserm Vergnügen von diesem Balancement abhängt; diese Empfindlichkeit ist vielleicht ein wichtiges Stück von dem, was unsern Vorzug vor den Tieren ausmacht.

Eine Empfindung, die mit Worten ausgedrückt wird, ist allzeit wie Musik, die ich mit Worten beschreibe; die Ausdrücke sind der Sache nicht homogen genug. . .

Es ist in der Tat ein sehr blindes und unsern aufgeklärten Zeiten sehr unanständiges Vorurteil, daß wir die Geographie und die Römische Historie eher lernen als die Physiologie und Anatomie, ja die heidnische Fabellehre eher als diese für Menschen beinah so unentbehrliche Wissenschaft, daß sie nächst der Religion sollte getrieben werden. Ich glaube, daß einem höheren Geschöpfe, als wir Menschen sind, dieses das reizendste Schauspiel sein muß, wenn er einen großen Teil des menschlichen Geschlechts starr ein paar tausend Jahre hinter sich gehen sähe, und aufs ungewisse und unter dem Freibrief, Regeln für die Welt aufzusuchen, sich und der Welt unnütz sterben, die ihren Körper, der doch ihr vornehmster Teil war, nicht kannten, da ein Blick auf ihn, sie, ihre Kinder, ihren Nächsten, ihre Nachkommen hätte glücklich machen können.

Um uns ein Glück, das uns gleichgültig scheint, recht fühlbar zu machen, müssen wir immer denken, daß es verloren sei und daß wir es diesen Augenblick wieder erhielten. Es gehört aber etwas Erfahrung in allerlei Leiden dazu, um diese Versuche glücklich anzustellen.

Diejenigen Verba, welche die Leute täglich im Munde führen, sind in allen Sprachen die irregulärsten: sum, sono, εἰμὶ, ich bin, je suis, jag är, I am.

Die Kritiker lehren uns, uns an die Natur zu halten, und die Schriftsteller lesen es, sie halten es aber immer für sicherer, sich an Schriftsteller zu halten, die sich an die Natur gehalten haben. Die meisten lesen die Regeln des Home, und wenn sie schreiben wollen, denken sie an eine Stelle des Shakespeare. Es ist freilich gut, ein so großes Original vor Augen zu haben, allein es ist klar, daß, wenn man eine solche Kopie nicht erreicht, die Entfernung davon nach der Seite zu geschieht, die von der Natur noch weiter abweicht; oder es muß ein großes Genie sein, das sich der Natur noch mehr nähert als die erste Kopie derselben. Geschieht aber dieses, so muß notwendig der Verfasser mehr die Natur als die Kopie zu erreichen gesucht haben, und man kann eigentlich alsdann nicht mehr sagen, daß er nach einer Malerei gezeichnet hat, sondern er bedient sich derselben nur so, wie man sich in der praktischen Geometrie des Augenmaßes zuweilen bedient, Messungen zu probieren, nicht um dadurch überhaupt zu sehen, ob man genau gemessen hat, sondern zu sehen, ob man nicht durch einen Irrtum in der Rechnung einen Fehler begangen hat, der die Hälfte des gesuchten beträgt.

Dante Alighieri nennt in seiner Komödie den Virgil mit vielem Respekt seinen Lehrer und hat ihn, wie Herr Meinhard bemerkt, doch so schlecht genützt; eine deutliche Probe, daß man schon damals die Alten lobte, ohne zu wissen, warum. Sie zu loben und andere Sachen tun, dieser Respekt gegen Dichter, die man nicht versteht und doch erreichen will, ist die Quelle unserer schlechten Schriften.

Bei einem Verbrechen ist das, was die Welt das Verbrechen nennt, selten das, was die Strafe verdient, sondern da ist es, wo unter der langen Reihe von Handlungen, womit es sich gleichsam als mit Wurzeln in unser Leben hinein erstreckt, diejenige ist, die am meisten von unserm Willen dependierte und die wir am allerleichtesten hätten nicht tun können.

Es gibt eine gewisse Art Menschen, die mit jedem leicht Freundschaft machen, ihn ebensobald wieder hassen und wieder lieben. Stellt man sich das menschliche Geschlecht als ein Ganzes vor, wo jeder Teil in seine Stelle paßt, so werden dergleichen Menschen zu solchen Ausfüllteilen, die man überall hinwerfen kann. Man findet unter dieser Art von Leuten selten große Genies, ohnerachtet sie am leichtesten dafür gehalten werden.

Die wahre Bedeutung eines Wortes in unserer Muttersprache zu verstehen, bringen wir gewiß oft viele Jahre hin. Ich verstehe auch zugleich hiermit die Bedeutungen, die ihm der Ton geben kann. Der Verstand eines Wortes wird uns, um mich mathematisch auszudrücken, durch eine Formel gegeben, worin der Ton die veränderliche und das Wort die beständige Größe ist. Hier eröffnet sich ein Weg, die Sprachen unendlich zu bereichern, ohne die Worte zu vermehren. Ich habe gefunden, daß die Redensart »es ist gut« auf fünferlei Art von uns ausgeprochen wird und allemal mit einer anderen Bedeutung, die freilich auch oft noch durch eine dritte veränderliche Größe, nämlich die Miene, bestimmt wird.

Das Maß des Wunderbaren sind wir, wenn wir ein allgemeines Maß suchten, so würde das Wunderbare wegfallen, und würden alle Dinge gleich groß sein.

Ein Narr, der sich einbildet, ein Fürst zu sein, ist von dem Fürsten, der es in der Tat ist, durch nichts unterschieden, als daß jener ein negativer Fürst und dieser ein negativer Narr ist, ohne Zeichen betrachtet sind sie gleich.

Kein Fürst kann jemals den Wert eines Mannes durch seine Gunst bestimmen, denn es ist ein Schluß, der nicht auf eine einzige Erfahrung etwa gegründet ist, daß ein Regent meistens ein schlechter Mann ist. Der in Frankreich backt Pasteten und betrügt ehrliche Mädchen, der König von Spanien hurt unter Pauken und Trompeten Hasen in Stücken, der letzte König in Polen, der Kurfürst von Sachsen war, schoß seinem Hofnarren mit dem Blasrohr nach dem Arsch, der Fürst von Löwenstein beklagt bei einem großen Brand nichts als seinen Sattel, der Landgraf von Kassel fährt einer Tänzerin zu Gefallen in der Suite eines Fürsten, der nicht viel mehr ist als er, und wird durch die erbärmlichsten Leute betrogen, der Herzog von Württemberg ist ein Wahnsinniger, . . . der Fürst von Weilburg badet sich öffentlich in der Lahn; die meisten übrigen Beherrscher dieser Welt sind Tambours, Fouriers, Jäger. Und dieses sind die Obersten unter den Menschen; wie kann es denn in der Welt nur erträglich hergehen; was helfen die Einleitungen ins Kommerzienwesen, die »Arts de s'enrichir par l'agriculture«, die ›Hausväter‹, wenn ein Narr der Herr von allen ist, der keine Oberen erkennt als seine Dummheit, seine Kaprize, seine Huren und seinen Kammerdiener. »O wenn doch die Welt einmal erwachte, und wenn auch drei Millionen am Galgen stürben, so würden doch vielleicht 50 bis 80 Millionen dadurch glücklich!« So sprach einst ein Perückenmacher in Landau auf der Herberge. Man hielt ihn aber mit Recht für völlig verrückt, er wurde ergriffen und von einem Unteroffizier, noch ehe er in Verhaft gebracht wurde, mit dem Stock totgeschlagen; der Unteroffizier verlor den Kopf.

Wenn Plato sagt, die Leidenschaften und die natürlichen Triebe seien die Flügel der Seele, so drückt er sich sehr lehrreich aus. Solche Vergleichungen erläutern die Sache und sind gleichsam Übersetzung der schweren Begriffe eines Mannes in eine jedermann bekannte Sprache, wahrhafte Definitionen.

Es kann ohnstreitig Kreaturen geben, deren Organe so fein sind, daß sie nicht imstande sind, durch einen Lichtstrahl durchzugreifen, so wie wir nicht durch einen Stein durchgreifen können, weil unsere Hände eher zerstört werden würden.

Es ist eine richtige Beobachtung, wenn man sagt, daß Leute, die zu stark nachahmen, ihre eigene Erfindungskraft schwächen. Dieses ist die Ursache des Verfalls der italienischen Baukunst. Wer nachahmt und die Gründe der Nachahmung nicht einsieht, fehlt gemeiniglich, sobald ihn die Hand verläßt, die ihn führte.

Ich habe schon auf Schulen Gedanken vom Selbstmord gehegt, die den gemein angenommenen in der Welt schnurstracks entgegenliefen, und erinnere mich, daß ich einmal lateinisch für den Selbstmord disputierte und ihn zu verteidigen suchte. Ich muß aber gestehn, daß die innere Überzeugung von der Billigkeit einer Sache (wie dieses aufmerksame Leser werden gefunden haben) oft ihren letzten Grund in etwas Dunklem hat, dessen Aufklärung äußerst schwer ist oder wenigstens scheint, weil eben der Widerspruch, den wir zwischen dem klar ausgedrückten Satz und unserem undeutlichen Gefühl bemerken, uns glauben macht, wir haben den rechten noch nicht gefunden. Im August 1769 und in den folgenden Monaten habe ich mehr an den Selbstmord gedacht als jemals vorher, und allezeit habe ich bei mir befunden, daß ein Mensch, bei dem der Trieb zur Selbsterhaltung so geschwächt worden ist, daß er so leicht überwältigt werden kann, sich ohne Schuld ermorden könne. Ist ein Fehler begangen worden, so liegt er viel weiter zurück. Bei mir ist eine vielleicht zu lebhafte Vorstellung des Todes, seines Anfangs, und wie leicht er an sich ist, schuld, daß ich vom Selbstmord so denke. Alle, die mich nur aus etwas größeren Gesellschaften und nicht aus einem Umgang zu zweit kennen, werden sich wundern, daß ich so etwas sagen kann. Allein Herr Ljungberg weiß es, daß es eine von meinen Lieblingsvorstellungen ist, mir den Tod zu gedenken, und daß mich dieser

Gedanke zuweilen so einnehmen kann, daß ich mehr zu fühlen als zu denken scheine und halbe Stunden mir wie Minuten vorübergehn. Es ist dieses keine dickblütige Selbstkreuzigung, welcher ich wider meinen Willen nachhinge, sondern eine geistige Wollust für mich, die ich wider meinen Willen sparsam genieße, weil ich zuweilen fürchte, jene melancholische nachteulenmäßige Betrachtungsliebe möchte daraus entstehen.

Den 25. Februar 1770.
Was ist es, das macht, daß wir uns zuweilen eines geheimen Kummers standhaft entschlagen können, da die Vorstellung, daß wir unter dem Schutz einer höchstgütigen Vorsicht stehen, die größte Wirkung auf uns hat, und dennoch oft in der nächsten halben Stunde diesem nämlichen Kummer beinah unterliegen. Mit mir ist es wenigstens so, ohne daß ich sagen könnte, daß ich bei der zweiten Vorstellung meinen Kummer von einer neuen Seite betrachte, andere Relationen einsehe, nichts weniger. Fände dieses statt, so würde ich diese Anmerkung nicht einmal niedergeschrieben haben. Ich glaube vielmehr, daß die moralische Empfindlichkeit im Menschen zu unterschiedenen Zeiten verschieden ist, des Morgens stärker als des Abends.

Es donnert, heult, brüllt, zischt, pfeift, braust, saust, summet, brummet, rumpelt, quäkt, ächzt, singt, rappelt, prasselt, knallt, rasselt, knistert, klappert, knurret, poltert, winselt, wimmert, rauscht, murmelt, kracht, gluckset, röcheln, klingelt, bläset, schnarcht, klatscht, lispeln, keuchen, es kocht, schreien, weinen, schluchzen, krächzen, stottern, lallen, girren, hauchen, klirren, blöken, wiehern, schnarren, scharren, sprudeln. Diese Wörter und noch andere, welche Töne ausdrücken, sind nicht bloße Zeichen, sondern eine Art von Bilderschrift für das Ohr.

Weiser werden heißt immer mehr und mehr die Fehler kennenlernen, denen dieses Instrument, womit wir empfinden und urteilen, unterworfen sein kann. Vorsichtigkeit im Urteilen ist, was heutzutage allen und jedem zu empfehlen ist. Gewönnen wir alle zehn Jahre nur *eine* unstreitige Wahrheit von jedem philosophischen Schriftsteller, so wäre unsere Ernte immer reich genug.

Es gibt Menschen, die sogar in ihren Worten und Ausdrücken etwas Eigenes haben (die meisten haben wenigstens etwas, das ihnen eigner ist), da doch Redensarten durch eine lange Mode so und nicht anders sind. Solche Menschen sind allzeit einer Aufmerksamkeit würdig; es gehört viel Selbstgefühl und Unabhängigkeit der Seele dazu, bis man so weit kommt. Mancher fühlt neu, und sein Ausdruck, womit er dieses Gefühl andern deutlich machen will, ist alt.

Den Männern in der Welt haben wir so viel seltsame Erfindungen in der Dichtkunst zu danken, die alle ihren Grund in dem Erzeugungstrieb haben, alle die Ideale von Mädchen und dergleichen. Es ist schade, daß die feurigen Mädchen nicht von den schönen Jünglingen schreiben dürfen, wie sie wohl könnten, wenn es erlaubt wäre. So ist die männliche Schönheit noch nicht von denjenigen Händen gezeichnet, die sie allein recht mit Feuer zeichnen könnten. Es ist wahrscheinlich, daß das Geistige, was ein paar bezauberte Augen in einem Körper erblicken, der sie bezaubert hat, ganz von einer andern Art sich den Mädchen in männlichen Körpern zeigt, als es sich dem Jüngling in weiblichen Körpern entdeckt.

Wenn er seinen Verstand gebrauchen sollte, so war es ihm, als wenn jemand, der beständig seine rechte Hand gebraucht hat, etwas mit der linken tun soll.

Er hatte zu nichts Appetit und aß doch von allem.

Er ging weder den ganz breiten Weg zur Ewigkeit noch den ganz schmalen, sondern hatte bei häufigem Gebet und einer guten Tafel einen mittleren eingeschlagen, den man den geistlich-kurfürstlichen nennen könnte.

Der Pöbel wünscht sich Gold und Chargen und würde sich betrogen finden, wenn er sie hätte. Unter den Großen ist es nun auch Mode geworden, die Quelle und den Strohsack dem Bauern zu beneiden; mancher würde sich auch in diesem Zustand betrogen finden. Der Dichter versteht aber ein Ideal, wird man sagen; wer weiß aber, ob nicht der Bauer sich den Zustand des Großen auch idealisiert.

Mich dünkt immer, die ganz schlechten Schriftsteller sollte man immer in den gelehrten Zeitungen ungeahndet lassen; die gelehrten Zeitungsschreiber verfallen in den Fehler der Indianer, die den Orang Utan für ihresgleichen und seine natürliche Stummheit für einen Eigensinn halten, von welchem sie ihn durch häufige Prügel vergeblich abzubringen suchen.

Es gibt eine gewisse Art von Büchern, und wir haben in Deutschland eine große Menge, die nicht vom Lesen abschrekken, nicht plötzlich einschläfern oder mürrisch machen, aber in Zeit von einer Stunde den Geist in eine gewisse Mattigkeit versetzen, die zu allen Zeiten einige Ähnlichkeit mit derjenigen hat, die man einige Stunden vor einem Gewitter verspürt. Legt man das Buch weg, so fühlt man sich zu nichts aufgelegt, fängt man an zu schreiben, so schreibt man ebenso. Selbst gute Schriften scheinen diese laue Geschmacklosigkeit anzunehmen, wenn man sie zu lesen anfängt. Ich weiß aus eigener Erfahrung, daß gegen diesen traurigen Zustand nichts geschwinder hilft als eine Tasse Kaffee mit einer Pfeife Varinas.

Winckelmann, Hagedorn und Lessing haben unsern deutschen Kritikern einen ganz neuen Geist mitgeteilt, ehmals sagte man von einem schlechten Kupferstich, der Kupferstich ist schlecht, jetzt haben die Beurteilungen mehr Feuer. Von einer Cœur-Dame werden sie so urteilen: Das Gesicht hat zu viel Lokales, die Augen haben von den Augen der Juno, die der Kartenmacher sich zu erreichen gesucht hat, nichts als die Größe, nichts von dem stillen Feuer, das den Paris wanken machte, nichts von dem Himmel in ihnen, der sich mit ihnen auf- und mit ihnen zuschließt. So idealisch auch der Mund scheint, so französisch sind die Locken, sie spielen nicht neidisch um die volle Wange, sondern mit reicher Pomade in eine gewisse Stellung gesteift, scheinen sie wenig bekümmert zu sein, ob sie zuviel oder zuwenig verbergen. In ihrem Wuchs ist nichts griechisch, dem Serer könnte sie gefallen; man vermißt mit Unwillen die schlanke Biegung des Körpers, die uns dadurch, daß sie das Gesicht wegzieht, den warmen, elastischen Busen anzubieten scheint. Die Hände sind wie von der englischen Krankheit verdreht und scheinen angesetzt. Das Kolorit ist das Kolorit eines schlechten Malers, der auf frischen Gips malt und der, um einer Stelle sanften Schmelz mitzuteilen, sieben andere ganz abgeschnitten sitzen läßt. Kurz, in der ganzen Cœur-Dame finden wir auch nicht die flüchtigste Spur des Genies, das durch einen einzigen Zug uns nötigt, Leinewand für unseren Nächsten zu halten, seinem stummen Seufzer uns entgegen zu erbarmen und bei seinen gemalten Tränen das höchste Geschenk des gefühlvollen Menschen, lebendige Tränen, zu weinen.

Beobachtungen zur Erläuterung der Geschichte des Geistes dieses Jahrhunderts. Die Geschichte eines Jahrhunderts ist aus den Geschichten der einzelnen Jahre zusammengesetzt. Den Geist eines Jahrhunderts zu schildern, kann man nicht die Geister der hundert einzelnen Jahre zusammenflicken, unterdessen ist es dem, der ihn entwerfen will, allemal nützlich, auch die letzteren zu kennen, sie können ihm immer neue Punkte darbieten, seine steten Linien dadurch zu ziehen.

Der Pöbel ruiniert sich durch das Fleisch, das wider den Geist, und der Gelehrte durch den Geist, dem zu sehr wider den Leib gelüstet.

Diese Frau war mit einer Zunge schon eine Fama, was würde sie erst getan haben, wenn sie tausendzüngig gewesen wäre.

In den Romanen gibt es tödliche Krankheiten, die im gemeinen Leben nichts weniger als tödlich sind, und umgekehrt im gemeinen Leben tödliche, die es in Romanen nicht sind.

Der Deutsche liegt im Charakter so zwischen dem Franzosen und Engländer in der Mitte, daß unsere Romanschreiber leicht einen von diesen beiden schildern, wenn sie einen Deutschen nur mit etwas starken Farben malen wollen.

Im ›Zuschauer‹ wird gesagt: »The whole man must move together.« Alles muß einen einzigen Endzweck im Menschen haben.

Er war, was man in allen Ländern zwischen dem Rhein und der Donau eine gute Haut nennt.

Jedermann sollte wenigstens so viel Philosophie und schöne Wissenschaften studieren als nötig ist, um sich die Wollust angenehmer zu machen. Merkten sich dieses unsere Landjunker, Hofkavaliere, Grafen und andere, sie würden oft über die Wirkung eines Buches erstaunen. Sie würden kaum glauben, wie sehr Wieland den Champagner erhöhet, seine häufige Rosenfarbe, sein Silberflor, seine leinenen Nebel würden ihnen selbst den Genuß eines guten elastischen Dorfmädchens mehr sublimieren.

Blut, das vierzig Ahnen durch allzeit unter eigenen Westen geflossen hat, rann nun zum ersten Mal unter einer geborgten.

Sein Rock war mehr wert als seine Ehre, und jeder Jude hätte ihm mehr für jenen, als für diese gegeben.

Sein Stil spielt so etwas ins Lohensteinische.

Es ist wirklich möglich, daß, wenn Teile im Gehirn, die symmetrisch sein sollen, es nicht sind, dieses zum Vorteil des Verstandes dienen könne. Wir können mit einem Auge genug haben, so auch mit einer Seite des Gehirns, die andere kann durch zufällige Umstände eher verhärten oder sonst Veränderungen leiden, die denn das Resultat der ganzen Stellung des Gehirns bei einer Idee verändern. Ausgewachsene Personen sollen öfters sehr scharfsinnig sein; die verwachsene Seite verhärtet mehr, und vielleicht folgt eine ähnliche einseitige Veränderung im Gehirne, die dem Genie, das ohnehin schon jemand für einen kränklichen Zustand erklärt hat, eher vorteilhaft, als schädlich ist. Ich habe bemerkt, daß Personen, in deren Gesichtern ein gewisser Mangel von Symmetrie war, oft die feinsten Köpfe waren. Wenn einem gewissen Bildnis zu trauen war, das ich von Herrn von Voltaire gesehen habe, und von dem man mir versicherte, daß es ein Abguß wäre von einer Form, die man in Mannheim über sein Gesicht gegossen habe, so ist die eine Seite des Gesichts viel kürzer als die andere, auch die Nase, wiewohl kaum merklich, schief. K. . . . r, von der einen Seite betrachtet, sieht viel jünger aus, als von der anderen. Diesen beiden merkwürdigen Gesichtern gibt eben dieses, wiewohl nicht anstößige Irreguläre einen gewissen Schwung, aus welchem alles das Salz und die Bitterkeit hervorblickt, die ihre Schriften so charakteristisch gemacht haben. Ein Mensch, dessen eines Auge ein Perspektiv, das andere ein Mikroskop wäre, wird unter gewöhnlichen Menschen eine sonderbare Figur spielen.

Gott schuf den Weibern die Haare lang und um die Schultern hängend, aber ein Perückenmacher fand für gut, dieses zu ändern und sie hinaufzukämmen.

Billingsgate: der Ort, wo die Fischweiber in London sitzen und wo viel feiner Witz verschwendet wird.

Die verschiedenen Schreibarten unter Klassen zu bringen. Lessing, Wieland, Kästner schreiben unter den Deutschen die beste Prose . . .

Er pflegte seine obern und untern Seelenkräfte das Ober- und Unterhaus zu nennen, und sehr oft ließ das erstere eine Bill passieren, die das letztere verwarf.

Wir können gar nichts von der Seele sehen, wenn sie nicht in den Mienen sitzt, die Gesichter einer großen Versammlung von Menschen könnte man eine Geschichte der menschlichen Seele nennen, mit einer Art von chinesischen Zeichen geschrieben. Die Seele legt, so wie der Magnet den Feilstaub, so das Gesicht um sich herum, und die Verschiedenheit der Lage dieser Teile bestimmt die Verschiedenheit dessen, das sie ihnen gegeben hat. Je länger man Gesichter beobachtet, desto mehr wird man an den sogenannten nichtsbedeutenden Gesichtern Dinge wahrnehmen, die sie individuell machen.

Unsere Kunstkammern sind alle voll von elfenbeinernen Bechern, ein Beweis von der Favoriteignung unserer lieben Voreltern; ein Stück Elfenbein, woraus der Grieche einen Apoll geschnitzt hätte, schnitten sie zum Becher hohl.

Die lebhafte Empfindung, die der gemeine Mann Heimweh nennt.

Ich beneide sehr wenige Menschen, etwa Wieland, Sternen, den Horaz, Kästnern und, wenn ich etwas Wein getrunken habe, den Herrn Gleim. Ja, wenn ich Wein getrunken habe, da sehe ich schon in der Zeit, da ich dem Bedienten das Geld für die Bouteille gab, wie der Seligen einer in dieses Jammertal zurück. Wenn uns Sterne doch die Naturgeschichte des Rausches, so wie ihn der Dichter, der Philosoph und der Liebhaber betrachtet, beschrieben hätte! Es sind wenige Dinge in der Welt, die eines Philosophen so würdig sind, als die Flasche, die cum spe divite durch die Gurgel eines Liebhabers oder eines Dichters fließt. Spes dives, der Theolog trinkt, und ein Thema zur Predigt wird nun zur Pfründe, er umarmt das Mädchen, das, nur noch eine Seele, zu seiner künftigen Besoldung auf die Empfängnis des Körpers wartet, der Jurist, zieht sein Burgunder ein, und Hasser werden nun zu Brot, Fähigkeiten und Titulargeschicklichkeiten zu wirklichen Ambassaden. O jenseits der Bouteille, wieviel ist nicht da. Gebraucht es, Menschen, als Philosophen und lernt erkennen, was Wein ist. Wie sich verhält tierischer Genuß zum platonischen - - - Genuß, so der Rausch des Fuhrmanns und des Tambours zu einer Verfassung, die vor dem unplatonischen Rausch vorhergeht, als die feine Liebe vor dem noch zweifelhaften Genuß, und für welche ich nun kein Wort wagen will.

Jeder Mensch hat auch seine moralische Backside, die er nicht ohne Not zeigt und die er so lange als möglich mit den Hosen des guten Anstandes zudeckt.

In dem Hause, wo ich wohnte, hatte ich den Klang und die Stimmung jeder Stufe einer alten hölzernen Treppe gelernt und zugleich den Takt, in welchem sie jeder meiner Freunde, der zu mir wollte, schlug, und, ich muß gestehen, ich bebte allemal, wenn sie von einem Paar Füßen in einem mir unbekannten Ton heraufgespielt wurden.

Charakter einer mir bekannten Person.
Ihr Körper ist so beschaffen, daß ihn auch ein schlechter Zeichner im Dunkeln besser zeichnen würde. Und stünde es in ihrem Vermögen, ihn zu ändern, so würde sie manchen Teilen weniger Relief geben. Mit seiner Gesundheit ist dieser Mensch, ohnerachtet sie nicht die beste ist, doch noch immer so ziemlich zufrieden gewesen, er hat die Gabe, sich gesunde Tage zunutze zu machen, in einem hohen Grade. Seine Einbildungskraft, seine treueste Gefährtin, verläßt ihn alsdann nie, er steht hinter dem Fenster, den Kopf zwischen die zwei Hände gestützt, und wenn der Vorbeigehende nichts als den melancholischen Kopfhenker sieht, so tut er sich oft das stille Bekenntnis, daß er im Vergnügen wieder ausgeschweift hat. Er hat nur wenige Freunde, eigentlich ist sein Herz nur immer für einen Gegenwärtigen, aber für mehrere Abwesende offen. Seine Gefälligkeit macht, daß viele glauben er sei ihr Freund, er dient ihnen auch aus Ehrgeiz, Menschenliebe, aber nicht aus dem Trieb, der ihn zum Dienst seiner eigentlichen Freunde treibt. Geliebt hat er nur ein- oder zweimal, das eine Mal nicht unglücklich, das andere Mal aber glücklich. Er gewann bloß durch Munterkeit und Leichtsinn ein gutes Herz, worüber er nun oft beide vergißt, wird aber Munterkeit und Leichtsinn beständig als Eigenschaften seiner Seele verehren, die ihm die vergnügtesten Stunden seines Lebens verschafft haben, und könnte er sich noch ein Leben und noch eine Seele wählen, so wüßte ich nicht, ob er andere wählen würde, wenn er die seinigen noch einmal wiederhaben könnte. Von der Religion hat er als Knabe schon sehr frei gedacht, nie aber eine Ehre darin gesucht, ein Freigeist zu sein, aber auch keine darin, alles ohne Ausnahme zu glauben. Er kann mit Inbrunst beten und hat nie den 90. Psalm ohne ein erhabenes, unbeschreibliches Gefühl lesen können. »Ehe denn die Berge worden« pp. ist für ihn unendlich mehr als »Sing unsterbliche Seele« pp. Er weiß nicht, was er mehr haßt, junge Offiziere oder junge Prediger, mit keinen von beiden könnte er

lange leben. Für Assembleen sind sein Körper und seine Kleider selten gut und seine Gesinnungen selten. . . genug gewesen. Höher als drei Gerichte des Mittags und zwei des Abends mit etwas Wein und niedriger als täglich Kartoffeln, Äpfel, Brot und auch etwas Wein, hofft er nie zu kommen, in beiden Fällen würde er unglücklich sein. Er ist noch allzeit krank geworden, wenn er einige Tage außer diesen Grenzen gelebt hat. Lesen und Schreiben ist für ihn so nötig als Essen und Trinken; er hofft, es wird ihm nie an Büchern fehlen. An den Tod denkt er sehr oft und nie mit Abscheu, er wünscht, daß er an alles mit so vieler Gelassenheit denken könnte, und hofft, sein Schöpfer wird dereinst sanft ein Leben von ihm abfordern, von dem er zwar kein allzu ökonomischer, aber doch kein ruchloser Besitzer war.

Schreiben an Herrn Ljungberg, von Herrn S. im Rausch geschrieben.
Mein lieber Freund, mehr habe ich wohl noch nie an einen Freund geschrieben, als ich jetzo an dich schreibe. Und was denn? Die Beschreibung einer der schönsten Kreaturen, die für uns vielleicht gelebt hat. Bedenke der schönsten! Das ist viel gesagt, aber ich kenne dich, und das macht mich so zuverlässig. Stelle dir ein Mädchen vor, nicht sehr reich, aber doch für ihren Stand wohlhabend, gutherzig, und die jedermanns Vergnügen wünscht und vielleicht (ich getraue kaum diese Zeile zu schreiben) auch gern befördert und es zuverlässig befördern kann. Nicht sehr groß, mehr fleischig als fett, gewachsen wie, wie --- wie das schönste Mädchen gewachsen sein muß, wie ein Bogen, wo aber die konvexe Seite Brust, Bauch und Schenkel werden. Zart, Bescheidenheit und alle Tugenden in dem feinen Gesicht, Gutherzigkeit, Geschmack, Schätzerin von Munterkeit und liebenswürdigem Leichtsinn. Ihr Busen – oh! Ljungberg, Ljungberg, wieviel, wieviel war da. Menschliche Wollust, das höchste Werk des Vollkommenheit suchenden Him-

mels. Wollust – du kennst dieses Wort in unserer Bedeutung, in unserer gefühlvollen Bedeutung, diese wohnte auf ihr. Verständlich sind diese Zeilen für uns, Nonsens vielleicht für alles übrige, was lebt. Ihre Sprache! Engel, sprecht so, ich bin fromm, ich bin gottselig, ich bin Engel. Ihr Kuß, zu hoch sind meine Empfindungen nun gestimmt, als daß irdische Worte - - - Nonsens der Entzückung, Nonsens, Nonsens. Gedacht, gefühlt ist besser als gesprochen, Himmel gefühlt ist ausgedruckt Nonsens, Nonsens. Schweigt oder lernt besser Deutsch. Kein Deutsch für diese Empfindungen, kein Deutsch. Gottsched, was bist du, Riedel, Kästner, Wieland, Rosenfarb und Silber, Amen!

Die Erde, diese allgemeine Wiege, hatte nun ein gutes halbes Hundertmillionen Kinder von allerlei Stand eingewiegt.

Der Mann zu sein, der so absolut in Deutschland herrschen könnte wie ich auf meinem Schreibtische, wünsche ich mir nie. Ich würde gewiß nur Tintenfässer umwerfen und durch Aufräumen die Sachen nur noch mehr verwirren.

Der Mensch kommt unter allen Tieren in der Welt dem Affen am nächsten.

Das Ding, von dessen Augen und Ohren wir nichts und von dessen Nase und Kopfe wir nur sehr wenig sehen, kurz, unser Körper.

Er hatte seine Bibliothek verwachsen, so wie man eine Weste verwächst. Bibliotheken können überhaupt der Seele zu enge und zu weit werden.

Die kleinen Pfennigs-Vorurteile, -Tugenden, -Wahrheiten.

Dieses ist so gewiß, als $(a-x) \cdot (a+x) = a^2-x^2$ ist.

Der Stolz der Menschen ist ein seltsames Ding, es läßt sich nicht sogleich unterdrücken und guckt, wenn man das Loch A zugestopft hat, ehe man sich's versieht, zu einem andern Loch B wieder heraus, und hält man da zu, so steht er hinter dem Loch C usw.

Kopf und Füße, so weit sie auch im physischen Verstand voneinander liegen, so nah liegen sie sich doch im moralischen und psychologischen. Freude und Traurigkeit zeigen sich kaum so bald an der Nase, die doch kaum drei Zoll von der Seele wegliegt, als in den Füßen; ich kann dieses täglich an meinem Fenster bemerken, wo ich deutlich an den Füßen der Studenten sehen kann, ob sie aus einem Kollegio kommen oder in eines zu gehen willens sind; jenes an der platt auffallenden Sohle, die den Hunger der regierenden Seele verrät, dieses an dem schmachtenden Schritt, wo Absatz und Zehen etwas langsamer nacheinander aufzuliegen kommen, der allemal ein Zeichen der kurz vorhergegangenen Sättigung ist. Bei den Studenten, wo ich nichts dergleichen bemerken konnte, habe ich nach der Hand fast allemal erfahren, daß sie zugleich in ein Kolleg gehen und aus einem kommen. Bei dem Catilina, wie die lateinischen Schriftsteller sagen, soll dieses so merklich gewesen sein, daß einige Leute schon lange vorher, ehe Cicero die berühmte Konspiration in desselben Kopf entdeckte, sie schon wollten in seinen Füßen beobachtet haben, er ging nämlich zuweilen auf der Straße ganz ordentlich, dann langsam, dann kehrte er um, als wenn er sein Schnupftuch vergessen hätte, dann stand er gar still, dann auf einmal lief er, bis daß ein neues Projekt wieder quer vor ihn hintrat und ihn stillstehen machte. Bei unserem verblaßten Freund konnte man nichts so was bemerken, er hinkte sehr stark und sein Gang sah fast immer aus als eines, der zugleich in ein Collegium geht und aus einem herauskommt. Ich versuchte andere Mittel, hinter seinen Charakter zu kommen.

Das Nachahmen ist allezeit, wie mich dünkt, eine sehr kitzlige Sache, denn entweder zeigt meine Denkungsart nach Norden und mein Original auch, gut, so kommen wir etwas geschwinder dahin, wo wir allein vielleicht später hingekommen wären, oder ich nach Osten und das Original nach Nord, da wird das ganze Ding, das wir zusammen herausbringen, ein unkardinalisches nordöstliches Mittelding, oder ich zeige nach Süden und mein Original nach Nord, ja lieber Gott, da stehen wir wohl gar still und kommen nicht vom Fleck.

Damals fing sich etwas von der Leidenschaft in ihm an zu regen, die wir gewöhnlich nicht lange vorher, ehe wir uns zum ersten Mal rasieren lassen, schon verspürt haben. Von Anfang war es ein Ding, das gar keine Richtung hatte, und er konnte nichts bemerken, als daß seine gewöhnlichen Begierden nicht sowohl besänftigt, als von etwas wenigstens ebenso stark nicht mehr dahin, sondern dorthin gezogen wurden, ein ärgerliches Gleichgewicht, man schüttelt und rüttelt und weiß nicht warum, nur um nicht stillzustehen und wieder etwas anderem Überwucht zu geben, ein seltsamer Zustand, durch den wir Männer alle müssen, und ihr Mädchen, ja, das weiß ich nicht. Glücklich ist, der geschwind da durchkommt oder schon vorher eine klare Einbildungskraft durch eine wohltätige Erziehung erhalten hat, daß dieser süße Tumult in der Seele ihm nichts als schöne Hoffnungen eingibt und ihn über einen bezauberten Boden endlich zu der schönen Kreatur hinführt und entzückende Gewißheit mit reizender Ungewißheit vertauscht.

Es gibt zwei Wege, das Leben zu verlängern, erstlich, daß man die beiden Punkte geboren und gestorben weiter voneinander bringt und also den Weg länger macht, diesen Weg länger zu machen hat man so viele Maschinen und Dinge erfunden, daß man, wenn man sie allein sähe, unmöglich glauben könnte, daß sie dazu dienen könnten, einen Weg länger zu machen, in diesem Fache haben einige unter den Ärzten sehr viel geleistet. Die andere Art ist, daß man langsamer geht und die beiden Punkte stehen läßt, wo Gott will; und dieses gehört für die Philosophen, diese haben nun gefunden, daß es am besten ist, daß man zugleich botanisieren geht, zickzack, hier versucht über einen Graben zu springen und dann wieder herüber, wo es rein ist und es niemand sieht, einen Purzelbaum wagt und so fort.

In dem Satz 2 mal 2 ist 4 oder $2 \cdot 2 = 4$ liegt wirklich schon etwas von der Parallaxe der Sonne oder von der pomeranzenförmigen Gestalt der Erde.

Der Trieb zum Bücherschreiben, der gemeiniglich wie ein anderer ebenso starker in die Zeit des ersten Barts fällt, hat sich bei mir etwas früher eingestellt. Mein erstes Jucken, wenn ich vom ersten Vers der Messiade zu zählen anfange, fiel in das sechste Jahr des deutsche Hexameters und ungefähr in das vierzehnte, wenn ich mit meiner Geburt anfange. Es ist dieses eine etwas kitzlige Zeit, und Eltern und Lehrer haben genau achtzugeben auf ihre Kinder. Ich will daher beschreiben, was ich in mir fühlte; man wird leichter erachten können, wie jemand aussehen muß, der dieses fühlt. Ich fand die Sprache in unserer Familie etwas zu plan, ich vermißte hier und da die Beiwörter und fühlte mich so voll, wenn ich welche fand, zumal die ich selbst gemacht hatte pp.

Die schwerste Akzise in Deutschland liegt noch immer auf der Satire. Von einer freimütigen Erinnerung von drei Bogen im Manuskript muß der Verfasser in kühleren Augenblicken allemal gewiß abrechnen drei Prozent für die . . .liche Landesregierung, wenigstens fünf für den Herrn von . . ., weil er alles gilt, zehn Prozent für das Konsistorium oder Bannstrahlsteuer, dann noch Gönnerabgaben in den Balleien zusammen acht Prozent. Am Ende behält der Verfasser nichts als ein Caput mortuum von einer moralischen Abhandlung, das kein Mensch mehr auf sich deuten kann, der über 200 Taler Besoldung hat, und das die andern drunter nicht mehr lesen.

Einteilung. Ich teile mir das Publikum so ein: Leute, die gar keine Besoldung und auch keine fixe Einnahmen haben, arme Teufel; Leute, die unter 500 Taler Besoldung oder bestimmte Einnahmen haben; Leute, die über 500 Taler haben; Leute, die in die Tausende kommen oder von Konsequenz sind. Dieses sind die vier Klassen in der natürlichen Ordnung, wo die vierte die größte ist. Ich deklariere also feierlichst im Angesicht dieser Messe, daß ich nie etwas in meinen Schriften gegen die vierte Klasse, ja nicht einmal gegen die dritte geredet oder gedacht habe, sondern daß ich auch niemals etwas weder reden noch denken werde, was dieser ehrwürdigen Klasse entgegenlaufen könne. Die zweite Klasse versichere ich meiner Freundschaft als Mitgenossen, allein die erste Klasse! Sehet da das Feld für einen deutschen Satirenschreiber, unübersehbar; arme Teufel gibt es überall und wird vermutlich welche geben, solange die Welt stehen wird.

Bei dem Frauenzimmer fällt der Sitz des Point d'honneurs mit dem Schwerpunkt zusammen, bei den Mannespersonen liegt er etwas höher, in der Brust, um das Zwerchfell herum. Daher bei Mannespersonen die elastische Fülle in jener Gegend bei Unternehmung prächtiger Taten, und eben daher das schlappe Leere daselbst bei der Unternehmung kleiner.

Alles wird uns schön, was einige Relation auf sinnliche Liebe hat, in den Stunden, da der tierische Affekt selbst schläft und

unsere übrigen sinnlichen Werkzeuge einer Seele gegenüberstehen, die voll von dem Gedanken eines vergangenen Vergnügens und eines künftigen nach Belieben wirklichen ist. Wir sehen alsdann vieles, was wir nicht würden gesehen haben. Wir haben die armen Knaben nicht mehr lieb wie die Griechen, wenn unseren neuere Zeiten ein schönes Stück in der Bildhauerkunst liefern, so muß es ein Mädchen sein. Der christliche Künstler findet die Schönheit nicht, und wenn er sie fände und anbrächte, so erkennt sie der Anschauer wieder nicht.
Den 2. Mai 1769.

Den 3. Mai 1769.
Alle Leute, welche Sachen von uns kaufen, die wir nicht mehr brauchen und eben aus dieser einzigen Ursache weggeben, stehen nicht in dem besten Kredit bei der Welt, die Antiquarii, die geringen Juden, alle Trödler, die Dungkärrner, die ihre Grade haben und endlich sich gar in das Unehrliche verlieren.

Er wußte wenigstens 10 000 Wörter im Deutschen und konnte sie alle, insofern es anging, deklinieren und konjugieren, aber wenigstens 8000 davon hatten sich in seinem Gehirn so von den eigentlichen Begriffen, die sie bezeichnen sollten, weggeschoben, daß sie öfters auf ganz andere zu liegen kamen oder daß sie doch über die Hälfte drüber und drunter weglagen, daher kamen die sonderbaren Vorstellungen von den Wissenschaften, wovon er doch täglich die Bücher unter Händen hatte. Manche Wörter waren ihm von einem abscheulichen Umfang, daß sie nicht allein zwei, drei Geschlechter, sondern jede Gattung und jedes Individuum besonders bezeichneten, so werden wir eine besondere Bedeutung von dem Wort Belles Lettres bei ihm finden. Das Wort Beruf drückte bei ihm die Begriffe Hang, Neigung und Leidenschaft aus. Kurz, in einem Kopf, wo die Wörter nicht recht liegen, da ist eine ganz andere Denkungsart, ein anderes Ius naturae, andere Belles Lettres, die ganze Haushaltung muß sich ändern, man wird Fremdling in seinem eigenen Vaterland und in der Welt. Also wollte ich allen jungen Leuten raten, alle neue Wörter fein zu ordnen und so wie die Mineralien in ihre Klassen zu bringen, damit man sie finden kann, wenn man danach fragt oder sie selbst gebrauchen will. Dieses heißt Wörterökonomie und ist dem Verstand ebenso einträglich als die Geldökonomie dem Beutel.

Trinken, wenn es nicht vor dem fünfunddreißigsten Jahre geschieht, ist nicht so sehr zu tadeln, als sich viele von meinen Lesern vorstellen werden. Dieses ist ungefähr die Zeit, da der Mensch aus den Irrgängen seines Lebens heraus auf die Ebene tritt, in welcher er seine künftige Bahn von nun an offen vor sich hinlaufen sieht. Er ist betrübt, wenn er alsdann erst sieht, daß es die rechte nicht ist; eine andere zu suchen, wenn er nicht sehr gut zu Fuß ist, ist gemeiniglich zu spät. Ist diese Entdekkung mit einer Unruhe verknüpft, so hat man durch die Erfahrung befunden, daß der Wein zuweilen Wunder tut, fünf bis sechs Gläser oder bis an die Spes dives des Horaz getrunken, gibt nun den Menschen die Lage, die er verfehlt hat, das Gesinnungensystem findet alles Äußere mit seinem angenehmsten Stande harmonisch, wo Prospekte verbaut sind, da reißt die Seele ein, und überall schafft sie sich die schönste Perspektive, von dem reinsten rosenfarbenen Licht erhellt oder dem erquikkendsten Grün, das nur ein Auge zur Stärkung und eine Seele zur angenehmsten Füllung verlangen kann.

Er hatte schon längst den stillen Vorsatz bei sich gefaßt, etwas zu tun, das entweder in die gelehrte oder in die politische Zeitung kommen müßte.

Der Genuß seiner selbst findet mehr bei ruhigen Seelen statt, sagt Winckelmann.

Er war so schwächlich und dünne, daß ein etwas mutwilliger Zephir ihn hätte umlächeln und ein boshafter Nord in Dünste auflösen können.

Er und sein Bedienter waren so einig, einer dependierte so vom andern, daß man sie ein vierfüßiges Tier nennen konnte. Der verheiratete vierfüßige Mensch.

Ein kleines Fenster verriet nur, daß auch dort noch ein Ort wäre, wo Licht hineinkommen, Regen und Wind hingegen herausbleiben sollten.

Duell. Wenig wahre Herzhaftigkeit, mit einem unwiderstehlichen Vorsatz verbunden, etwas zu tun, das leicht ist, und doch jenen Mangel zu ersetzen scheint, falsche Begriffe von Ehre und Verdienst, Leichtsinn, mit einem Mangel an soliden Kenntnissen verbunden, das ist es ungefähr, was der Student besitzt, der sich gerne schlägt. Ein göttingisches Duell erfordert die nämliche Herzhaftigkeit, die man nötig hat, eine Bowl of Punch auszutrinken. Fünfzig haben ihren Tod schon in der letzteren gefunden und nur ein einziger in dem ersteren. Kein Wunder also, wenn so viele dieses Mittel ergreifen, eine vermeintlich verlorene Ehre wiederherzustellen. . .

Er mußte etwas zu spielen haben, hätte ich ihn keine Vögel halten lassen, so hätte er Mätressen gehalten.

Man soll gut schießen, wenn man etwas getrunken; sehet da die Verwandtschaft zwischen Schützenkunst und Poesie.

Was haben Sie hier?
Einen Kompaß, um durch die Welt zu reisen.
Wie, in einem Beutel?
Ja, es sind 50 Louisdor bar und Wechsel auf ein paar Tausend andere.

Das einzige, was er Männliches an sich hatte, konnte er des Wohlstandes wegen nicht sehen lassen. Mi si nihil aliud virile, sexus essset. (Petronius).

Man pflegte ihn den Halbköpfigen zu nennen, nicht wegen einer besonderen Einrichtung und Form seines Kopfes, als vielmehr desjenigen unsichtbaren Wesens, das nach der meisten Menschen Urteil im Kopf sitzt.

Er trug die Livree des Hungers und des Elends.

Er besaß viel Philosophie oder common sense, der so aussah.

Rede eines Selbstmörders, kurz vor der Tat aufgesetzt. Freunde! Ich stehe jetzo vor der Decke, im Begriff, sie aufzuziehen, um zu sehen, ob es hinter derselben ruhiger sein wird als hier. Es ist dieses keine Anwandlung einer tollen Verzweiflung, ich kenne die Kette meiner Tage aus den wenigen Gliedern, die ich gelebt habe, zu wohl. Ich bin müde, weiterzugehen; hier will ich ganz ersterben oder doch wenigstens über Nacht bleiben. Hier nimm meinen Stoff wieder, Natur, knete ihn in die Masse der Wesen wieder ein, mache einen Busch, eine Wolke, alles, was du willst, aus mir, auch einen Menschen, aber mich nicht mehr. Dank sei es der Philosophie, daß mich jetzo keine frommen Possen in dem Zug meiner Gedanken stören. Genug, ich denke, ich fürchte nichts, gut, also weg mit dem Vorhang!

... Seine Aussprache war so wie des Demosthenes seine, wenn er das Maul voller Kieselsteine hatte.

Seinen kleinen Stock brauchte er, allerlei zu messen, körperliche sowohl als moralische Dinge, denn er sagte oft: Ich bekümmere mich nicht soviel darum, und zeigte mit dem Nagel seines Daumens an dem Stock, wieviel er sich darum bekümmerte.

Ihr Unterrock war rot und blau und sehr breit gestreift und sah aus, als wenn er aus einem Theatervorhang gemacht wäre. Ich hätte für den ersten Platz viel gegeben, aber es wurde nicht gespielt.

Weil er seinem Vater nun einmal bei der Zeugung mißlungen war, so getraute sich kein Kupferstecher nachher, noch einmal sein Heil mit ihm in Kupfer zu versuchen.

Leute werden oft Gelehrte, so wie manche Soldaten werden, bloß weil sie zu keinem anderen Stand taugen; ihre rechte Hand muß ihnen Brot schaffen, sie legen sich, kann man sagen, wie die Bären im Winter hin und saugen aus der Tatze.

Beleidigungen des Verstandes und Witzes.

To be or not to be – Toby or not Toby, that is the question.

Witz und Laune müssen wie alle korrosive Sachen mit Sorgfalt gebraucht werden.

Wer ist da?
Nur ich.
Oh, das ist überflüssig genug.

Herr Schnetter, Hofmeister von Herrn von Reineck, schrieb hinter seinen Namen Gouverneur. Wieviel Torheiten müssen nicht in einem Kopfe Quartier machen, ehe eine solche Platz findet.

Wenn uns ein Engel einmal aus seiner Philosophie erzählte, ich glaube, es müßten wohl manche Sätze so klingen als wie 2 mal 2 ist 13.

Und mit dem Wein, der nun nicht mehr in den Bouteillen, sondern im Kopf war, gingen sie auf die Straße.

Vergleichung zwischen Y und J (Yorick und Jacobi). Ich schreibe immer lieber bey als bei.

Das älteste Sprichwort ist wohl: Allzuviel ist ungesund.

Nimm dich in acht, daß meine Geduld nicht über deiner Langsamkeit abläuft. Auf meine Ehre, ich ziehe sie deinetwegen nicht noch einmal auf.

Wenn ich einmal sein Leben herausgebe, so suchen Sie gleich im Index die Wörter Bouteille und Selbstgenuß auf, sie enthalten das Wichtigste von ihm.

Er bewegte sich so langsam als wie ein Stundenzeiger unter einem Haufen von Sekundenzeigern.

Es wäre nicht gut, wenn die Selbstmörder oft mit der eigentlichen Sprache ihre Gründe erzählen könnten, so aber reduziert sie sich jeder Hörer auf seine eigene Sprache und entkräftet sie nicht sowohl dadurch, als macht ganz andere Dinge daraus. Einen Menschen recht zu verstehen, müßte man zuweilen der nämliche Mensch sein, den man verstehen will. Wer versteht, was Gedankensystem ist, wird mir Beifall geben. Öfters allein zu sein und über sich selbst zu denken und seine Welt aus sich zu machen kann uns großes Vergnügen gewähren, aber wir arbeiten auf diese Art unvermerkt an einer Philosophie, nach welcher der Selbstmord billig und erlaubt ist. Es ist daher gut, sich durch ein Mädchen oder einen Freund wieder an die Welt anzuhaken, um nicht ganz abzufallen.

Heute habe ich im de Lacaille etwas über die Theorie der Kometen nachgelesen; als ich mich etwas ermüdet fand, stützte ich mich auf meinen Tisch, weil dieses die Lage ist, in welcher ich gemeiniglich an mich selbst denke, so nahmen meine Gedanken jetzo diesen Zug wieder. In den Gedanken gibt es gewisse Passatwinde, die zu gewissen Zeiten beständig wehen, und man mag steuern und lavieren, wie man will, so werden sie immer dahin getrieben. Bei solchen Novembertagen wie die jetzigen streichen alle meine Gedanken zwischen Melancholie und Selbstverkleinerung hin, wenn übrigens kein besonderer Strom mich seitwärts treibt, und ich würde oft mich nicht mehr zu finden wissen, wenn nicht die beiden Kompasse, Freundschaft und Wein, mich lenkten und mir Mut gäben against a sea of troubles zu kämpfen. Mein Verstand folgte heute den Gedanken des großen Newton durch das Weltgebäude nach, nicht ohne den Kitzel eines gewissen Stolzes, also bin ich doch auch von dem nämlichen Stoff wie jener große Mann, weil mir seine Gedanken nicht unbegreiflich sind, und mein Gehirn Fibern hat, die jenen Gedanken korrespondieren, und was Gott durch diesen Mann der Nachwelt zurufen ließ, wird von mir gehört, da es über die Ohren von Millionen unvernommen hinschlüpft. An diesem Ende folge ich der ehrwürdigen Philosophie, während als am andern Ende zwo Aufwärterinnen (die Stella mirabilis und der Planet) eben diesen Verstand, der sich so über die Erde zu schwingen glaubt, in einem Winkel nicht einmal für wichtig genug halten, allen ihren Witz gegen ihn zu gebrauchen, sondern, ohne ihn erst unter den Focum desselben zu bringen, schon mit seinem gemeinen Licht schmelzen. Die Einbildungskraft, mit welcher ich der subtilsten Wendung einer Wielandischen Beschreibung folge, mir selbst meine eigene Welt schaffe, durch die ich wie ein Zauberer wandele und die Körner eines kleinen Leichtsinns in ganze Gefilde geistiger Lust aufblühen sehe, diese Einbildungskraft wird oft von einer feingebogenen Nase, von einem aufgestreiften gesunden Arm in ihrem schnellsten Schwung so heftig angezogen, daß von der vorigen Bewegung nicht ein flüchtiges Zittern übrigbleibt. So hänge ich in der Welt zwischen Philosophie und Aufwärterinnenlist, zwischen den geistigen Aussichten und den sinnlichsten Empfindungen in der Mitte, taumelnd aus jenen in diese, bis ich nach einem kurzen Kampf zur Ruhe meines beiderseitigen Ichs, dereinst völlig geteilt, hier faule und dort ein reines Leben aufdunsten werde. Wir beide, ich und mein Körper, sind noch nie so sehr zwei gewesen als jetzo; zuweilen erkennen wir einander nicht einmal, dann laufen wir so widereinander, daß wir beide nicht wissen, wo wir sind.

Bei unsrem frühzeitigen und oft gar zu häufigen Lesen, wodurch wir so viele Materialien erhalten, ohne sie zu verbauen, wodurch unser Gedächtnis gewöhnt wird, die Haushaltung für Empfindung und Geschmack zu führen, da bedarf es oft einer tiefen Philosophie, unserem Gefühl den ersten Stand der Unschuld wiederzugeben, sich aus dem Schutt fremder Dinge herauszufinden, *selbst* anfangen zu fühlen und *selbst* zu sprechen, und ich möchte fast sagen, auch einmal selbst zu existieren.

Wie hat es Ihnen in dieser Gesellschaft gefallen?
Antwort: Sehr wohl, beinah so sehr als auf meiner Kammer.

Kein Schriftsteller muß je glauben, daß das, was einer gemischten Gesellschaft gefällt, deswegen der Welt gefalle. Die kleine Gesellschaft hat alle erforderlichen Mittel, einen Gedanken in allen seinen Relationen zu betrachten, sie kann aus der Gelegenheit und Umständen die Zeit messen, die der Urheber brauchte, ihn hervorzubringen; die Vergleichung der Zeit oder anderer Umstände mit dem inneren Gewicht des Gedankens könnte man sein Moment nennen, und man sieht, daß ein schlechter Gedanke zuweilen ein großes Moment bekommen, wenn er unerwartet kommt, dabei nicht viel Zeit kann gekostet haben. Die Welt schätzt bloß das Werk nach dem Gewicht, nicht nach der Zeit, worin es ist zustande gebracht worden. Wüßte der Leser die Umstände genau, so würde der Gedanke nichts verlieren, es ist aber höchst ungereimt, zu glauben, daß dasjenige, was ich einer Gesellschaft sage, die ich kenne, eben die Wirkung auf ein ganzes Publikum haben soll, das ich doch nicht kenne.

Was mich allein angeht, denke ich nur, was meine guten Freunde angeht, sage ich ihnen, was nur ein kleines Publikum bekümmern kann, schreibe ich, und was die Welt wissen soll, wird gedruckt. Von einem Gedanken, der mich angeht, brauche ich nur ein Exemplar, ebenso für den Freund und das kleine Publikum ebensoviel, jedes auf eine Art gedruckt, wie es sich für sie am besten schickt und am bequemsten ist; die Welt muß mehrere Exemplare haben, und so lassen wir drucken. Wäre es möglich, auf irgendeine andere Art mit ihr zu sprechen, daß das Zurücknehmen noch mehr stattfände, so wäre es gewiß dem Druck vorzuziehen.

Ich habe mit ihm zwei Jahre in einerlei Nachtgeschirr gepisset und kann also schon wissen, was an ihm ist.

Vernunft und Einbildungskraft haben bei ihm in einer sehr unglücklichen Ehe gelebt.

Lernen, sich selbst zu prüfen und zu belehren, hat so viele Bequemlichkeit und ist nicht so gefährlich, als sich selbst zu rasieren, jedermann sollte es in einem gewissen Alter lernen, aus Furcht irgendeinmal der Raub eines übelgeführten Schermessers zu werden.

Wer Unterricht geben will, von dem kann man mit Recht verlangen, daß er alles in einem Ton sage, der zu erkennen gibt, daß er auch im Fall der Not welchen annehmen könne. Es mag nun sein, was es will, billig oder nicht, Erbsünde oder Adel der Seele, genug, wir lesen lieber, wo wir glauben, unsere Stimme sei wenigstens nötig dazu, um das draus zu machen, wofür es der Verfasser ausgibt, sollte es auch weiter nichts sein als ein Wenn Sie so glauben, so mag es denn sein. Seine Zweifel zu sagen ist einem freigeborenen Menschen erlaubt; er darf mit seinen Meinungen handeln. Wenn er seinen Handel versteht, so muß er wissen, was Konterbande im Lande ist, nur biete er sie solchen Leuten an, die sie brauchen können, zwinge sie niemandem auf, weder wie Mandrin mit der Pistole noch auch wie manche Juden durch Komplimente oder Tausch gegen abgetragene Stücke. Offen und frei getragen, wer Augen hat zu sehen, der sieht, und wer Ohren hat zu hören, der höret. Es ist heutzutage Mode geworden, das Bücherschreiben als den Endzweck des Studierens anzusehen, daher studieren so viele, um zu schreiben, anstatt daß sie studieren sollten, um zu wissen. Was man nur ankauft, um es bei der ersten Gelegenheit wieder anzubringen, vermischt sich nie recht mit uns und war nie recht unser. Der Gedanke und der Ausdruck selbst, sich anderer Gedanken recht eigen zu machen, ist schon sehr alt. Man spricht in gemeinen Stadtschulen von in succum et sanguinem konvertieren, aber man gibt, ich wette, diese Redensart oft aus, ohne sie zu kennen; man würde sonst nicht so oft Sätze dazu vorschlagen, aus denen sich die gesundeste Seele sowenig einen moralischen Chylus bereiten kann, als unser Magen einen aus Feuersteinen.

Man lese nicht viel und nur das Beste langsam und befrage sich alle Schritte, warum glaube ich dieses? Folgt es aus meinem übrigen Gedankensystem, oder ist es nur aus Trägheit zur Untersuchung durch Vorurteil, fides implicita und dergleichen daran angeplackt worden; hat sich einmal ein solcher Klumpe angehängt, und man fängt an, darauf zu bauen, so reißt öfters alles ab, und dann wird eine Menge guter Sachen zuweilen unbrauchbar, und die Mühe ist doppelt, sie an das eigentliche System schicklich so anzusetzen, daß sie anschlagen.

Ohne meine innere Überzeugung würde alle Ehre, Glück und Beifall der Welt mich nicht vergnügt machen können; und wenn ich meiner Überzeugung nach es bin, so kann das Urteil einer ganzen Welt mich nicht in diesem Genuß stören. Es ist einer mit von den Galagedanken mittelmäßiger Schriftsteller geworden, den Bettler vor dem König glücklich zu preisen. Es ärgert mich nur, daß ihn so viele Leute sagen, deren Eigentum er nicht ist, er ist aber wirklich gegründet. Ich glaube, daß es im Krankenbette oft besser zugeht als am ersten Platz der königlichen Tafel. Ich habe wenigstens in einer kleinen Kammer als Kranker im Bette zuweilen Augenblicke gehabt, die ich den glücklichsten meines übrigen Lebens ohne Scheu gleichsetze, traurige auch, das versteht sich, aber auch ebenso traurige bei vollkommener Gesundheit außer dem Bette.

Etwas in Prosa oder in Versen arbeiten zu können, ist zu gewissen Zeiten ebenso bequem, als sich selbst rasieren und frisieren zu können.

Er verstand alle die Ausdrücke der Deklination und Inklination des Hutes.

In allen Wissenschaften gibt es durchgängig brauchbare und recht roulierende Wahrheiten, die die Presse noch nicht gesehen haben.

Daß das Barometer öfters fällt, wenn es trüb wird, daran sind die Wolken ebensowenig Ursache als an manchen Örtern die Jahrmärkte, daß es regnet.

Wenn die wilden Schweine dem armen Manne seine Felder verderben, so rechnet man es ihm unter dem Namen Wildschaden für göttliche Schickung an.

Kein Wunder, daß sich Stutzer so gerne im Spiegel sehen, sie sehen sich ganz. Wenn der Philosoph einen Spiegel hätte, in welchem er sich so wie jener ganz sehen könnte, er würde nie davon wegkommen.

Es ist ein Fehler, den der bloß witzige Schriftsteller mit dem ganz schlechten gemein hat, daß er gemeiniglich seinen Gegenstand eigentlich nicht erleuchtet, sondern ihn nur dazu braucht, sich selbst zu zeigen. Man lernt den Schriftsteller kennen und sonst nichts. So hart es auch zuweilen widergehen sollte, eine witzige Periode wegzulassen, so muß es doch geschehen, wenn sie nicht notwendig aus der Sache fließt. Diese Kreuzigung gewöhnt allmählich den Witz an die Zügel, die ihm die Vernunft anlegen muß, wenn sie beide zusammen mit Ehren auskommen sollen.

Er hatte etwas an sich, was die Herrnhuter gemeiniglich gesalbtes Wesen, der stubensitzende Lehrer der Theologie Frömmigkeit, der vernünftige Mann, der die Welt kennt, Einfalt und Unverstand nennt.

Eine gedankenfliehende Kraft.

Hätte die Natur nicht gewollt, daß der Kopf den Forderungen des Unterleibes Gehör geben sollte, was hätte sie nötig gehabt, den Kopf an einen Unterleib anzuschließen. Dieser hätte sich, ohne eigentlich dasjenige zu tun, was man Sünde nennt, sattessen und sich sattpaaren, und jener ohne diesen Systeme schmieden, abstrahieren und ohne Wein und Liebe von platonischen Räuschen und platonischen Entzückungen reden und singen und schwatzen können. Küsse vergiften ist noch weit ärger von der Natur gehandelt als das Vergiften der Pfeile der Feinde im Krieg.

Ich wünschte mir bloß, ein König zu sein, um mit meinen geringen Talenten, L. der Große zu heißen.

Die Scheidewand zwischen Vergnügen und Sünde ist dünne, daß sie der Strom des langsamsten Blutes im Siebenzigsten in Stücken drückt. Was? Will denn die Natur, was sie nicht will? Oder denkt die Vernunft, was sie nicht denken kann? Du Narr! Weg mit dieser verfluchten Demokratie, wo alles das Wort führen will. Wenn ich will, soll eine uneinheimische, eingeführte nichtswürdige Sentenz aufsteigen und Fleisch und Blut Trotz bieten? Eine Sentenz, Herr, von diesem festen, steten Hang eines ganzen Systems zur Wollust? Ja, werfe einem hungrigen Volk einen Zwieback zu und befriedige es, oder halte die Flut mit einem Fächer auf. Sünde, was Sünde – dreitausend Stimmen gegen eine, es ist nichts. Eine Schuldistinktion oder Priesterbetrug. So – hier steh ich fest, und dieses bin ich. Seid, was ihr wollt, wohlan.

Unter den heiligsten Zeilen des Shakespeare wünschte ich, daß diejenigen einmal mit Rot erscheinen möchten, die wir einem zur glücklichen Stunde getrunkenen Glas Wein zu danken haben.

Ein gewisser Freund, den ich kannte, pflegte seinen Leib in drei Etagen zu teilen, den Kopf, die Brust und den Unterleib, und er wünschte öfters, daß sich die Hausleute der obersten und der untersten Etage besser vertragen könnten.

Lieber Freund, du kleidest deine Gedanken so sonderbar, daß sie nicht mehr aussehen wie Gedanken.

Sage mir, ob dieser nicht seltsam gekleidet ist, und du sollst alle die meinigen nackend sehen, ehe sie noch meine Sinnen mit ihrer Livree bedecken. Es ist eine Schande, die meisten unserer Wörter sind mißbrauchte Werkzeuge, die oft noch nach dem Schmutz riechen, in dem sie die vorigen Besitzer entweihten. Ich will mit neuen arbeiten oder, ohne so viel Luft dazu zu brauchen, als ein Sommervogel aussumst, nur mit mir selbst in alle Ewigkeit sprechen.

Trinken, πίνειν, heiße ich hier überhaupt mit offenen Sinnen und zur guten Stunde einen Zug tun, der mit einer solchen Zauberkraft auf unser Innerstes auffällt und alle Seelenkräfte zu einem Freudenfeste versammelt, bei dem die strengste Vernunft Feierabend macht; es geschehe nun dieser Zug aus der Bouteille (welches die eigentliche Bedeutung des Wortes ist) oder beim Mondlicht aus einer mit Blütengerüchen geschwängerten Luft, ganz allein, wie Agathon, ehe ihn Danaë nahm, oder in Gesellschaft, wie er bald hernach Gelegenheit hatte. Daher nenne ich Rausch den Zustand sanfter Empfindlichkeit, in welchem jedem äußeren Eindruck neue unaussprechliche Gedanken korrespondieren, oder jenen Zustand wollüstiger Ruhe, der nicht sowohl die Wirkung einer verdauten Philosophie als vielmehr eines glücklichen ungefähren Zugs ist. Tausend Menschen sterben jährlich, bloß weil sie nicht dursten konnten, ohne doch jemals nur einen Tropfen auf diese Art getrunken zu haben, so wie es ehrliche Väter von zehn Kindern gibt, die nie die Liebe geschmeckt haben.

Polizei, Polzei, Plotzei, Platzei, Platzerei, Plackei, Plackerei.

Apostel, Apostille, Postille.

Sie glauben oft, um ein schöner Geist zu sein, müsse man etwas liederlich leben und gleichsam das Genie mit verdorbenen Sitten fett machen.

Was hilft das Lesen der Alten, sobald ein Mensch den Stand der Unschuld einmal verloren hat, und wo er hinsieht, überall sein System wieder erblickt. Daher urteilt der mittelmäßige Kopf, es sei leicht, wie Horaz zu schreiben, weil er es für leicht hält, besser zu schreiben, und weil dieses Besser zum Unglück schlechter ist. Je älter man wird (vorausgesetzt, daß man mit dem Alter weiser werde), desto mehr verliert man die Hoffnung, besser zu schreiben als die Alten, am Ende sieht man, daß das Eichmaß alles Schönen und Richtigen die Natur ist, daß wir dieses Maß alle in uns tragen, aber so überrostet von Vorurteilen, von Wörtern, wozu die Begriffe fehlen, von falschen Begriffen, daß sich nichts mehr damit messen läßt.

Ist es denn so unrecht, daß der Mensch wieder durch die nämliche Pforte zur Welt hinausgeht, durch die er hineingekommen ist?

Ich spreche jetzo nicht mit Ihrem Witz, der alles zu bemänteln weiß, sondern mit Ihrem Gewissen spreche ich.

Daß das Genie eine Art von Krankheit ist, hat Herr Unzer so vortrefflich in seinem ›Arzt‹ bewiesen, daß es jemanden grauen sollte, sich diese gefährlichste der Nervenkrankheiten zu wünschen; und die beneidenswürdigste Nation unter dem Monde, ich meine die englische, hat dieses auch erkannt, denn einer ihrer berühmtesten Naturforscher, der große Hill, hat einen Tee erfunden, der das Nachdenken vertreibt, ein sicherer Beweis, daß dieser große Geist das Nachdenken für eine Schwachheit gehalten hat. Allein dafür sind wir Deutsche auch die Verachtung des leicht dahinrieselnden Galliers und des harmonischen Italieners. Dieses Übel reißt immer mehr und mehr in Deutschland ein, alles will heutzutage denken, sogar auf die Kanzel und Handwerker breitet sich dieses Übel aus. Ich sehe es schon wie im Traum, daß dereinst, o der Schande! mein sich hinwegdenkendes Vaterland anfangen wird zu glauben, in der Rangleiter der Nationen könnte ein Liedchen die seinige nicht um eine Staffel höher bringen.

Es kann nicht alles ganz richtig sein in der Welt, weil die Menschen noch mit Betrügereien regiert werden müssen.

Es tun mir viele Sachen weh, die andern nur leid tun.

Sa Majesté très Voltairienne, der König von Preußen.

Fein war er eigentlich nicht, allein er verstand doch die Kunst, wenn er es bedurfte, zuweilen auf seinen Nebenmenschen zu reiten.

In saufbrüderlicher und kaffeeschwesterlicher Eintracht.

Man muß sich die Menschen nach ihrer Art verbindlich machen, nicht nach der unsrigen.

Es gibt ein Sprichwort im Englischen, das heißt: Er ist zu dumm, um ein Narr zu werden. Es steckt sehr viel feine Bemerkung hierin.

Alles gelernt, nicht um es zu zeigen, sondern um es zu nutzen.

Auf sehr entfernte Dinge auf einmal zu kommen und dann im folgenden zu zeigen, daß doch ein Zusammenhang dazwischen war, dieses ist einer von Yoricks Griffen.

Das Besondere statt des Allgemeinen, proprie communia dicere, Gänsediebstahl statt Dieberei, dieses ist das Element des Ausdrucks.

Erst die natürlichen Betrachtungen gemacht, ehe die subtilen kommen, und immer vor allen Dingen erst versucht, ob etwas ganz simpel und natürlich erklärt werden könne.

Populär wie Gellert, Shakespeare und Hogarth.

Die schönste Art der Ironie ist, eine Sache, die gar nicht verteidigt werden kann, zu verteidigen mit Gründen, die voll satirischer Bitterkeit sind, häufig Stellen zu zitieren und zu erklären.

Man soll öfters dasjenige untersuchen, was von den Menschen meist vergessen wird, wo sie nicht hinsehen und was so sehr als bekannt angenommen wird, daß es keiner Untersuchung mehr wert geachtet wird.

Auch die allergemeinsten Dinge würde jedermann anders ausdrücken, wenn er seinem eigenen, individuellen Gefühl folgen wollte; dieses geschieht selten vor einem gewissen reifen Alter, da man merkt, daß man so gut wie ein Mensch ist als Newton oder als der Prediger im Dorf oder der Amtmann und alle unsere Vorfahren. Shakespeare ist eine Probe davon.

Vielleicht ist dieses nur durch eine beständige Gewohnheit von Kindheit an in mir so entstanden. Was für Aussichten würden wir bekommen, wenn wir unser Kapital von Wahrheiten einmal von demjenigen entblößen könnten, was ihnen nicht sowohl wesentlich ist, als vielmehr aus der öfteren Wiederholung zuwächst.

Man frage sich selbst, ob man sich die kleinsten Sachen erklären kann; dieses ist das einzige Mittel, sich ein rechtes System zu formieren, seine Kräfte zu erforschen und seine Lektüre sich nützlich zu machen.

Die Kunst, alle Dinge recht tief unten anzufangen und eine Frage in tausend untergeordnete zu zerfällen.

## 1772–1775

Die eine Schwester ergriff den Schleier und die andere den Hosenschlitz.

Bei mir liegt das Herz dem Kopf wenigstens um einen ganzen Schuh näher als bei den übrigen Menschen, daher meine große Billigkeit. Die Entschlüsse können noch ganz warm ratifiziert werden.

Flicksentenzen.

Ein Dreigroschenstück ist immer besser als eine Träne.

Ihr, die ihr so empfindsam von der Seele eurer Mädchen sprechen könnt, ich gönne euch diese Freude, glaubt aber ja nicht, daß ihr so was Erhabenes tut oder sagt; oder dünkt euch nicht edler als der Pöbel, der gewiß so gar unrecht nicht hat, sich hauptsächlich an den Körper zu halten. Was doch ein junger Rezensionenleser für eine Idee von einem so feinen Sentiment hat! Der Bauernknecht schielt nach dem Unterrockschlitz und sucht den Himmel dort, den du in den Augen suchst. Wer hat recht? Ich wäge keine Gründe in dieser Frage und noch viel weniger entscheide ich sie, aber raten will ich es aus treuem Herzen allen empfindsamen Kandidaten, daß sie sich mit dem Bauern setzen, es könnte sonst auf verdrießliche Weitläufigkeiten hinauslaufen.

Mit größerer Majestät hat noch nie ein Verstand stillgestanden.

Die Sanduhren erinnern nicht bloß an die schnelle Flucht der Zeit, sondern auch zugleich an den Staub, in welchen wir einst verfallen werden.

Dieser Satz gehört mit unter die offizinellen.

Vergangener Schmerz ist in der Erinnerung angenehm, vergangenes Glück auch, künftiges Vergnügen wieder, auch gegenwärtiges, also ist nur der zukünftige und gegenwärtige Schmerz, was uns quälet; ein merkliches Übergewicht von seiten des Vergnügens in der Welt, das noch dadurch vermehrt wird, daß wir uns beständig Vergnügen zu verschaffen suchen, dessen Erhaltung wir in vielen Fällen mit ziemlicher Gewißheit voraussehen können; hingegen der noch künftige Schmerz weit seltener vorausgesagt werden kann.

Etwas, das sich mit der Schnelligkeit des Blitzes oder des Lichts von dem einen Ende eines Sandkörnchens bis zum andern bewegt, wird uns zu ruhen scheinen.

Ja, die Nonnen haben nicht allein ein strenges Gelübde der Keuschheit getan, sondern haben auch noch starke Gitter vor ihren Fenstern.

Er kann sich einen ganzen Tag in einer warmen Vorstellung sonnen.

Wir glauben öfters, daß wir zu verschiedenen Zeiten verschiedene Hände schrieben, während als sie einem Dritten immer einerlei scheinen.

Die englischen Genies gehen vor der Mode her und die deutschen hintendrein.

Diejenigen, von denen er noch hauptsächlich angebetet wurde, waren einige Kandidaten der Empfindsamkeit.

Es ist ein Vorurteil unsers Jahrhunderts in Deutschland, daß das Schreiben so zum Maßstab des Verdienstes gediehen ist. Eine gesunde Philosophie wird vielleicht dieses Vorurteil nach und nach vertreiben.

Was einem das Liegen auf dem rechten Ellenbogen ist, nachdem man eine Stunde auf dem linken gelegen.

Es gibt hundert Witze gegen einen, der Verstand hat, ist ein wahrer Satz, womit sich mancher witzlose Dummkopf beruhigt, der bedenken sollte, wenn das nicht zuviel von einem Dummkopf gefordert heißt, daß es wieder hundert Leute, die weder Witz noch Verstand haben, gegen einen gebe, der Witz hat.

Aus der Weisheit Gottes manche Sachen schließen zu wollen ist nicht viel besser, als es aus seinem eignen Verstand zu tun.

Es ist fast zu vermuten, daß, wenn sich protestantische Religion und kalte, gesunde Vernunft mehr ausbreiten und wenn gesunde, brauchbare Philosophie gang und gäbe wird, die schönen Künste merklich verfallen werden. Ja, es ist eine Frage, ob nicht die schädlichen Folgen sich noch weiter erstrecken werden. Die gesündeste Philosophie ist geneigt, sich in Vorschläge zu verlieren. Den Schwärmern, die feineren Aberglauben mit gesunder Vernunft in der gehörigen Proportion zu mischen gelernt haben, ist es aufbehalten, den bei der kalten Betrachtung gerinnenden Säften des Völkerkörpers wieder Flüssigkeit, Wärme und Geschwindigkeit zu erteilen und die Glieder dahin zu vermögen, nicht alle ihre Entschlüsse erst durch den Kopf passieren zu lassen. Der Hang zum Besondern. Es wird daher auch nie eine Philosophie allgemein gemacht werden können. Vernunft und Erfahrung können zwar bei einem Schriftsteller einigermaßen die Haushaltung für die Empfindung führen, wenn er beide in einem sehr großen Maße besitzt, nie wird er aber sein Werk durch Züge erheben können, bei deren Erblickung der feinste Nachahmer bekennen muß, sie lägen außer seinem Sprengel. Es scheint, als wenn sich der Himmel die Mitteilung besonderer Gedanken und Entdeckungen selbst vorbehalten hätte, da sie so selten die Frucht des Fleißes sind.

Wir Protestanten glauben nunmehr in sehr aufgeklärten Zeiten in Absicht auf unsere Religion zu leben. Wie, wenn nun ein neuer Luther aufstünde? Vielleicht heißen unsere Zeiten noch einmal die finstern. Man wird eher den Wind drehen oder aufhalten können, als die Gesinnungen des Menschen heften.

Dieses ist dem Menschen so natürlich als das Denken oder das Werfen mit Schneebällen.

Es war ihm unmöglich, die Wörter nicht in dem Besitz ihrer Bedeutungen zu stören.

In Hannover logierte ich einmal so, daß mein Fenster auf eine enge Straße ging, wodurch die Kommunikation zwischen zwo großen erhalten wurde. Es war sehr angenehm, zu sehen, wie die Leute ihre Gesichter veränderten, wenn sie in die kleine Straße kamen, wo sie weniger gesehen zu sein glaubten, so wie hier einer pißte, der andere dort sich die Strümpfe band, so lachte der eine heimlich und schüttelte der andere den Kopf. Mädchen dachten mit einem Lächeln an die vorige Nacht und legten ihre Bänder zu Eroberungen auf der nächsten großen Straße zurecht.

Es wird schwerlich ein Mensch können gefunden werden, dessen Urteil über das Gute und Schöne als die Stimme der menschlichen Natur wird angesehen werden können. Man sollte anfänglich glauben, daß ein Mann von der größten Erfahrung und Einsicht allemal am besten schreiben würde. Allein ist der Witzige nicht ebensogut ein Mensch? Da ein menschliches Geschlecht von lauter Weisen sowenig das glücklichste wäre als eines von lauter Narren oder Witzigen, sondern das Glück desselben vielmehr in einer Mischung derselben besteht, so kann kein Glied desselben sein Gedanken- und Gesinnungssystem als das Maß des besten angeben. Seneca und Plinius haben so gut recht als Cicero. Am besten wird derjenige schreiben, der so schreibt, wie es die vernünftigsten derjenigen Klasse gut finden würden, die er durch seine Schriften zu belehren gedenkt. Allgemeine Regeln werden sich nie in diesem Stück angeben lassen.

In Athen herrschte weit weniger gesunde Vernunft als in Lacedämon. Die erstere Stadt war äußerst wankelmütig, sie ließ ihre Generale hinrichten und bereute es; sie vergiftete den Sokrates, bestrafte seine Feinde und richtete ihm Ehrensäulen auf.

Die Astronomie ist vielleicht diejenige Wissenschaft, worin das wenigste durch Zufall entdeckt worden ist, wo der menschliche Verstand in seiner ganzen Größe erscheint und wo der Mensch am besten lernen kann, wie klein er ist.

Die kleinsten Unteroffiziere sind die stolzesten.

Ich habe sehr oft schon darüber nachgedacht, worin sich eigentlich das große Genie von dem gemeinen Haufen unterscheidet. Hier sind einige Bemerkungen, die ich gemacht habe. Der gewöhnliche Kopf ist immer der herrschenden Meinung und der herrschenden Mode konform; er hält den Zustand, in

dem sich alles jetzt befindet, für den einzig möglichen und verhält sich leidend bei allem. Ihm fällt nicht ein, daß alles von der Form der Möbel bis zur feinsten Hypothese hinauf in dem großen Rat der Menschen beschlossen werde, dessen Mitglied er ist. Er trägt dünne Sohlen an seinen Schuhen, wenn ihm gleich die spitzen Steine die Füße wund drücken, er läßt die Schuhschnallen sich durch die Mode bis an die Zehen rücken, wenn ihm gleich der Schuh öfters steckenbleibt. Er denkt nicht daran, daß die Form des Schuhs so gut von ihm abhängt, als von dem Narren, der sie auf elendem Pflaster zuerst dünne trug. Dem großen Genie fällt überall ein: Könnte auch dieses nicht falsch sein? Er gibt seine Stimme nie ohne Überlegung. Ich habe einen Mann von großen Talenten gekannt, dessen ganzes Meinungssystem so wie sein Möbelvorrat sich durch eine besondere Ordnung und Brauchbarkeit unterschied. Er nahm nichts in sein Haus auf, wovon er nicht den Nutzen deutlich sah; etwas anzuschaffen, bloß weil es andere Leute hatten, war ihm unmöglich. Er dachte: So hat man ohne mich beschlossen, daß es sein soll, vielleicht hätte man anders beschlossen, wenn ich mit dabei gewesen wäre. Dank sei es diesen Männern, daß sie zuweilen wenigstens wieder einmal schütteln, wenn es sich setzen will, wozu unsere Welt noch zu jung ist.
Chinesen dürfen wir noch nicht werden. Wären die Nationen ganz voneinander getrennt, so würden vielleicht alle, obgleich auf verschiedenen Stufen der Vollkommenheit, zu dem chinesischen Stillstand gelangt sein.

Das Bekehren der Missetäter vor ihrer Hinrichtung läßt sich mit einer Art von Mästung vergleichen. Man macht sie geistlich fett und schneidet ihnen hernach die Kehle ab, damit sie nicht wieder abfallen.

. . .Wenn ich nicht sehr irre, so sind die Zeiten, da Europa die Systeme von den Deutschen nehmen mußte, so wie den Zimt von den Holländern, ihrem Ende sehr nahe. Die eine Hälfte unserer Landsleute ist mit in den großen kritischen Aufstand und in das Rezensieren omnium contra omnes so verwickelt, daß sie nicht hört, und die andere liegt in einem empfindlichen Schlummer und hört und sieht nicht, was um sie vorgeht. . .

Der Mensch vergibt sich nichts, ohne etwas zu erwarten; daher das Sammeln des Lohns im Himmel, Geißelung und dergleichen. Die Philosophie des gemeinen Mannes ist die Mutter der unsrigen; aus seinem Aberglauben konnte unsere Religion werden, so wie unsere Medizin aus seiner Hausmittelkenntnis. Er tat etwas, ohne Belohnung vorauszusehen; er erhielt sie aber auch, ohne sich eines kurz vorhergängigen Verdienstes bewußt zu sein; was war natürlicher als eine Verbindung zwischen jenem Verdienst und dieser Belohnung zu finden? Was konnte für den Religionsstifter wichtiger und was der Gesellschaft nützlicher sein? So wurde der Mensch aus Eigennutz uneigennützig, und was ihm das Glück ohnehin zugeführt hätte, wurde ihm als eine Bezahlung angerechnet, die ihn noch mehr verpflichtete.

Jacobi, du mußt nicht glauben, daß deine Kunst wichtiger sei als des Mannes, der Kaffeetische zu Birmingham lackiert.

Die Katholiken bedenken nicht, daß der Glauben der Menschen sich auch ändert, wie überhaupt die Zeiten und Kenntnisse der Menschen. Hier zunehmen und dort stillestehn ist den Menschen unmöglich. Selbst die Wahrheit bedarf zu andern Zeiten wieder einer andern Einkleidung, um gefällig zu sein.

Zwei auf einem Pferd bei einer Prügelei, ein schönes Sinnbild für eine Staatsverfassung.

Ein Mann, der sich in einem engen Felde mit Aufmerksamkeit und Nachdenken beschäftigt hat, wird, wo es nicht auf Geschmack, sondern auf Verstand ankommt, gewiß außer diesem Feld gut urteilen, wenn ihm der Fall gehörig vorgestellt wird, da der andere, der vielerlei weiß, nirgends recht zu Hause ist. Wenn sich eine mannigfaltige Kenntnis heutzutage nicht so leicht aus Büchern erwerben ließe, ohne andere Anstrengung als allein des Gedächtnisses, so ließe sich noch eher etwas dafür sagen, da aber dieses gewiß immer der Fall ist, so ziehe ich schon aus diesem Grund eine geringe, aber deutliche Kenntnis vor.

Dieses haben unsere Vorfahren aus gutem Grunde so geordnet, und wir stellen es aus gutem Grunde nun wieder ab.

Ich habe auch Federn auf dieser Leimrute sitzenlassen.

Einen Roman zu schreiben ist deswegen vorzüglich angenehm, weil man zu allen Meinungen, die man gerne einmal in die Welt laufen lassen will, allemal einen Mann finden kann, der sie als die seinigen vorträgt. . .

Zeit urbar machen.

Er war das bei der Sache, was der Schwanzmeister bei der Ramme ist, er kommandierte, führte den dicksten Strick und arbeitete am wenigsten.

Ist denn kein Unterschied zwischen Gerechtigkeit und Schinderei?

So wie Julius Cäsar einen Brief schreiben und zugleich etliche diktieren konnte, so hatte er die Gabe, einen Takt zu treten und in einem andern Magentropfen in einen Löffel zu zählen.

Er redete oft an Orten sehr frei, wo jedermann eine heilige Miene annahm, dafür predigte er aber die Tugend wiederum an Orten, wo sie sonst kein Mensch predigte.

Wie leicht Eigenliebe, ohne daß wir es merken, die Triebfeder mancher uns von derselben ganz independent scheinenden Handlung sei, können wir daraus ersehen, daß Leute das Geld lieben können als Geld, ob sie gleich nie Gebrauch davon machen.

Gäbe es nur lauter Rüben und Kartoffeln in der Welt, so würde einer vielleicht einmal sagen: Es ist schade, daß die Pflanzen verkehrt stehen.

Wenn jemand auf die Ärzte, auf Advokaten oder die elenden Philosophen loszieht, so lachen die Vernünftigen unter denselben mit. Allein wenn man auf einen schlechten Geistlichen loszieht, deren es doch gewiß mehrere gibt als schlechte Leute in irgendeiner Fakultät, deswegen weil es schwerer ist, ein guter zu sein, so werfen selbst gute Männer unter ihnen mit Eifer und Verfolgung um sich.

Man könnte ihn den Zaunkönig der Schriftsteller nennen.

Alcibiades hieb einmal seinem Hund den Schwanz ab. Als man ihn um die Ursache fragte, so sagte er: Ich tue es bloß, um den Atheniensern etwas zu sprechen zu geben.

Ich kann es keinem Mädchen verdenken, wenn sie sich in ihrer Wahl eines Gemahls nicht nach dem Willen der Eltern richtet. Soll sie etwas, das sie so oft im Spiegel beschaut, woran sie so oft poliert und geputzt hat, dessen Auszierung, Pflegung und Erhaltung so lange ihre einzige Sorge gewesen ist, soll sie das jemanden hingeben, den sie nicht leiden kann?

Eine Hauptregel für Schriftsteller, zumal solche, die ihre eigenen Empfindungen beschreiben wollen, ist, ja nicht zu glauben, daß, weil sie solches tun, dieses bei ihnen eine besondere Anlage der Natur dazu anzeige. Andere können dieses vielleicht ebensogut als du. Sie machen nur keine Geschäfte daraus, weil es ihnen einfältig vorkommt, solche Dinge bekanntzumachen.

Beim Disputieren ist ein sehr feiner und bitterer Griff, erst die Gründe des Gegners noch viel stärker vorzustellen, als er sie selbst vorzustellen imstand war (hierbei ist allenfalls Sophisterei verzeihlich), und dann alles mit triftigen Gründen zusammen aus dem Wege zu räumen. Dieses läßt sich bei der Satire gebrauchen.

Der kühnste Flug des faselnden Menschen.

Ich bemerkte wirklich auf seinem Gesicht den Nebel, der allezeit während des Wonnegefühls aufzusteigen pflegt, das man hat, wenn man sich über andere erhaben zu sein glaubt.

Es gibt Menschen, die nicht sowohl schön schreiben, als vielmehr jedem Decennio und Saeculo das Modegesicht ablernen können, daß der Teufel selbst glauben sollte, sie schrieben von Natur so. Es mag stürmen, wie es will, so schwimmen verzwickte Bälge immer oben. Ich mag immer den Mann lieber, der so schreibt, daß es Mode werden kann, als den, der so schreibt, wie es Mode ist.

Sie tun die Taten, und wir übersetzen die Erzählungen davon ins Deutsche.

Man ist in die Erde kaum nur den 8000. Teil ihrer Dicke eingedrungen.

Wenn ich doch eine Verrichtung wählen soll, die tausend Menschen schon vor mir gewählt haben, so soll es gewiß das Kompendienschreiben nicht sein.

Wenn jemand etwas sehr gerne tut, so hat er fast immer etwas in der Sache, was die Sache nicht selbst ist. Dieses ist eine Bemerkung, die eine tiefsinnigere Untersuchung durch den nützlichen Erfolg belohnen würde.

Ein Kerl schreibt dem andern von einem Lied;: Schicke mir doch den Text zu dem Lied, das die Schüler in G. singen, die Melodie weiß ich. Es fängt sich an: dra ri li-li-li dara.

Mit wollüstiger Bangigkeit.

Zwo Personen verabreden sich, was sie in Gesellschaft miteinander sprechen und wie sie sich einander aufziehn wollen.

Nicht Größe des Geistes, sondern des Windes hat ihn zu dem Manne gemacht.

Wenn man nun einmal in der Welt anfangen wollte, das bloß Nötige zu tun, so müßten Millionen Hungers sterben.

In den Worten »vox populi vox dei« steckt mehr Weisheit, als man heutzutage in vier Worte zu stecken pflegt.

Gegen das Kompendienschreiben, und dieses so lächerlich gemacht als möglich.

Es ist nicht Lasterhaß, sondern Halseisenfurcht. Oder so: Wer kann in jedem Fall Tugend und Halseisenfurcht unterscheiden?

Unsere Gesinnungen sind so unterschieden als unsere Gesichter, denn wer will uns beweisen, daß unsere inneren Werkzeuge, zumal des Gehirns, nicht merklich unterschieden sind? Wie mannigfaltig sind die Vorfälle des Lebens, aus denen hernach Gesinnungen und Meinungen werden. Sie sind deswegen immer menschlich. Die meisten Menschen nehmen die Meinungen an, so wie sie von andern gemacht worden sind. Der Deutsche geht hierin unbegreiflich weit. In England hat beinah jedermann seine eigne Meinung. Ich sage damit nicht, daß jeder eine verschiedene habe. Dieses gibt der Urteilskraft ein leichteres Spiel, gelernte Meinungen hingegen schränken sie ein. In dem neuen Land könnte man die Masken der Kinder in kupferne Formen zwingen. Wir sollten uns bemühen, Facta kennenzulernen und keine Meinungen, hingegen diesen Factis eine Stelle in unserm Meinungensystem anweisen. Man räsoniere nur einmal selbst über die gemeinsten Dinge, hüte sich aber ja, etwas hineinzubringen, was die Meinung eines andern war, wenigstens muß sie nicht qua talis hinein, wenn sie nicht die unsrige ist. Es ist unglaublich, was sich die Menschen Dinge einander nachbeten können. Der größte Mann, der alles auf seiner eignen Waage wiegt, was er ausgibt, glaubt sich einmal einen Augenblick allzu sicher und legt etwas hin, das er nicht gewogen hat. Wo ich nicht sehr irre, so liegt hierin eigentlich der Unterschied des großen und des schlechten Schriftstellers, daß jener mit eignen geübten Kräften aus Factis räsoniert und dieser die verstümmelten Meinungen anderer mit nicht genugsam geübten verbindet. Ein schlechter Schriftsteller ist von dem guten nicht dem Grade nach unterschieden, daher gibt es große schlechte Schriftsteller. Daß die Geschichte eine Lehrmeisterin des Lebens sei, ist ein Satz, der gewiß von vielen ununtersucht nachgebetet wird. Man untersuche einmal, wo die Menschen, die sich durch ihren Verstand gehoben haben, ihren Verstand herhaben. Sie holen ihn in den Affären selbst, da, wo die Begebenheiten sind, und nicht da, wo sie erzählt werden.

Man kann sehr viel gelesen haben und wenig Verstand zeigen. . .

Er hat den Galgen nicht auf dem Buckel, aber in den Augen.

Schwachheiten schaden uns nicht mehr, sobald wir sie kennen.

Wenn jemand Lavatern vor die Stirne schlägt und sagt: »So wache doch auf, Träumer!« da schimpfen die Kandidaten der Empfindsamkeit, die Bürger brummen und murren, und die politischen Weisen zischeln sich auf der Straße in die Ohren, so geschäftig, so gesprächig, mit einer so geheimnisvollen Geschwätzigkeit, daß man glauben sollte, die Äbtissin wäre mit Zwillingen niedergekommen oder der Erzbischof hätte den Tripper. Aber wenn jemand der gesunden Vernunft vor den Kopf schlägt, das achtet man soviel als ein Bohnenfleckchen.

Manches an unserm Körper würde uns nicht so säuisch und unzüchtig vorkommen, wenn uns nicht der Adel im Kopf steckte.

Man liest auch, um andere Schriftsteller kennenzulernen. Jemand, der von Kindheit an nichts als die Meisterstücke des menschlichen Verstandes hätte kennenlernen, würde das Gesicht zum Erstaunen verziehen, wenn er einige unsrer neuen lesen sollte. Es würde ihm vorkommen als eine Musik auf einem verstimmten Klavier oder eine von Pfannen und Mörsern und Tellern. Eine Situation, die zu gebrauchen wäre.

Man ist nur gar zu sehr geneigt zu glauben, wenn man etwas Talent besitzt, arbeiten müßte einem leicht werden. Greife dich immer an, Mensch, wenn du etwas Großes tun willst.

Allzeit: wie kann dieses besser gemacht werden.

Eine Uhr, die ihrem Besitzer immer um viertel zuruft: »Du. . .«, um halb: »Du bist. . .«, um dreiviertel: »Du bist ein. . .«, und wenn es voll schlägt: »Du bist ein Mensch.«

Das ist wahr, meine Schuh kann ich mir nicht selbst machen, aber ihr Herrn, meine Philosophie lass' ich mir nicht zuschreiben. . .

Das heißt Eulen nach Athen oder Kompendia nach Göttingen tragen.

Wenn er eine Rezension verfertigt, habe ich mir sagen lassen, soll er allemal die heftigsten Erektionen haben.

Was heißt schwätzen? Schwätzen heißt mit einer unbeschreiblichen Geschäftigkeit von den gemeinsten Dingen, die entweder schon jedermann weiß oder nicht wissen will, so weitläufig sprechen, daß darüber niemand zum Wort kommen kann und jedermann Zeit und Weile lang wird. Die deutsche Sprache ist sehr arm an Wörtern für Handlungen, die sich so zu andern Handlungen des vernünftigen Mannes verhalten wie Geschwätz zur zweckmäßigen, vernünftigen Unterredung. So fehlt es uns an einem solchen Wort für rechnen.

Die Komödie bessert nicht unmittelbar, vielleicht auch die Satire nicht; ich meine, man legt die Laster nicht ab, die sie lächerlich macht. Aber das können sie tun, sie vergrößern unsern Gesichtskreis, vermehren die Anzahl der festen Punkte, aus denen wir uns in allen Vorfällen des Lebens geschwinder orientieren können.

Zu der ›Zezuanischen Geschichte‹.
Satiren sind im ganzen Lande erlaubt, und unter der letzten Regierung hat man sie noch bekräftigt, und ist ein sehr gnädig ab-

gefaßtes Plakat deswegen ergangen, welches in die zezuanischen Intelliegenzblätter eingerückt worden.
Das Manifest selbst:
Die Satire darf sich aber ausdrücklich auf niemanden erstrekken, wer nach dem großen Deichbruch, so nennen sie die Sündflut, gelebt hat, und nimmt das Manifest noch sechs oder sieben Männer, die vor dem Deichbruch gelebt haben, aus, auf die sich die Satire auch nicht erstrecken darf. Wer dagegen handelt, der soll den dritten Grad der Kritik aushalten, welcher darin besteht, daß einem an einem Ort, den man selbst wählen darf, ein Vesikatorium von der Größe eines zinnernen Tellers aufgelegt und hernach die rohe Stelle mit Pfeffer und Salz gerieben wird.

Das Erheben in den Bürgerstand.

Ein Mensch wählet sich ein Thema, beleuchtet es mit seinem Lichtchen, so gut er's hat, und schreibt alsdann in einem gewissen erträglichen Modestil seine Alltagsbemerkungen, was jeder Sekundaner auch sehen, aber nicht so festlich hätte sagen können. Für diese Art zu schreiben, welches die Lieblingsart der mittelmäßigen und untermittelmäßigen Köpfe ist, wovon es in allen Ländern wimmelt, in welchen die Magazin-satiren gemeiniglich geschrieben sind, habe ich kein besseres Wort als Kandidaten-prosa finden können. Er führt höchstens das aus, was die Vernünftigen schon bei dem bloßen Wort gedacht haben.

Der Gedanke hat in dem Ausdruck noch zu viel Spielraum; ich habe mit dem Stockknopf hingewiesen, wo ich mit der Nadelspitze hätte hinweisen sollen.

Aktiv- und Passivvisiten.

Ein König läßt befehlen, daß man bei Lebensstrafe einen Stein für einen Demant halten soll.

Er hielt sich ein Zettelchen, auf welches er gewöhnlich schrieb, was er für eine besondere, ihm von Gott erwiesene Gnade ansah und was sich gar nicht anders erklären ließ. Bei seinem inbrünstigsten Gebet sagte er zuweilen: »O lieber Gott, etwas aufs Zettelchen.« Solche Ausdrücke, Ausbrüche der empfindlichsten Seelen, sind gleichsam Vertrauensgeheimnisse zwischen Gott und der Seele.

Eine Vorrede könnte Fliegenwedel betitelt werden und eine Dedikation Klingelbeutel.

Es scheint, als wenn Herr S., der durch das Tor der Geschichte in den Tempel des Ruhms gekommen, sich nun wieder durch das Türchen der Dichtkunst hinausschleichen wollte.

Die Zeitungsschreiber haben sich ein hölzernes Kapellchen erbaut, das sie auch den Tempel des Ruhms nennen, worin sie den ganzen Tag anschlagen und abnehmen und ein Gehämmer machen, daß man sein eigenes Wort nicht hört.

Wenn du in einer gewissen Art von Schriften groß werden willst, so lese mehr als die Schriften dieser Art. Wenn du auch schon nicht deine Äste über ein großes Stück Feld ausbreiten willst, so ist es deiner Fruchtbarkeit immer zuträglich, deine Wurzeln weit ausgebreitet zu haben. Ein bloßer Leser des Wieland wird nie ein Wieland werden. Ich glaube, Wieland nähme es wohl über sich, für die Wahrheit dieses Satzes Bürge zu werden.

Man kann sicher bei verschlossenen Augen in das erste beste Buch den Finger auf eine Zeile legen und sagen, hierüber ließe sich ein Buch schreiben. Wenn man die Augen auftut, so wird man sich selten betrogen fühlen.

So närrisch, als es dem Krebse vorkommen muß, wenn er den Menschen vorwärtsgehen sieht.

Heutzutage machen drei Pointen und eine Lüge einen Schriftsteller.

Die erste Satire wurde gewiß aus Rache gemacht. Sie zur Besserung seines Nebenmenschen, gegen die Laster und nicht gegen den Lasterhaften zu gebrauchen, ist schon ein geleckter, abgekühlter, zahm gemachter Gedanke.

Ein Grab ist doch immer die beste Befestigung wider die Stürme des Schicksals.

Er hat eine Seite herunter geLavatert.

Die poetischen Zitterer.

Der Mensch ist vielleicht halb Geist und halb Materie, so wie der Polype halb Pflanze und halb Tier. Auf der Grenze liegen immer die seltsamsten Geschöpfe.

Er hat mich einiger Fäden des frömmsten Geifers gewürdigt und sein geweihtes Pfui über mein Werkchen ausgespuckt.

Sich in einen Ochsen verwandeln ist noch kein Selbstmord.

Acht Bände hat er geschrieben. Er hätte gewiß besser getan, er hätte acht Bäume gepflanzt oder acht Kinder gezeugt.

Bei Ausarbeitungen habe vor Augen: Zutrauen auf dich selbst, edlen Stolz und den Gedanken, daß andere nicht besser sind als du, die deine Fehler vermeiden und dafür andere begehen, die du vermieden hast.

Ein rechtes Sonntagskind in Einfällen.

Gott schuf den Menschen nach seinem Bilde, das heißt vermutlich: Der Mensch schuf Gott nach dem seinigen.

Heutzutage haben wir schon Bücher von Büchern und Beschreibungen von Beschreibungen.

Himmel, laß mich nur kein Buch von Büchern schreiben.

Dann gnade Gott denen von Gottes Gnaden.

Was die Spannung der Triebfedern in uns am meisten hemmt, ist, andere Leute im Besitz des Ruhms zu sehen, von deren Unwürdigkeit man überzeugt ist.

Der gute Schriftsteller ist der, der viel und lange gelesen und nach hundert Jahren noch in allerlei Format aufgelegt und eben dadurch das Vergnügen des Menschen im allgemeinen wird. Das ganze menschliche Geschlecht lobt nur das Gute, das Individuum oft das Schlechte.

Regeln für den Schriftsteller: Allen Ständen verständlich und angenehm, zweitens die Nachwelt vor Augen oder eine gewisse Gesellschaft, den Hof pp.

Die Genies brechen die Bahnen, und die schönen Geister ebnen und verschönern sie. Eine Wegverbesserung in den Wissenschaften wäre anzuraten, um desto besser von einer zu den andern kommen zu können.

Recensent, quasi recens natus.

Es ist mit dem Witz wie mit der Musik, je mehr man hört, desto feinere Verhältnisse verlangt man.

Es ist eine Bemerkung, die ich durch vielfältige Erfahrung bestätigt gefunden habe, daß unter Gelehrten diejenigen fast allezeit die verständigsten sind, die nebenher sich mit einer Kunst beschäftigen oder, wie man im Plattdeutschen sagt, klütern.

Eine halb neue Erfindung mit einem ganz neuen Namen.

Der gesunde Gelehrte, der Mann, bei dem Nachdenken keine Krankheit ist.

Was auf Shakespearisch in der Welt zu tun war, hat Shakespeare größtenteils getan.

Unsere Erde ist vielleicht ein Weibchen.

Das ist eine Arbeit, wobei sich, glaube ich, die Geduld selbst die Haare ausrisse.

Weil doch nun einmal Geld in der Welt dasjenige ist, was macht, daß ich das Kinn höher trage, freier aufsehe, sicherer auftrete, härter an andere anlaufe.

Swiften möchte ich zum Barbier, Sterne zum Friseur, Newton beim Frühstück, Hume beim Kaffee gehabt haben.

Es wäre kein Wunder fürwahr, wenn die Zeit einem solchen Schurken das Stundenglas ins Gesicht schmisse.

Einige Ärzte wollen nun gar glauben, daß das menschliche Geschlecht die venerischen Krankheiten und andere den Satiren zuzuschreiben habe, die man auf die Ärzte gemacht hat.

So wie gewisse Schriftsteller, nachdem sie ihrer Materie erst einen derben Hieb versetzt haben, hernach sagen, sie zerfalle von selbst in zwei Teile.

Wenn man über dieses anfängt zu sprechen, so wird es plausibel, denkt man aber daran, so findet man, daß es falsch ist. Der erste Blick, den ich im Geist auf eine Sache tue, ist sehr wichtig. Unser Geist übersieht die Sache dunkel von allen Seiten, welches oft mehr wert ist, als eine deutliche Vorstellung von einer einzigen.

Gott schuf den Menschen nach seinem Bilde, sagt die Bibel, die Philosophen machen es grade umgekehrt, sie schaffen Gott nach dem ihrigen.

Ich glaube, der schlechteste Gedanke kann so gesagt werden, daß er die Wirkung des besten tut, sollte auch das letzte Mittel dieses sein, ihn einem schlechten Kerl in einem Roman oder Komödie in den Mund zu legen.

Ob ein Mann, der schreibt, gut oder schlecht schreibt, ist gleich ausgemacht, ob aber einer, der nichts schreibt und stillesitzt, aus Vernunft oder aus Unwissenheit stillesitzt, kann kein Sterblicher ausmachen.

Die Bauernmädchen gehen barfuß und die vornehmen barbrust.

Das bißchen Kopf, das sie noch haben, zerbrechen sie sich mit solchem Zeuge.

Ich stelle mir vor, wo wir an die uns gesteckten Grenzen der Dinge kommen oder noch ehe wir daran kommen, so können wir ins Unendliche sehen, so wie wir auf der Oberfläche der Erde in den unermeßlichen Raum Hinaussehen.

Man muß keinem Werk, hauptsächlich keiner Schrift, die Mühe ansehen, die sie gekostet hat. Ein Schriftsteller, der noch von der Nachwelt gelesen sein will, muß es sich nicht verdrießen lassen, Winke zu ganzen Büchern, Gedanken zu Disputationen in irgendeinen Winkel eines Kapitels hinzuwerfen, daß man glauben muß, er habe sie zu Tausenden wegzuschmeißen.

Bei wachender Gelehrsamkeit und schlafendem Menschenverstand ausgeheckt.

Unsere Welt wird noch so fein werden, daß es so lächerlich sein wird, einen Gott zu glauben als heutzutage Gespenster.

Daß der Mensch das edelste Geschöpf sei, läßt sich auch schon daraus abnehmen, daß es ihm noch kein anderes Geschöpf widersprochen hat.

Die großen Medaillen Gellert, Hagedorn pp. hat die Natur eingeschmolzen und scheint sie uns nun in kleinen Courantsorten wiederzugeben.

Einer unserer Voreltern muß in einem verbotenen Buch gelesen haben.

Die Täfelchen von Schokolade und Arsenik, worauf die Gesetze geschrieben sind.

Der Witz wird mit den Jahren stumpf, andere Kenntnisse bleiben.

Es muß untersucht werden, ob es überhaupt möglich, etwas zu tun, ohne sein eignes Bestes immer dabei vor Augen zu haben.

Würmer in den Rädern einer hölzernen Uhr.

Unsere besten Ausdrücke werden veralten; schon manches Wort ist jetzo niedrig, was ehemals eine kühne Metapher war. Es ist also gewissermaßen der Dauer eines Werks zuträglich, wenn man etwas neu im Stil tut, doch so, daß die Nachahmung schwer ist; es kann nicht so leicht veraltern.

Der Mangel an Ideen macht unsere Poesie jetzt so verächtlich. Erfindet, wenn ihr wollt gelesen sein. Wer, Henker, wird nicht gern etwas Neues lesen?

Man kann eine Sache wieder so sagen, wie sie schon ist gesagt worden, sie vom Menschenverstand weiter abbringen oder sie ihm nähern; das erste tut der seichte Kopf, das zweite der Enthusiast, das dritte der eigentliche Weltweise.

Der Deutsche ist nie mehr Nachahmer, als wenn er absolut Original sein will, weil es andere Nationen auch sind. Den Original-Schriftstellern anderer Nationen fällt es nie ein, Original sein zu wollen. Der Esprit du Corps zeugt Gedanken, in einer Rezensenteninnung hat mancher Kopf einen Einfall gehabt, den er insuliert nicht gehabt haben würde.

Der oft unüberlegten Hochachtung gegen alte Gesetze, alte Gebräuche und alte Religion hat man alles Übel in der Welt zu danken.

Bei noch jungfräulicher Vernunft.

In diesem Jahrhundert haben wir zuerst künstliche Magnete gemacht, zu Erfindung der Meereslänge große Schritte getan und den deutschen Hexameter zur Vollkommenheit gebracht.

Kann es nicht mit den Gelehrten sein wie mit den Gerichten vor Zeiten, da die jüngsten Schöffen das Henken verrichteten?

Er hat den Kelch des Stolzes getrunken.

Wenn ein Buch und ein Kopf zusammenstoßen, und es klingt hohl, ist das allemal im Buch?

In den vorigen Zeiten achtete man auf Kometen und Nordscheine, um andere Bedürfnisse zu befriedigen. Aberglauben trieb damals den Beobachter, jetzt tut es Ehrgeiz und Wißbegierde.

Der Philosoph setzt sich oft über die Großen der Erde weg mit einem Gedanken, der Große setzt sich über sie weg und fühlt es.

Die Welt muß noch nicht sehr alt sein, weil die Menschen noch nicht fliegen können.

Heinrich sagte einmal »zum Schicksal« anstatt »zum Glück«.

Dieses ist eine Theorie, die meines Erachtens in der Psychologie eben das vorstellt, was eine sehr bekannte in der Physik ist, die das Nordlicht durch den Glanz der Heringe erklärt.

Ich glaube kaum, daß es möglich sein wird, zu erweisen, daß wir das Werk eines höchsten Wesens und nicht vielmehr zum Zeitvertreib von einem sehr unvollkommenen sind zusammengesetzt worden.

Je mehr man in einer Sprache durch Vernunft unterscheiden lernt, desto schwerer wird einem das Sprechen derselben. Im Fertigsprechen ist viel Instinktmäßiges, durch Vernunft läßt es sich nicht erreichen. Gewisse Dinge müssen in der Jugend erlernt werden, sagt man; dieses ist von Menschen wahr, die ihre Vernunft zum Nachteil aller übrigen Kräfte kultivieren.

Buchstabenmännchen und -weibchen.

Es gibt Leute, die nicht sowohl Genie als ein gewisses Talent besitzen, dem Jahrhundert oder wohl gar dem Dezennium seine Wünsche abzumerken, noch ehe es sie tut.

Ich weiß gar nicht, was ihr Leute wollt. Ich bin gar nicht einmal willens, ein großer Mann zu werden, und das hättet ihr mich wenigstens erst einmal vor der Hand fragen müssen. Meint ihr denn, um einem Sünder einmal mit der Geißel über den Wirbel zu hauen, müsse man eine Löwenforce besitzen? Man braucht kein großer Mann zu sein, um jemand die Wahrheit zu sagen, und ein Glück für uns, daß auch der arme Teufel Wahrheiten sagen kann.

Wenn wir mehr selbst dächten, so würden wir sehr viel mehr schlechte und sehr viel mehr gute Bücher haben.

Wenn heutzutage jemand einen beißenden Gedanken anbringen will, so macht er seinen Versuch an einem armen Schriftsteller so wie die Physiologen an Hunden.

Das ganze Zeitungs-All.

So wird uns der Vetter Engel und der Vetter Affe auslachen.

Es gibt heuer eine gewisse Art Leute, meistens junge Dichter, die das Wort Deutsch fast immer mit offenen Naslöchern aussprechen. Ein sicheres Zeichen, daß der Patriotismus bei diesen Leuten sogar auch Nachahmung ist. Wer wird immer mit dem Deutschen so dicke tun? »Ich bin ein deutsches Mädchen«, ist das etwa mehr als ein englisches, russisches oder otaheitisches? Wollt ihr damit sagen, daß die Deutschen auch Geist und Talent besitzen? O das leugnet nur ein Unwissender oder ein Tor. Ich stelle mich zum Beweis, wenn er sich zur Behauptung stellt. Er sei Prinz, Duc, Bischof, Lord, Aldermann, Don, oder was er will. Gut, das ist ein Narr oder Unwissender, wer das leugnet, das nehme ich schlechtweg an. Ich bitte euch, Landsleute, laßt diese gänzlich unnütze Prahlerei, die Nation, die uns verlacht und die, die uns beneidet, müssen sich darüber kitzeln, zumal wenn sie innewerden, daß es ihnen gesagt sein soll.

Ich wollte lieber das Wort superklug gemacht haben als irgend eines, es macht seinem Zusammensetzer zuverlässig Ehre. . .

Wenn man die meisten Gelehrten ansieht, nichts verrichten sie an sich, als daß sie sich die Nägel und Federn schneiden. Ihre Haare lassen sie sich durch andere in Ordnung legen, ihre Kleidung durch andere machen, ihre Speise durch andere bereiten dafür, daß sie das Wetter in ihrem Kopfe beobachten.

Der Mann hat so viel Verstand, daß er fast zu nichts mehr in der Welt zu gebrauchen war.

Ich kenne die Leute wohl, die ihr meint; sie sind bloß Geist und Theorie und können sich keinen Knopf annähen. Lauter Kopf und nicht so viel Hand, als nötig ist, einen Knopf anzunähen.

Rom, London, Karthago sind nur dauerhaftere Wolken, sie verändern sich und vergehen endlich alle. Wie oft hält der Mensch

Dinge für wesentlich unterschieden, die es nur durch plus und minus sind.

Wenn ihn die Welt ganz kennte, so wie ich ihn kenne, meine Herrn, sie würde den Fuchs und das Chamäleon in ihren Gleichnissen gegen ihn vertauschen.

Außer den Eigenschaften, die er mit allerlei Tieren gemein hatte, hatte er auch noch einige mit Thermometern, Hygrometern und Barometern gemein.

Der Satz muß doch mit einem Bruch multipliziert werden.

Wenn Scharfsinn ein Vergrößerungsglas ist, so ist der Witz ein Verkleinerungsglas. Glaubt ihr denn, daß sich bloß Entdekkungen mit Vergrößerungsgläsern machen ließen? Ich glaube mit Verkleinerungsgläsern oder wenigstens durch ähnliche Instrumente in der Intellektualwelt sind wohl mehr Entdeckungen gemacht worden. Der Mond sieht durch einen verkehrten Tubum aus wie die Venus und mit bloßen Augen wie die Venus durch einen guten Tubum in seiner rechten Lage. Durch ein gemeines Opernglas würden die Plejaden wie ein Nebelstern erscheinen. Die Welt, die so schön mit Bäumen und Kraut bewachsen ist, hält ein höheres Wesen als wir vielleicht eben deswegen für verschimmelt. Der schönste gestirnte Himmel sieht uns durch ein umgekehrtes Fernrohr leer aus.

Bemühe dich, nicht unter deiner Zeit zu sein.

Er war ein solcher aufmerksamer Grübler, ein Sandkorn sah er immer eher als ein Haus.

Zum Superklugen: Durch das häufige Beobachten nach Regeln in der Absicht, etwas erfinden zu wollen, bekommt die Seele endlich unvermerkt eine verwünschte Leichtigkeit, das Natürliche zu übersehen.

Wenn der Papst heiraten wollte, so wüßte ich ihm keine tugendhaftere Frau vorzuschlagen.

In der Republik der Gelehrten will jeder herrschen, es gibt da keine Aldermänner, das ist übel; jeder General muß sozureden den Plan entwerfen, Schildwache stehen und die Wachtstube fegen und Wasser holen, es will keiner dem andern in die Hände arbeiten.

Der Oberrock war in ganz gutem Stand, allein in den Unterrock hatte sie sich ein solches Loch gerissen, daß sie zuweilen übertrat.

Alles verfeinert sich, Musik war ehemals Lärm. Satire war Pasquill, und da, wo man heutzutag sagt: »Erlauben Sie gütigst«, schlug man einem vor alters hinter die Ohren.

Nonsens ist in der Tat etwas sehr Betrübtes, und ein Professor, der welchen schreibt, sollte freundlich auf Pension gesetzt werden.

Ich hoffe, die meisten meiner Leser männlichen Geschlechts werden ehemals Primaner gewesen sein und aus der Erfahrung wissen, wie heftig um jene Zeit der Trieb ist, Bücher zu rezensieren, und wie schmeichelhaft, der sündigen Seele Entreebilletts zum Tempel des Nachruhms für Leute zu stempeln, die älter sind als wir.

Wenn jemand etwas mit Emsigkeit tut, so ist die Idea rectrix zuweilen ganz etwas anders als die Sache, sich schön gedruckt zu sehen, ein noch nicht volles Hundert oder Tausend voll zu sparen. . .

Zwei Absichten muß man bei der Lektüre beständig vor Augen haben, wenn sie vernünftig sein soll. Einmal, die Sachen zu behalten und sie mit einem System zu vereinigen, und dann vornehmlich, sich die Art eigen zu machen, wie jene Leute die Sachen angesehen haben. Das ist die Ursache, warum man jedermann warnen soll, keine Bücher von Stümpern zu lesen, zumal wenn sie ihre Räsonnements einmischen. Man kann Sachen aus ihren Kompilationen lernen, allein was einem Philosophen ebenso wichtig, wo nicht wichtiger ist, seiner Denkungsart eine gute Form zu geben, lernt er nicht.

Wäre damals ein Zoll auf die Gedanken gelegt worden, sie wäre gewiß insolvent geworden.

Keine einzige geldfeste Tasche hat er am ganzen Leibe.

Wie werden einmal unsere Namen hinter den Erfindern des Fliegens und dergleichen vergessen werden.

Es gibt eine gewisse Art von gekünsteltem Unsinn, den der Halbköpfige leicht für tiefe Weisheit, ja wohl gar für ein Weben des Genies hält, erstimulierte Ausbrüche eines fundamentlosen Enthusiasmus, ein fieberhaftes Haschen nach Originalismus, ohne Richtigkeit der Empfindung, in welchem der Frankfurter Rezensent oder der Primaner aller Orten Shakespearesche Inspiration zu wittern glaubt, das Rauschen von Libanons ewiger Zeder, die donnernden Tritte des Würgengels und den Klang der Posaune des letzten Tages hört. Es ist nichts. Fünf gegen eins, der Mann, der es geschrieben hat, ist ein Tropf, der mehr scheinen will, als er ist, und damit ist seine arme Seele für den Ruhm der Nachwelt hin, als hätte sie das Licht nie gesehen oder den Satz des Widerspruchs nie gedacht.

Wenn ein Werk auf die Nachwelt kommt, und daran kann es ihm nicht fehlen, wenn es ein Dutzend neue und nützliche Wahrheiten gut vorgetragen enthält und mit messingnen Ekken und Krappen gebunden wird.

Bücher werden aus Büchern geschrieben, unsere Dichter werden meistenteils Dichter durch Dichter lesen. Gelehrte sollten sich mehr darauf legen, Empfindungen und Beobachtungen zu Buch zu bringen.

Auch ich habe seine Oden schnaubende Muse mit Unwillen gehört.

Stolz, mit hoher Brust und halb umgedrehtem Haupt schritte sie daher wie die Eitelkeit, wenn sie sieht, ob ihr die Schleppe nachkommt.

Ein Fähnrich, der nach einer Schlacht, während welcher er sich verkrochen hatte, hinter einer Hecke seinen Hut aufgehängt und ein Loch hineinschießen will, wäre ein Sujet für Hogarth.

Der Herbst, der der Erde die Blätter wieder zuzählt, die sie dem Sommer geliehen hat.

Ich habe seine Stärke im Kauderwelschen beständig bewundert.

Ein paar Dutzend Millionen Minuten machen ein Leben von 45 Jahren und etwas darüber.

Ich bin aus vielfältiger Erfahrung überzeugt, daß die wichtigsten und schwersten Geschäfte in der Welt, die der Gesellschaft den meisten Vorteil bringen, durch die sie lebt und sich erhält, von Leuten getan werden, die zwischen 300 und 800 oder 1000

Taler Besoldung genießen, zu den meisten Stellen, mit denen 20, 30, 50 100 Taler oder 2000, 4000, 5000 Taler verbunden sind, könnte man nach einem halbjährigen Unterricht jeden Gassenjungen tüchtig machen, und sollte der Versuch nicht gelingen, so suche man die Schuld nicht im Mangel an Kenntnissen, sondern in der Ungeschicklichkeit, diesen Mangel mit dem gehörigen Gesicht zu verbergen.

Verzeichnis der Druckfehler in dem Druckfehlerverzeichnis.

Da sie sahen, daß sie ihm keinen katholischen Kopf aufsetzen konnten, so schlugen sie ihm wenigstens seinen protestantischen ab.

Er war sonst ein Mensch wie wir, nur mußte er stärker gedrückt werden, um zu schreien. Er mußte zweimal sehen, was er bemerken, zweimal hören, was er behalten sollte; und was andere nach einer einzigen Ohrfeige unterlassen, unterließ er erst nach der zwoten.

Endlich kam er, genau wir er versprochen hatte, nach einem Viertelstündchen, das aber fast so lang war als anderthalb der gewöhnlichen bürgerlichen Stunden.

Die Schurzfellchristen (Freimaurer).

Grade das Gegenteil tun heißt auch nachahmen, es heißt nämlich das Gegenteil nachahmen.

Manche unserer Originalköpfe müssen wir wenigstens so lange für wahnwitzig halten, bis wir so klug werden wie sie.

Wenn sie noch unter ihre Oden setzten: »Die Fortsetzung folgt«, so ließe ich es noch gelten.

Ich kann in der Welt nicht begreifen, was wir davon haben, den Alten so bei jeder Gelegenheit gleich den Bart zu streichen; danken können sie es uns nicht, und aus den breiten und niedrigen Stirnen und den trotzigen Gesichtern zu schließen, worüber sich jeder deutsche Pitschierstecher aufhält, würden sie nicht einmal, wenn sie könnten. Es ist fürwahr eine mächtige Ehre für uns alte Studenten, daß es vor zweitausend Jahren Leute gegeben hat, die gescheiter waren als wir. Meint ihr vielleicht, wir lebten noch in den Zeiten, wo die größte Weisheit in dem Bewußtsein bestand, daß man nichts weiß? Auf das Kapitel borgt man euch keinen Magistertitel, sowenig als auf den Reichtum, der in der Armut besteht, einen Groschen. Nein, Freunde, die Zeiten haben wir verschlafen. Diese Sätze sind heutzutage nichts weiter als schöne Nester von ausgeflogenen Wahrheiten. In den philosophischen Kunstkammern gehen sie mit, in die Haushaltung taugen sie nicht einen Schuß Pulver. Eine herrliche Ehre heutzutage, überzeugt zu sein, daß man nichts weiß. Ihr könnt schon daraus sehen, daß der Satz unmöglich mehr gelten kann, oder eure Klagen über die gegenwärtigen Zeiten sind noch in einem andern Betracht widersinnig. Das könnt ihr nicht leugnen, daß wir heutzutage mehr Leute haben, die nichts wissen, und die einfältige Überzeugung davon ließe sich ihnen bald beibringen.

Ich übergebe euch dieses Büchelchen als einen Spiegel, um hinein nach euch, und nicht als eine Lorgnette, um dadurch und nach andern zu sehen.

Ich habe mit meinen Augen in einer englischen Schrift gelesen, daß die Rede eines gewissen Mitgliedes im Parlament zwar ausgearbeitet, aber sehr vernünftig gewesen sei.

Vier Deputierte pissen gegen eine Kutsche, die Kutsche geht weg, und sie pissen gegeneinander.

Einen schlechten Geschmack kann niemand haben, aber gar keinen haben manche Leute. . .

. . .An dem Tage, da die Geschichte ihre Bücher schließen wird, möchte ich wohl einmal ein Stündchen ins Register gukken, um zu sehen, ob je ein Land seinen Schriftstellern so mitgespielt hat als Deutschland. Ich glaube kaum. In Europa wenigstens nicht, oder es müßte bald geschehen, denn künftig, wenn wir uns alle zu Chinesen abgeschliffen haben, wenn unsere Moneten sich nach dem jetzigen Kampf zu einer einzigen politischen Uhr zusammentun, wenn uns die Polizeibedienten ins Haus kommen und die Tinte mit Fingerhüten wöchentlich zumessen werden, da geschieht wahrlich nicht mehr. Das einzige Volk, von dem ich noch etwas Ähnliches erwarte, sind etwa die Neuseeländer, und zwar deswegen, weil wir in Deutschland fast ebendieselben Vertikallinien haben und weil sie stolz, tapfer und treu sind wie die Deutschen, und endlich, weil sie schon jetzt, da es ihr gänzlicher Mangel an Feder und Tinte nicht anders verstattet, bei gelehrten und andern Disputaten ihre Antagonisten auffressen.

Hiermit hätte man einen weit standhafteren Mann bewegen können, etwas weit Schlimmeres zu tun.

Leib und Seele: ein Pferd neben einen Ochsen gespannt.

Ehmals verlangte man nur, daß die Mädchen schön wären, heutzutage auch noch, daß sie gescheit aussehen sollen. . .

Die sogenannten gesitteten Menschen, die, unter uns zu reden, die aller ungesittetsten sind.

Ein Dialog von Eidschwüren und Schimpfwörtern.

Schimpfwörter und dergleichen.

alter Krachwedel
alter Hosenhuster
Dreck auf den Bart (Araber)
Bärenhäuter
Schandbalg
alte Hure
Bankert
Flegel
Reckel
Bengel
Tölpel
Gelbschnabel
Schuft
Hundsfott
Esel
Schlingel
Maulaffe
Klotzkopf
Dummkopf
Schurke
Spitzbube
Dieb
Hure
Nickel
Mensch
Drecksau
Schlampe
Vettel
Betrüger

Lork
Affengesicht
Narre
Matz
Lausewenzel
Flöhbeutel
Galgenschwengel
Galgenvogel
Sauwedel
Lümmel, Saulümmel
Laffe
Schelm
Rotzlöffel
Schnauzhahn
Hundejunge
Poltron
Lausebalg
Schandbalg
Scheißmatz
Knasterbart
Memme
Hexe
Kanaille
Trulle
Schindaas
Regimentshure
-nickel
Luder
Hol dich der Teufel

Daß dich tausend Teufel zerreißen
Daß dich der Donner und das Wetter erschlüge
Daß du tausend schwere Not hättest
Daß du die Kränke hättest
Blitz, Hagel und alle Wetter
Schwere Not
Himmel Sakrament
Potz Donner und der Teufel
Tausend Sakrament
Beim Teufel.

## 1775–1779

Er teilte des Sonntags Segen und oft schon des Montags Prügel aus.

Es hätte etwas aus seinen Ideen gemacht werden können, wenn sie ihm ein Engel zusammengesucht hätte.

Arschwische mit Mottos.

Die Gedanken dicht und die Partikeln dünne.

Daß die wichtigsten Dinge durch Röhren getan werden. Beweise: erstlich die Zeugungsglieder, die Schreibfeder und unser Schießgewehr, ja, was ist der Mensch anders als ein verworrenes Bündel Röhren?

Man wird bei allen Menschen von Geist eine Neigung finden, sich kurz auszudrücken, geschwind zu sagen, was gesagt werden soll. Die Sprachen geben daher keine schwachen Kennzeichen von dem Charakter einer Nation ab. Wie schwer ist es nicht, einem Deutschen den Tacitus zu übersetzen. Die Engländer sind schon konziser als wir, ich meine ihre guten Schriftsteller. Sie haben einen großen Vorzug darin für uns, daß sie besondere Wörter für die Spezies haben, wo wir oft das Genus mit einer Limitation gebrauchen, welches Weitläufigkeit verursacht. Es könnte nicht schaden, wenn man in jeder Periode die Worte zählte und sie jedesmal mit den wenigsten auszudrücken suchte.

Der Mann hatte so eine gesetzte Umständlichkeit in allem, was er sagte, und eine solche frachtbriefmäßige Art, sich auszudrücken, daß es gar kein lebendiger Mensch bei ihm ausdauern konnte.

Es ist der Ordnung der Natur sehr gemäß, daß zahnlose Tiere Hörner haben; was Wunder, wenn es alten Männern und Weibern öfters so geht?

Die Kaufleute haben ihr Waste-book (Sudelbuch, Klitterbuch glaube ich im Deutschen), darin tragen sie von Tag zu Tag alles ein, was sie verkaufen und kaufen, alles durcheinander, ohne Ordnung, aus diesem wird es in das Journal getragen, wo alles mehr systematisch steht, und endlich kommt es in den Leidger at double entrance, nach der italienischen Art buchzuhalten. In diesem wird mit jedem Mann besonders abgerechnet, und zwar erst als Debitor und dann als Kreditor gegenüber. Dieses verdient von den Gelehrten nachgeahmt zu werden. Erst ein Buch, worin ich alles einschreibe, so wie ich es sehe oder wie es mir meine Gedanken eingeben, alsdann kann dieses wieder in ein anderes getragen werden, wo die Materien mehr abgesondert und geordnet sind, und der Leidger könnte dann die Verbindung und die daraus fließende Erläuterung der Sache in einem ordentlichen Ausdruck enthalten.

Eher kannst du einen Tropfen Wasser wiederfinden, der sich im Luftmeer verloren hat.

Es muß ein Spiritus rector in einem Buch sein, oder es ist keinen Heller wert.

Es ist ein großer Unterschied zwischen etwas noch glauben und es wieder glauben. Noch glauben, daß der Mond auf die Pflanzen wirke, verrät Dummheit und Aberglaube, aber es wieder glauben zeugt von Philosophie und Nachdenken.

Um witzig zu schreiben, muß man sich mit den eigentlichen Kunstausdrücken aller Stände gut bekannt machen; ein Hauptwerk, in jedem nur flüchtig gelesen, ist hinlänglich. Denn was ernsthaft seicht ist, kann witzig tief sein.

Das Tier, das in einer Träne ertrinkt.

Ich bin überzeugt, daß alles gut sein wird an dem Tage, wenn die Geschichte ihre Bücher schließt, aber wer kann mir verdenken, wenn ich auch zuweilen meinen Baß in diesem Konzert brumme?

Nichts kann mehr zu einer Seelenruhe beitragen, als wenn man gar keine Meinung hat.

Burke hat die Formen der Argumente in seinen Reden allein weit vollkommener als Goethe die Formen des Shakespeare, und jener ist zu dem Namen des großen Redners und dieser des Shakespeare gekommen wie die Kelleresel (Läuse) zum Namen Tausendfuß, weil sich niemand die Mühe nehmen wollte, sie zu zählen.

Wer zwei Paar Hosen hat, mache eins zu Geld und schaffe sich dieses Buch an.

Gewiß kann in Deutschland nichts der Aufmerksamkeit eines satirischen Kopfes würdiger sein, als der jetzt so allgemein gewordene lächerliche Eifer, Original zu sein. Es gehn über diesem Bemühen die besten Köpfe zugrunde, und der Deutsche vernachlässigt diejenigen Wissenschaften, wozu ihn die Natur hauptsächlich bestimmt zu haben scheint, das Klarmachen in der Philosophie und der höheren Geschichte. . .

Der Mann hatte sich die Mühe genommen, meine Fehler aufzudecken, da der Dienst, den er mir getan hat, der angenehmste eben nicht ist, so kann ich auf eine Schadloshaltung gewissermaßen Anspruch machen. Ich verlange keine größere Genugtuung, als daß er nun etwas von seiner eigenen Arbeit drucken läßt.

Seine Uhr lag schon einige Stunden in einer Ohnmacht.

Oden, wenn man sie liest, so gehen einem, mit Respekt zu sagen, Nasenlöcher und Zehen auseinander.

Wir ziehen unsere Köpfe in Treibhäusern.

Die geheimen und ungeheimen Tiefen der Philosophie. Er kannte die Tiefen dieser Wissenschaft mit allen ihren Untiefen.

Jacob Böhme, der Mann, dessen Schriften alles das gediegen und in einer festen Masse enthalten, was uns seine albernen Nachfolger mit einer bloß scheinbaren Verständlichkeit verdünnt und verdorben übergeben, ist und bleibt einer der ersten Schriftsteller unserer Nation. Für das, was die Rezensenten heutzutage das Weben des Genies hoch in den Wolken oder das Brausen desselben am Boden des Ozeans nennen, für die halb ausgedachten großen Losungsideen denkender Adepten, in denen sich ihre Seelen küssen, in einem Goldregen von Wörtern und Ausdrücken der lechzenden Seele versinnlicht, ist nie jemand ihm gleich gewesen. Denn unsere beiden Preußen und unser Schweizer sind bloße Originalköpfe, Leute, die bloß das subtilere Babel schreiben.

Witzige Schriften wollten sie. Da regnete, blitzte und hagelte es Epigramme. Wißt ihr, was die Antwort war? Die alte ausgepeitschte Sentenz, es gäbe hundert Witzige gegen einen, der

Verstand hätte. Wer konnte es alsdann den Spottvögeln verdenken, von denen es in Deutschland wimmelt, wenn sie die Welt mit verständigen Schriften anfüllten, ich meine mit solchen, in welchen kein Gran von Witz anzutreffen ist, daher nahm die verständige Komödie ihren Ursprung, die verständige Farce, unsre verständige Satire, ja, man machte sogar verständige Wortspiele.

Ich kenne die Blaustrümpfe wohl, sie können auch das Konkave so herauspinseln, daß ihr meint, es wäre das Konvexe.

Seit wann ist denn schlecht und recht und recht schlecht einerlei?

Und gesetzt, ein junger Mensch, der einen Trieb in sich verspürt, ein Originalkopf zu werden, schreibt uns eine Romanze oder eine Ballade oder so etwas, wobei jedem vernünftigen Mann die Augen aus Mitleiden über das unglückliche junge Genie übergehen, hat man deswegen gleich Ursache, ein langes und breites davon zu machen und sich anzustoßen, zuzuwispern und zuzugicklen und laut heimlich zu tun, als wenn der Papst mit Zwillingen niedergekommen wäre? Wenn jemand schlecht schreibt, gut, so laßt ihn schreiben. Sich in einen Ochsen verwandeln ist noch lange kein Selbstmord.

Es hatte die Wirkung, die gemeiniglich gute Bücher haben. Es machte die Einfältigen einfältiger, die Klugen klüger, und die übrigen Tausende blieben ungeändert.

Wahrlich, die Ochsen und die Bullenbeißer in England haben ihre Whims, und es gibt Originale unter ihnen so gut als unter ihren Schriftstellern.

Sachte, sachte, damit euch die Engel nicht auslachen. Der Gegenstand ist schlecht, aber ihr kennt ihn noch nicht ganz, und deswegen verfahrt behutsam. Wißt ihr wohl, daß der Magnet von Anfang bloß den Taschenspielern diente?

Ihr hofft also wirklich, daß das geschehen wird. Ich will nichts dagegen sagen, aber ich glaube nicht eher, bis wir Gold und Silber in Treibhäusern ziehen und Erfindungen wie Menuette herauswürfeln können.

Ein sonderbares Geräusch, als wenn ein ganzes Regiment auf einmal niesete.

Schwätzt doch nicht. Was wollt ihr denn? Wenn die Fixsterne nicht einmal fix sind, wie könnt ihr denn sagen, daß alles Wahre wahr ist?

Sie schreiben aus Vaterlandsliebe Zeug, worüber man unser liebes Vaterland auslacht.

Die Ausbrüche eines sehr schmierigen Pinsels.

Ich bin eigentlich nach England gegangen, um deutsch schreiben zu lernen.

Mut, Geschwätzigkeit und Menge ist auf unserer Seite. Was wollen wir weiter?

Was man nicht gleich sieht, ist keine drei Groschen wert, artifizielles Gewächs.

Deutsche Charaktere. Das ist die schon hundertmal hergeleierte Klage der Allgemeinen Bibliothek, über der einem fast alle Geduld ausgehen möchte. Ich frage gleich: Was ist ein deutscher Charakter? Was? Nicht wahr, Tabakrauchen und Ehrlichkeit? O ihr einfältigen Tröpfe. Hört, seid so gut und sagt mir, was ist es für Wetter in Amerika? Soll ich's statt eurer sagen? Gut. Es blitzt, es hagelt, es ist dreckig, es ist schwül, es ist nicht auszustehn, es schneit, friert weht, und die Sonne scheint.

Der Engländer tut für den Schall »Liberty« so viel als mancher ehrliche Mann in Deutschland für das Ding »Freiheit«.

Die Katholiken und die andern Menschen.

Daß man seine Gegner mit gedruckten Gründen überzeugen kann, habe ich schon seit dem Jahre 1764 nicht mehr geglaubt. Ich habe auch deswegen die Feder gar nicht angesetzt, sondern bloß, um sie zu ärgern und denen von unserer Seite Mut und Stärke zu geben und den andern zu erkennen zu geben, daß sie uns nicht überzeugt haben.

Es gibt Leute, die so fette Gesichter haben, daß sie unter dem Speck lachen können, daß der größte physiognomische Zauberer nichts davon gewahr wird, da wir arme winddürre Geschöpfe, denen die Seele unmittelbar unter der Epidermis sitzt, immer die Sprache sprechen, worin man nicht lügen kann.

Um eine fremde Sprache recht gut sprechen zu lernen und wirklich in Gesellschaft zu sprechen mit dem eigentlichen Akzent des Volkes, muß man nicht allein Gedächtnis und Ohr haben, sondern auch in gewissem Grad ein kleiner Geck sein.

Hüte dich, daß du nicht durch Zufälle in eine Stelle kommst, der du nicht gewachsen bist, damit du nicht scheinen mußt, was du nicht bist; nichts ist gefährlicher und stört alle innere Ruhe mehr, ja ist aller Rechtschaffenheit mehr nachteilig als dieses und endigt gemeiniglich mit einem gänzlichen Verlust des Kredits.

Wißt ihr wohl, daß weitläufig zu sein erlaubt ist, wenn man nach den Bogen bezahlt wird, und ich hasse die Beschreibungen von einer Schlacht, die zu lesen weniger Zeit wegnehmen, als die Schlacht selbst. Nichts muß man behutsamer aussprechen als das Urteil »dunkel«. Etwas dunkel zu finden ist keine Kunst; die Elefanten und die Pudelhunde könnten dann wer weiß was dunkel finden.

Ihr wünscht uns einen Kopf, und ich wünsche, daß ihr zwei hättet und säßet in Spiritus bis über die vier Ohren.

Geht hin und schreibt einmal eine Satire auf den regierenden Kammerdiener, auf den natürlichen Sohn oder des natürlichen Sohns Bastard oder des Bastards Bankert. Ihr werdet des Henkers werden. Überhaupt, wenn ihr in Deutschland auf vornehme Herren Satiren machen wollt, so rate ich euch zwei Stücke, entweder wählt euch welche aus dem alten Testament, oder bewerbt euch zuvor um ein Dienstchen zwischen den Tropicis, und wenn euch das nicht ansteht, so haltet's Maul.

Keine Leute sind eingebildeter als die Beschreiber ihrer Empfindungen, zumal wenn sie dabei etwas Prosa zu kommandieren haben.

Für alle die Bemerkungen eines Mannes, der z. E. barfuß nach Rom laufen könnte, um sich dem Vatikanischen Apoll zu Füßen zu werfen, gebe ich keinen Pfennig. Diese Leute sprechen nur von sich, wenn sie von andern Dingen zu reden glauben, und die Wahrheit kann nicht leicht in üblere Hände geraten.

Auch ich habe meine Empfindung beschreibende Prosa oft mit einem Entzücken gelesen, das meine sterbliche Hülle mit einer wollüstigen Gänsehaut überzog; ich habe bei protestantischem Kopf und Herzen in den Hallen eines katholischen Tempels bei heiliger Musik und unter dem Donner der Pauken die Tritte des Allmächtigen zu hören geglaubt und Tränen der Andacht geweint. Mit unaussprechlicher Wollust denke ich noch an den Tag zurück, da ich in Westminsterabtei, über den Staub der Könige wandelnd, bei mir selbst die Worte betete: »Ehe denn die Berge worden und die Erde und die Welt geschaffen worden, bist du, Gott, von Ewigkeit zu Ewigkeit.«

Bei Systole und Diastole der Naselöcher.

Die Leute können nicht begreifen, wie es Menschen geben könne, die das sogenannte Weben des Genies in den Wolken, wo ein glühender Kopf halbgare Ideen auswirft, für Possen halten können, ja wie man so grausam sein könne und ganze Kapitel voll schöner Ausdrücke nicht so hoch achtet als ein Senfkorn von Sache.

Die Beweiser, da nichts zu beweisen ist. Es gibt eine Art von leerem Geschwätz, dem man durch Neuigkeit des Ausdrucks, unerwartete Metaphern das Ansehen von Fülle gibt. Klopstock und Lavater sind Meister darin. Im Scherz geht es an. Im Ernst ist es unverzeihlich.

Die Wahrheit hat tausend Hindernisse zu überwinden, um unbeschädigt zu Papier zu kommen und von Papier wieder zu Kopf. Die Lügner sind ihre schwächsten Feinde. Der enthusiastische Schriftsteller, der von allen Dingen spricht und alle Dinge ansieht wie andere ehrliche Leute, wenn sie einen Hieb haben, ferner der superfeine erkünstelte Menschenkenner, der in jeder Handlung eines Mannes wie Engel in einer Monade sein ganzes Leben sich abspiegeln sieht und sehen will, der gute, fromme Mann, der überall aus Respekt glaubt, nichts untersucht, was er vor dem 15. Jahr gelernt hat, und sein bißchen Untersuchtes auf ununtersuchtem Grund baut, dieses sind Feinde der Wahrheit.

Ich glaube, daß von fünfzig, die den Homer schön finden, ihn kaum einer versteht; sie haben ihn nie tadeln hören, und so kann sie seine Lektüre ergötzen, allein es gehört viel dazu, ihn eigentlich zu verstehn. Ein Buch, das man ganz übersieht und das man im Zwanzigsten ganz versteht, gefällt nicht leicht mehr, wenn man Dreißig alt ist; daher kommen die elenden Nachahmungen der Alten, wie wir von jungen Leuten lesen. Sie haben z. E. den Horaz, den Shakespeare nachgeahmt, den sie sahen, gewiß genau, davon bin ich sicher überzeugt, aber nicht den Horaz und Shakespeare, den der erfahrenere, klügere und weisere Mann in ihm findet. Der eine klebt bloß an dem Ausdruck und der Manier die er nicht erreicht, der zweite gibt uns fast in der Manier, Sachen, die grade denen ähnlich sind, die man aus dem Original wegwünschen könnte. Ein dritter den Ausdruck ganz, allein er hat nichts in der Welt gesehen und erfahren und sagt uns Dinge, die wir schon auswendig wissen pp. Ein sicheres Zeichen von einem guten Buch ist, wenn es einem immer besser gefällt, je älter man wird. Ein junger Mensch von Achtzehn, der sagen wollte, sagen dürfte und vornehmlich sagen könnte, was er empfindet, würde von Tacitus etwa folgendes Urteil fällen: Tacitus ist ein schwerer Schriftsteller, der gute Charaktere zeichnet und vortrefflich zuweilen malt, allein er affektiert Dunkelheit und kommt oft mit Anmerkungen in die Erzählung der Begebenheiten herein, die nicht viel erläutern, man muß viel Latein wissen, um ihn zu verstehen. Im Fünfundzwanzigsten vielleicht, vorausgesetzt, daß er mehr getan hat als gelesen, wird er sagen: Tacitus ist der dunkle Schriftsteller nicht, für den ich ihn ehemals gehalten, ich finde aber, daß Latein nicht das einzige ist, was man wissen muß, um ihn zu verstehen, man muß sehr viel selbst mitbringen. Und im Vierzigsten, wenn er die Welt hat kennenlernen, wird er vielleicht sagen: Tacitus ist einer der ersten Schriftsteller, die je gelebt haben.

Margate. Es geht da so wie an allen Orten, wo Bäder sind, man holt ein bißchen verlorene Gesundheit und verliert sein Herz.

Sie verkaufen alles bis aufs Hemd und noch weiter.

Ein Schluck von Vernunft.

Sie lesen nur und sehen nicht und trinken Hühnerbrühe.

Der fast Lessingsche Ausdruck, der dem Gedanken sitzt wie angegossen.

Dem Papst einen Bart machen, heißt das reformieren?

Ein Buch ist ein Spiegel wenn ein Affe hineinguckt, so kann freilich kein Apostel heraussehen. Wir haben keine Worte, mit dem Dummen von Weisheit zu sprechen. Der ist schon weise, der den Weisen versteht.

Nichts als Knochen und Überrock.

Der Mensch ist nicht so schwer zu kennen, als mancher Stubensitzer glaubt, der sich in seinem Schlafrock freut, wenn er eine von Rochefoucaulds Bemerkungen wahr findet. Ja, ich behaupte, die meisten kennen den Menschen besser, als sie selbst wissen, sie machen auch Gebrauch davon im Handel und Wandel, allein sobald sie schrieben, da wäre der Teufel los, da wäre alles so feiertagsmäßig schön, daß man sie gar nicht kenne; und da sie sonst ganz natürlich aussähen, so machten sie jetzt Gesichter wie eine alte Jungfer, wenn sie sich malen läßt.

Ich hasse nichts so sehr als die Bürschchen, die Sachsenhäuser Grobheit für Satire halten, wenn sie durch ein paar verzierte Lippchen seigen oder mit dem lispelnden Züngelchen, womit sie sie vorbringen, wieder halb zurückzunehmen glauben.

Es ist keine Kunst, etwas kurz zu sagen, wenn man etwas zu sagen hat, wie Tacitus, allein wenn man nichts zu sagen hat und schreibt dennoch ein Buch und macht die Wahrheit mit ihrem ex nihilo nihil fit zur Lügnerin, das heiß' ich Verdienst.

Indem ich jetzt die Feder ansetze, fühle ich mich so voll, meinem Gegenstand so gewachsen, sehe mein Buch in dem Keim so deutlich vor mir, daß ich es fast versuchen möchte, mit einem einzigen Wort auszusprechen.

In unseren verklärten Tagen, wo den Voltaire verachten das Kriterium philosophischer und Wielanden für einen armen Sünder halten schöne Talente ist.

Einen Primaner, der den Goethe anbetet und den Wieland anspeit.

Der Mann, der glaubt, ein Kompendium wäre ein Buch, oder Facta registrieren wäre Geschichte schreiben.

Er urteilt davon, wie ein Professor iuris von einer Satire.

Ich habe so wenig für die Gelerhten geschrieben, daß ich vielmehr öfter mit den Ungelehrten rede, als ihnen lieb sein wird. Überhaupt, dünkt mich aber, beruht die ganze Anmerkung auf einem Wortstreit, man nimmt an, daß man, sooft man sich an die Schriftsteller wendet, die Gelehrten meine. Das ist aber einfältig. Ehemals war es so, aber seitdem man das Wort Buch in einem so weitläufigen Verstand nimmt, daß man Compendia, Kompilationen, Wetterbeobachtungen und Zänkereien mit darunter zählt, so schreiben nicht allein eine Menge Leute Bücher, die gar keine Gelehrte sind, sondern wenn das so fortgeht und man, wie ich hoffe, die Lotterielisten und Musterkarten mit unter die Bücher rechnen wird, so werden die eigentlichen

Gelehrten sich allein auf das bereits einreißende Erfinden legen und nicht mehr schreiben, sondern tun und das Schwätzen darüber andern Leuten überlassen. Ferner, werden denn Bücher bloß zum Lesen geschrieben oder nicht auch zum Unterlegen in der Haushaltung?

Die große Regel: Wenn dein bißchen an sich nichts Sonderbares ist, so sage es wenigstens ein bißchen sonderbar.

Auf einer meiner Reisen wurde ich in ein Kabinett von Büsten und Statuen geführt. Mir gefiel trotz der vielen alten teuren Köpfe die Büste eines Demokrit. der etwa 50 bis 60 Jahre alt sein mochte, mehr als alles. Allein um mich nicht von der Frau, die das Kabinett zeigte, auslachen zu lassen, fiel mein Lob auf einen alten Caligula, dem die Zeichen der Auferstehung, römische Gartenerde, noch hinter den Ohren saß, und die Frau sagte, ich müßte ein Herr von Geschmack sein.

Ordnung müßt ihr im Büchelchen nicht suchen. Ordnung ist eine Tochter der Überlegung, und meine Feinde haben so wenig Überlegung gegen mich gebraucht, daß ich gar nicht absehe, warum ich welche gegen sie gebrauchen sollte.

Briefe über die neueste Literatur: Und ich dank' es dem lieben Gott tausendmal, daß er mich zum Atheisten hat werden lassen.

Wir sollten deutsche Charaktere auf die Bühne bringen, vortrefflich, und die deutschen Charaktere uns dafür ans Halseisen. Nicht wahr?

Die Mädchen, anstatt sich für ihren Überfluß Schuh, Strümpfe, undurchsichtige Halstücher und solche üppigen Plunder anzuschaffen, lasen die gelehrte Zeitung und errichteten eine Lesegesellschaft, bliesen Oden und lauschten auf das Brausen des Genies in den Wolken.

Solche Leute sollte man Knöpfe mit dem Buchstaben Null tragen lassen, damit man sie kennte.

Da sitzen sie, legen die Hände zusammen, ohne die Augen aufzutun, und wollen warten, bis ihnen der Himmel einen Shakespearegeist gibt. »Verlaßt euch nicht darauf, daß Shakespaere geboren worden ist«, so tröstet der Teufel die Ochsen. Shakespeare hat keine Offenbarungen gehabt. Alles, was er euch sagt, hat er gelernt oder erfahren, also um wie Shakespeare zu schreiben, muß man lernen und erfahren, sonst wird nichts daraus. Wenn ihr auch gleich eure Werke den seinigen so ähnlich haltet als ein Ei dem andern. Der, der über euch ist, sieht den Unterschied augenblicklich, sobald er an seiner Sonne genießen will, was ihr bei eurer Lampe angerichtet habt. Shakespeare wartete vor der Tür des Komödienhauses auf und machte sich Geld damit, das wissen wir. Was tat er für das Geld, nicht wahr, ging hin und studierte die Alten, blätterte sich die Lippen trocken hinter den Wörterbüchern und machte Auszüge? Nicht wahr? Und wurde Hofmeister, sah gelb aus, wurde Professor, empfahl die Alten wieder, spitzte Stubenmaximen zu, usw.? Nein, er verzehrte sein Geld auf englischen Kaffeehäusern, speiste in einem Chophaus, an öffentlichen Plätzen, und das in einer Nation, die stolz darauf ist, ihre Neigungen nicht zu verbergen; dort lernte er die Sprache der Alten verstehen, und alsdann las er sie in einer Übersetzung, die er leicht verbessern konnte. Der Grund von allem ist die Beobachtung und Kenntnis der Welt, und man muß viel selbst beobachtet haben, um die Beobachtungen anderer so gebrauchen zu können, als wenn es eigne wären, sonst liest man sie nur, und sie gehen ins Gedächtnis, ohne sich mit dem Blut zu vermischen, alles Lesen der Alten ist vergeblich, wenn es nicht so getrieben wird. Wir sehen das an unsern jungen Leuten, bei denen Studium der Alten das rechte Losungswort ist, sie empfehlen sie ewig, und wenn sie schreiben, so ist es wieder Kandidatenprosa vor wie nach.

Der noch nicht einmal passives und aktives Lesen unterscheiden kann.

Schimpft nicht auf unsere Metaphern, es ist der einzige Weg, wenn starke Züge in einer Sprache zu verbleichen anfangen, sie wieder aufzufrischen und dem Ganzen Leben und Wärme zu geben. Es ist unglaublich, wieviel unsere besten Wörter verloren haben. Das Wort »vernünftig« hat fast sein ganzes Gepräge verloren; man weiß die Bedeutung, aber man fühlte sie nicht mehr, wegen der Menge von vernünftigen Männern, die den Titel geführt haben; unvernünftig ist in seiner Art stärker. Ein vernünftiges Kind ist ein schlaffer, frommer Taugenichts von einem Anbringer, ein unvernünftiger Junge ist viel besser. . .

Ist »heimsuchen« wirklich soviel als »strafen«, oder ist es soviel als »das Herz untersuchen«? Wir müssen mehr Gebrauch machen von dem Wort »heim«, es ist sehr stark; »heimreden«, das ist die Seele, höchste Überzeugung, bei Scham, sie zu gestehen.

Es gibt Leute, die glauben, alles wäre vernünftig, was man mit einem ersthaften Gesicht tut.

In einem Städtchen, wo sich immer ein Gesicht aufs andere reimt.

Demosthenes im Postwagen statt am Ufer der See.

Pfui, sich über solche Kleinigkeiten aufhalten, das heißt Batterien aufwerfen, um Bachstelzen zu schießen, und vernünftige

Leute wissen kaum, ob ihr den Hieb gegeben oder empfangen habt.

Was ist denn L..s Physiognomik anders als ein vierbeiniger Adler ohne Flügel und die ›Aussichten in die Ewigkeit‹ als ein Cherub mit einem Affenkopf?

Der Mensch denkt wunder, wer er wäre, wenn er die Milbe einen Elefanten und die Sonne einen Funken nennt.

Das wäre eine Sünde? Sowenig als Fenster einschmeißen und Äpfel stehlen.

Ich sage ausdrücklich die Schornsteine auf dem Dach, denn wenn man sagt, in Niedersachsen gehen die Leute auch durch die Schornsteine in die Häuser, so ist das eine dumme Lüge; die Leute steigen nicht zu den Schornsteinen hinein, sondern der Rauch geht zur Haustüre heraus.

Ich möchte nur einen einzigen Tag König von Preußen sein, ich wollte die Berliner zausen.

Wenn sie die Wahrheit in der Natur gefunden haben, so schmeißen sie sie wieder in ein Buch, wo sie noch schlechter aufgehoben ist.

Vorschlag: In einem kalten Winter Bücher zu brennen.

Er schreibt, daß selbst den Engeln der Verstand stillesteht.

Sagt, ist noch ein Land außer Deutschland, wo man die Nase eher rümpfen lernt als putzen?

Ist denn besinnen etwas anderes als nachschlagen, und erfinden mehr als umformen?

Sowohl die Hungrigen als die Gelehrten haben darüber gearbeitet.

Ein guter Ausdruck ist soviel wert als ein guter Gedanke, weil es fast unmöglich ist, sich gut auszudrücken, ohne das Ausgedrückte von einer guten Seite zu zeigen.

Statt Goethisch lies Gothisch.

Sich ein paar Kreuzer erschreiben.

Die Leiden des Herrn Baron von Werder.

Ich scherze fürwahr nicht, liebe Landsleute, wenn ich eingestehe, die Deutschen hätten keinen Esprit, denn das bißchen Atheisterei unter uns kann man noch nicht Esprit nennen. Zu einem französischen Atheisten, der Esprit hat, wird verlangt, daß er sich nur bloß bei schmerzlichen Krankheiten und auf dem Todbette bekehrt, unsere hingegen bekehren sich gemeiniglich bei jedem Donnerwetter. Ferner, die Liedchen unserer Jugend sind ebenfalls noch kein Beweis, daß die Jugend Esprit hat. Es ist zwar wahr, Esprit ist Nonsens, aber nicht jeder Nonsens ist Esprit.

Das Land, wo man den Shakespeare eher kennenlernt als den Pontius Pilatus.

Eine Preisfrage an den Himmel.

Als er eine Mücke ins Licht fliegen sah und sie nun mit dem Tode rang, so sagte er: Hinunter mit dem bitteren Kelch, du armes Tier, ein Professor sieht es und bedauert dich.

Der Charakter der Deutschen in zwei Worten: patriam fugimus (Virgilius).

Katechismusmilch.

Das dunkle Gefühl seiner Perfektibilität macht, daß der Mensch sich auch alsdann noch vom Ziel entfernt dünkt, wenn er es erreicht hat, und die Vernunft leuchtet ihm nicht genug. Was ihm leicht wird, dünkt ihn schlecht, und so spannt er sich vom Schlechten zum Guten und vom Guten zu einer Art von Schlechtem, das er für besser hält als gut. Ein guter Geschmack ist entweder der, der mit dem meinigen übereinkommt oder sich unter die Herrschaft der Vernunft wirft. Hieraus sieht man, wie nützlich es ist, Regeln durch die Vernunft für den Geschmack aufzusuchen.

Die Physiognomen, ein Lustspiel.

Es wäre besser, solche Leute legten sich ins Bett, als daß sie solches Zeug schwätzen.

Viel Federkauens wollen wir gewiß nicht machen.

Eine Nase mit Flügeln.

Wer wird abwimmern, was er abtragen kann?

Nicht alle, die wohlgeboren, sind wohlgestorben oder im Reich der Toten Hochedelgestorbene.

Als ich nun so studierte und schlief.

Den Nachtwächter nach der Stimme zeichnen wollen. Man irrt sich oft, so daß man sich des Lachens nicht enthalten kann, wenn man seinen Irrtum sieht. Ist Physiognomik etwas anders? Die Leute, mit denen man des Nachts in einem Postwagen fährt.

Man suche keinen Enthusiasten Behutsamkeit lehren zu wollen. Solche Leute sagen, sie wollen behutsam sein, glauben auch, sie wären behutsam, und sind die unbehutsamsten Seelen auf der Welt.

»Wie geht's?« sagte ein Blinder zu einem Lahmen. »Wie Sie sehen«, antwortete der Lahme.

Das Fortgehen des Guten und des Zweckmäßigen in der Welt. Wenn es in der menschlichen Natur liegt, daß z. E. die christliche Religion endlich einmal wieder zugrunde geht, so wird es geschehen, man mag sich darwidersetzen oder nicht, das Zurückgehn und Hemmen auf eine kurze Zeit ist nur ein unendlich kleiner Bogen in der Linie. Nur ist es schade, daß gerade wir die Zuschauer sein müssen und nicht eine andere Generation. Es kann es uns also niemand verdenken, wenn wir soviel als möglich arbeiten, unsere Zeiten nach unseren Köpfen zu formen. Ich denke immer, wir auf dieser Kugel dienen zu einem Zweck, dessen Erreichung eine Zusammenverschwörung des ganzen menschlichen Geschlechts nicht verhindern kann. Ebenso geht ein gutes Buch zur Nachwelt, wenn sich alle kritischen Richterstühle vereinigten, es verdächtig zu machen, nicht durch Satire, sondern mit der Miene des unschuldigen Lamms und mit dem Akzent der Wahrheitsliebe, ja, wenn sie gar ganz davon schwiegen. Wenn es ein Dutzend neue Wahrheiten, stark und gut gesagt, enthält, wenn man den Menschenkenner im übrigen des Werks erblickt, so wird eine Legion von witzigen Bibliothekenschreibern es in seinem Gang zur Ewigkeit sowenig aufhalten können, als ich den Sturm oder die kommende Flut mit einem Kartenblatt zurückfächeln.

Ein Mensch kann ein gutes Buch aus Neid, Unverstand oder Narrheit als schlecht verdammen, allein der Mensch nicht. Den Verfasser kann er an Bettelstab bringen. Ein Mensch kann etwas Schlechtes loben und etwas Gutes verdammen, aber der Mensch nicht.

Zum Anschwärzen seien die Schwarzen am besten.

Wo hoher Odenschwung in subtileres Babel zu zerschmelzen anfängt.

Wir wollen die metaphysischen Grübeleien denen überlassen, die nichts Besseres tun können. Man kann, ohne aus dem Sprengel der Beattieschen Philosophie zu weichen, sehr viel Gutes und Nützliches tun und sagen, ja mehr, als wenn man sich in feine Subtilitäten verirrt. Seine Philosophie ist für die Menschen, die andere für die Professoren...

Habe keine zu künstliche Idee vom Menschen, sondern urteile natürlich von ihm, halte ihn weder für zu gut noch zu böse.

Nicht jeder Originalkopf führt eine Originalfeder, und nicht jede Originalfeder wird von einem originellen Kopf regiert.

Wenn ich die Genealogie der Dame Wissenschaft recht kenne, so ist die Unwissenheit ihre ältere Schwester, und ist denn das etwas so Himmelschreiendes, die ältere Schwester zu nehmen, wenn einem die jüngere auch zu Befehl steht? Von allen denen, die sie gekannt haben, habe ich gehört, daß die älteste ihre eigenen Reize habe, daß sie ein fettes, gutes Mädchen sei, die eben deswegen, weil sie mehr schläft als wacht, eine vortreffliche Gattin abgibt.

Mit der Feder in der Hand habe ich mit gutem Erfolg Schanzen erstiegen, von denen andere, mit Schwert und Bannstrahl bewaffnet, zurückgeschlagen worden sind.

Unsere Philosophen hören zu wenig die Stimme der Empfindung, oder vielmehr, sie haben so selten feines Gefühl genug, daß sie bei jedem Vorfall in der Welt immer mehr das angeben, was sie wissen, als wie, was sie dabei empfinden, und das ist nichts wert, dadurch kommen wir der eigentlichen Philosophie keinen Schritt näher. Das, was der Mensch wissen kann, ist das grade auch das, was er wissen soll?

Über Menschenkenntnis und Stil ließe sich etwas sehr Nützliches schreiben, es müßten die großen Regeln Vorrat ohne Aufwand oder womöglich Aufwand bei großem Vorrat ins Licht gesetzt werden. Des Tacitus' Ausdruck müßte analysiert und rekommendiert werden. Ein guter Schriftsteller muß sich schlechterdings nichts daraus machen, wenn man ihn auch in zehn Jahren nicht versteht. Was dieses Jahrhundert nicht versteht, versteht das nächste.

Die wirklichen Philosophen und die titulären.

Die Enthusiasten, die ich gekannt habe, haben alle den entsetzlichen Fehler gehabt, daß sie bei dem geringsten Funken, der auf sie fällt, allemal wie ein lange vorbereitetes Feuerwerk abbrennen. Immer in derselben Form und immer mit demselben Getöse; da bei dem vernünftigen Mann die Empfindung immer dem Eindruck proportioniert ist. Der Leichtsinnige räsoniert nach dem ersten Eindruck kaltsinnig fort, da der vernünftige Mann immer einmal umkehrt und sieht, was der Instinkt dazu sagt.

Jene absichtsvolle Zusammenfügung und Verkettung des Ganzen, die eigentlich den Meister in der dramatischen Kunst verrät und die wir an Lessingen so sehr bewundern.

Wer will sagen, wie weit die Perfektibilität des Menschen geht? Vom Kind, das an der Hand seiner Führerin taumelt, bis zum Terzi in London. Wer will behaupten, daß die Menschen nie werden fliegen lernen? Am allerwenigsten kann man sagen, wie weit der Mensch in einer Kunst gekommen ist und kommen kann, deren Hauptabsicht es mit ist, sich immer weniger merklich zu machen, je größer sie wird.

Die alten Dichter haben doch noch den Nutzen, wenn sie auch sonst keinen hätten, daß wir die Meinungen des gemeinen Volks hier und da kennenlernen, die sonst nicht aufgezeichnet sind, auch den haben unsere Genies nicht einmal. Denn unsere Volkslieder sind oft voll von einer Mythologie, die niemand im Städtchen kennt, als der Narr, der das Volkslied gemacht hat.

›Götz von Berlichingen‹ wird sowenig in Drurylane aufgeführt werden, als je die Kardinäle einen Landesvater in der Peterskirche machen werden.

Der Mann geht zu weit, aber tue ich das nicht auch? Er hört sich gern in seinem Enthusiasmus. Höre ich mich nicht gerne mit meinem Witz oder in meiner kaltblütigen Verachtung alles dessen, was aus Empfindung getan wird?

Namentlich alle Buhl- und Betschwestern.

Man soll seinem Gefühl folgen und den ersten Eindruck, den eine Sache auf uns macht, zu Wort bringen. Nicht als wenn ich Wahrheit so zu suchen riete, sondern weil es die unverfälschte Stimme unserer Erfahrung ist, das Resultat unserer besten Bemerkungen, da wir leicht in pflichtmäßiges Gewäsch verfallen, wenn wir erst nachsinnen. Insofern rate ich Beattiesche Philosophie an.

So schreiben wie Herder ist unchristlich gegen die Nachwelt, nämlich manche ihrer Erfindungen werden neidische Wortklauber in diesen Schriften schon finden wollen, obgleich die ehrlichen Leute mit keiner Silbe daran gedacht haben.

Eine Hauptregel in der Philosophie ist, keinen Deum ex machina zu machen, keine Sinnen, keinen Instinkt anzunehmen, wo man noch mit Assoziation und Mechanismus auskommen kann.

Leute, die sehr viel gelesen haben, machen selten große Entdeckungen. Ich sage dieses nicht zur Entschuldigung der Faulheit, denn Erfinden setzt eine weitläuftige Selbstbetrachtung der Dinge voraus, man muß mehr sehen, als sich sagen lassen. Assoziation.

Die Handlungen eines Menschen, die Beschaffenheit seines Hauswesens sind gemeiniglich Fortsätze seiner inneren Beschaffenheiten, seines Gehirns pp. So wie der Magnet dem Eisenstaub Form und Ordnung gibt.

Das Wort Teufel, das in meinem Werkchen öfters vorkommt, brauche ich nicht in dem Verstand, in welchem es die gemeinen Leute nehmen, sondern wie die neuern Philosophen, um Friede in allen Sekten zu halten, so ist es mehr mit x, y, z der Algebraisten zu vergleichen und eine unbekannte Größe.

Wenn Leute ihre Träume aufrichtig erzählen wollten, da ließe sich der Charakter eher daraus erraten als aus dem Gesicht.

Was muß es auf ein Volk für einen Einfluß haben, wenn es keine fremde Sprache lernt? Vermutlich etwas Ähnliches von dem, den eine gänzliche Entfernung von aller Gesellschaft auf einen einzelnen Menschen hat.

Wenn wir die Mütter bilden, das heißt die Kinder im Mutterleibe erziehen.

Es ist kein sicherer Weg, sich einen Namen zu machen, als wenn man über Dinge schreibt, die einen Anschein von Wichtigkeit haben, die sich aber nicht leicht ein vernünftiger Mann die Zeit nimmt zu untersuchen.

Er fiel sich selbst ins Wort.

Es ist eine Schande, sagte neulich einmal ein Mann zu mir, daß sich Deutschland so sehr durch gelehrte Zeitungen und Journale lenken läßt. Ich hätte wenigstens von dem Manne eine solche Bemerkung nicht erwartet, Besteht denn Deutschland aus gelehrten Zeitungsschreibern? Ich glaube nicht, daß ein vernünftiger Mann in Deutschland ist, der sich um das Urteil einer Zeitung kümmert, ich meine, der ein Buch verdammt, weil es die Zeitung verdammt, oder schätzt, weil es die Zeitung anpreist, denn es streitet schlechterdings mit dem Begriff eines vernünftigen Mannes.

Ein langes Glück verliert schon bloß durch seine Dauer.

Lesen heißt borgen, daraus erfinden, abtragen.

Wenn man gerne wissen will, was andere Leute über eine gewisse Sache denken, die einen selbst angeht, so denke man nur, was wir unter gleichen Umständen von ihnen denken würden. Man halte niemanden für moralisch besser in diesem Stück, als man selbst ist, und niemand für einfältiger. Die Leute merken öfter, als man glaubt, solche Dinge, die wir vor ihnen mit Kunst versteckt zu haben denken. Von dieser Bemerkung ist mehr als die Hälfte wahr, und das ist allemal viel für eine Maxime, die jemand in seinem dreißigsten Jahr festsetzt, so wie ich diese.

Das Doktorwerden ist eine Konfirmation des Geistes.

Niederdeutsch, Hochdeutsch und Seraphischdeutsch.

Ich bin überzeugt, daß, wenn Gott einmal einen solchen Menschen schaffen würde, wie ihn sich die Magistri und Professoren der Philosophie vorstellen, er müßte den ersten Tag ins Tollhaus gebracht werden. Man könnte daraus eine artige Fabel machen: Ein Professor bittet sich von der Vorsicht aus, ihm einen Menschen nach dem Bilde seiner Psychologie zu schaffen, sie tut es, und er wird in das Tollhaus gebracht.

Jede Stange Siegellack erinnerte ihn an die Treulosigkeit des Menschen und Adams Fall.

Die hitzigsten Verteidiger einer Wissenschaft, die nicht den geringsten scheelen Seitenblick auf dieselbe vertragen können, sind gemeiniglich solche Personen, die es nicht sehr weit in derselben gebracht haben und sich dieses Mangels heimlich bewußt sind.

Kluge Leute glauben zu machen, man sei, was man nicht ist, ist in den meisten Fällen schwerer, als wirklich zu werden, was man scheinen will.

Wir, der Schwanz der Welt, wissen nicht, was der Kopf vorhat.

Nachdem die Welt schon so lange gestanden hat, scheint es fast unnötig, am Menschen weiter zu künsteln. Man lasse die Kinder soviel wie möglich tun, halte sie immer zu älteren, als sie selbst sind. Schwätze ihnen nicht viel von großen Männern vor, sondern halte sie möglich an, andere zu übertreffen. Wer immer angehalten wird, seine Spielkameraden zu übertreffen, der wird im Vierzigsten alle seine Kollegen übertreffen. Aus den Schulen von Eton und Westminster kommen Leute, die, was es auch sein mag, immer lieber tun als schwätzen. Wenn ich mir ein Vergnügen machen will, so denke ich mir einen von unsern fünfzehnjährigen gelehrten Knaben in die Gesellschaft eines fünfzehnjährigen Engländers, der aus der Schule von Eton zurückkommt. Den ersten im Haarbeutel, gepudert, demütig und gespannt, auf den mindesten Druck mit einer Menge Gelehrsamkeit loszugehen, in seinen Meinungen schlechterdings nichts anderes als der im Kleinen schlecht kopierte Papa oder Präzeptor, ein bloßer Widerschein, bewundert bis ins sechzehnte Jahr, im siebzehnten, achtzehnten, neunzehnten, zwanzigsten mit Erwartung und Stille angesehen, da indessen das auf hohlem Grunde aufgeführte Gebäude zu sinken anfängt, im zweiundzwanzigsten, dreiundzwanzigsten usw. ein mittelmäßiger Kopf und so bis ans Ende. Der Engländer sein reines lockiges Haar um die Ohren und in die Stirn hängen, die Miene blühend, die Hände zerkratzt und auf jedem Knöchel eine Wunde. Horaz, Homer und Virgil immer gegenwärtig, in seinen Meinungen bestimmt und eigen, irrt sich tausendmal, aber verbessert sich selbst pp.

Ich lese die ›Tausendundeine Nacht‹ und den ›Robinson Crusoe‹, den ›Gil Blas‹, den ›Findling‹ tausendmal lieber als die Messiade, ich wollte zwei Messiaden für einen kleinen Teil des ›Robinson Crusoe‹ hingeben. Unsere meisten Dichter haben, ich will nicht sagen, nicht Genie genug, sondern nicht Verstand genug, einen ›Robinson Crusoe‹ zu schreiben.

Den Leuten, die ausgewachsene Schienbeine haben, kann man es gemeiniglich an dem Unterkinn ansehen.

Die unterhaltendste Fläche auf der Erde für uns ist die vom menschlichen Gesicht.

Ich sehe nicht, warum, da der Autor selbst nur neun Monate im Mutterleib gelegen hat, ein Buch neun Jahre im Pult liegen soll. Man kann sich nichts Einfältigeres denken. Mich wundert es gar nicht, daß ein Staat (und ich wette, es soll ein Spaß vom Horaz sein, er spielt auf die neun Monate der Schwangerschaft an) mit solchen Gesetzen nicht bestehen kann. Ich weiß zwar keine Provinz in Deutschland, wo die Gelehrten ihre Werke neun Jahre liegen lassen, aber es ist mir ein Land bekannt, wo die Richter die Horazische Regel befolgen, sie lassen nämlich die Prozesse neun Jahre liegen, und am Ende werden sie doch viel einfältiger entschieden als in den Ländern, wo sie aus dem Stegreif entschieden werden.

Jeder arme Teufel sollte wenigstens zwei ehrliche Namen haben, damit er den einen dran wagen könnte, um den andern ins Brot zu bringen; so haben Schriftsteller anonymisch geschrieben. Wenn man zwei ehrliche Namen hätte, so könnte man sich mit dem einen noch wehren, wenn einem der andere abgeschnitten wäre.

Ich habe Leute gekannt, die haben heimlich getrunken und sind öffentlich besoffen gewesen.

Sie streichen die Postwagen rot an als die Farbe des Schmerzes und der Marter. Sie bedecken sie mit Wachslinnen, nicht, wie man glaubt, um die Reisenden gegen Sonne und Regen zu schützen (denn was die Reisenden sind, tragen ihren Feind unter sich, das sind die Wege und der Postwagen), sondern aus derselben Ursache, warum man den zu Henkenden eine Mütze über das Gesicht zieht, damit nämlich die Umstehenden die gräßlichen Gesichter nicht sehen mögen, die jene schneiden.

Es regnete so stark, daß alle Schweine rein und alle Menschen dreckig wurden.

Die Gewissen der Menschen sind, so wie ihre Leiber, nicht allein nicht gleich zart, sondern auch bei einem Menschen zart, wo sie beim andern schweinsledermäßige Dicke haben. So habe ich Leute gekannt, deren Gewissen so zart war, daß sie nicht glauben wollten, die Sonne stünde stille, und auf kein Stückchen Brot für wieviel getreten hätten und die hingegen mit dem Eigentum der Witwen und Waisen schalteten als mit ihrem eigenen. . .

Man muß zuweilen trinken, um den Ideen, die in eines Gehirn liegen, und den Falten mehr Geschmeidigkeit zu geben und die alten Falten wieder hervorzurufen.

Wo man bloß den Buchmenschen kennt und in jeder Sache nur sieht, was man schon weiß.

Ein Mittel, sich Ruhm zu erwerben, ist, wenn man mit einer gewissen Zuversicht in eine dunkle, unbekannte Materie hineingeht, wohin es niemand der Mühe wert achtet, einem zu folgen, und darüber mit scheinbarem Zusammenhang räsoniert.

Welches Vergnügen es ist, in einer Kokette zu sehen, wie sie sich sträubt und bäumt und wendet und nicht über die Linie hinüber will, die die alte Frau von der jungen scheidet. Ich habe es an der Frau Baumin (Baumwoll-Marie) bemerkt. Sie arbeiten mit Reiben und Waschen, Schönpflästerchen und Reinlichkeit, mit der letzteren am wirksamsten, immer dem Alter entgegen, das sie hinüberziehen will, bis sie endlich, wenn sie sehen, daß man zu glauben anfängt, sie seien schon hinüber, wirklich nachgeben und wirklich hinübergehn.

Die Spitzbuben würden allerdings gefährlicher sein, oder es würde eine neue Art von gefährlichen Spitzbuben geben, wenn man einmal anfangen wollte, die Rechte zu studieren, um zu stehlen, als man sie studiert, um ehrliche Leute zu schützen; es muß unstreitig zur Vollkommenheit der Gesetze beitragen, wenn es Spitzbuben gibt, die sie studieren, um ihnen mit heiler Haut auszuweichen.

Wenn ich ein deutsches Buch, mit lateinischen Buchstaben gedruckt, lese, so kommt es mir immer vor, als müßte ich es mir erst übersetzen, ebenso wenn ich das Buch verkehrt in die Hand nehme und lese; ein Beweis, wie sehr unsere Begriffe selbst von diesen Zeichen abhängen.

Er las so sehr gerne, wie er sagte, Abhandlungen vom Genie, weil er sich immer stark danach fühlte.

Wenige Bücher kosten so viel Zeit, zu schreiben als zu binden, und alles daran erfordert Fleiß und Sorgfalt, das Papier, das Setzen und Drucken, das Binden, nur das Verfertigen nicht.

Vor einigen Wochen meldete sich bei mir ein Mann in Göttingen, der aus zwei Paar alten seidenen Strümpfen ein Paar neue machen konnte und seine Dienste offerierte. Wir verstehen die Kunst, aus ein paar alten Büchern, ein neues zu machen.

Der Umgang mit vernünftigen Leuten ist deswegen jedermann so sehr anzuraten, weil ein Dummkopf auf diese Art durch Nachahmen klug handeln lernen kann, denn die größten

Dummköpfe können nachahmen, selbst die Affen, Pudelhunde und Elefanten können es.

Was mag wohl die Ursache sein, daß einen unangenehme Gedanken viel lebhafter schmerzen des Morgens, wenn man erwacht, als einige Zeit nachher, wenn man weiß, daß alles wacht, oder auch wenn man aufgestanden ist oder mitten am Tage oder auch des Abends, wenn man zu Bette liegt? Ich habe davon vielfältige Erfahrung gehabt, ich bin des Abends ganz beruhigt über gewisse Dinge zu Bette gegangen, über die ich gegen vier Uhr des Morgens wieder sehr bekümmert gewesen bin, so daß ich oft einige Stunden wachte und mich herumwarf; um neun Uhr oder auch noch vorher war schon Gleichgültigkeit oder Hoffnung wieder da.

Empfindsam zu schreiben, dazu ist mehr nötig als Tränen und Mondschein.

Beim Gehirn kommt es nicht allein auf die Größe, sondern auch auf die Feinheit und spezifische Schwere an.

Die lebendigen Sprachen sind größtenteils für die Ausländer tot, wenn sie nicht unter dem Volk gelebt haben. Wie schwer ist es, alle die kleinen Beziehungen zu erlernen, fast unmöglich, wenn man einmal bei Jahren ist.

Wenn man manche Histörchen genau untersucht, so wird man immer finden, daß etwas Wahres darunter steckt, und zuweilen etwas ganz anderes, als man gemeiniglich sich vorstellt, so sind z. E. die Hexen, die man ehemals so sehr mit Feuer und Wasser verfolgte, gar die Geschöpfe nicht gewesen, die man sich gemeiniglich vorstellt – auch hat man das Verbrennen derselben ein wenig zu früh eingestellt. Ich habe an die 150 Loca gesammelt, woraus ich beweisen kann, daß die Hexen der vorigen

Welt eigentlich die sogenannten Kaffeeschwestern der jetzigen sind. Unter dem Namen Kaffeeschwester verstehe ich alle alte Frauenspersonen, die in ihrer Jugend so viel gelernt haben, daß sie die Bibel bis auf einige Nomina propria im alten Testament ziemlich fertig weglesen und alle Zahlen aussprechen können, wenn sie mit Worten geschrieben sind, und die, nächst den biblischen Geschichten, hauptsächlich sich auf die Privatgeschichte aller Familien in ihrem Städtchen gelegt haben und über Schwangerschaften, Ehverlöbnisse, Hochzeittage und Kopfzeuge Register halten, die in jeder Krankheit eines jungen Mädchens den Bastard reifen sehen und den Mann und den Ball erraten, der die Ursache und die Gelegenheit dazu war, die hypothetische Ehen zwischen ledigen Personen und nicht selten reelle Ehescheidungen mit ihrem Geschwätz stiften; kurz, alle unverständigen plappernden, besuchen gehenden alten Weiber, so sehr die Pest und das Verderben der guten Gesellschaft als hingegen die reinliche, verständige Matrone und ehrwürdige Mutter die Zierde derselben ist. Die Hexen schwammen auf dem Wasser, ist ein bloß figürlicher Ausdruck und soll nur so viel heißen, daß eigentlich Tee und Kaffee ihr Element sei, und ich glaube im Ernst, daß unsere neueren Hexen im Kaffee nicht ersäuft werden können, denn ich habe selbst eine einmal 14 Tassen trinken sehen, da die frischsten westfälischen Viehmägde an vieren sterben...

So wie man den Heiligen eine Nulle über den Kopf malt.

Warum die Menschen so wenig behalten können, was sie lesen, ist, daß sie so wenig selbst denken. Wo ein Mensch, was andere gesagt haben, gut zu wiederholen weiß, hat er gewöhnlich selbst viel nachgedacht, wenn sein Kopf anders nicht ein bloßer Schrittzähler ist, und dergleichen sind manche Köpfe, die des Gedächtnisses wegen Aufsehen machen.

Die letzte Hand an sein Werk legen, das heißt verbrennen.

Ich habe sonstwo schon einmal meine Gedanken über die Büchertitel gegeben. Es ist zuweilen nötig, den Leuten alte Sachen unter einem neuen Titel und etwas neu gemischt zu geben; wieviel Laxiertränkchen gibt es nicht, wo die Rhabarber oder das Salz oder das Manna oder die Jalappe vor allem zu verbergen außer dem Magen und den Eingeweiden. Es gibt auf eben die Art einen erlaubten Betrug, den ein feines Gefühl leicht unterscheidet. Pillen werden übergüldet.

Er hat so lange dran geboren, und ist nichts daraus geworden, daß es auch nun vermutlich ohne Kaiserschnitt nicht gehen wird.

Sie ist am Furore Wertherino gestorben. Der Furor Wertherinus.

Die Wälder werden immer kleiner, das Holz nimmt ab, was wollen wir anfangen? Oh, zu der Zeit, wenn die Wälder aufhören, können wir sicherlich solange Bücher brennen, bis wieder neue aufgewachsen sind.

Er spricht sein transzendentes Hokuspokus darüber aus.

Er gibt Namen, die man an alle Galgen der Welt schlagen sollte.

Das hat ihm sicherlich sein Diabolus familiaris eingegeben.

Der Ort sieht nicht aus wie eine Stadt, sondern wie ein Krempelmarkt von abgetragenen Häusern.

Die Perfektibilität des Menschen gäbe ein herrliches Gedicht ab, auch die Physiognomik. Eines Haller nicht unwürdig.

Ich sehe nicht ein, warum manche Teile des menschlichen Körpers mit Haaren bewachsen sind, als damit beim Baden sich das Wasser länger darin hält und durch seine Kühlung jene Teile stärkt und kühlt, weil sie es am meisten vonnöten haben.

Man kann die Fehler eines großen Mannes tadeln, aber man muß nur nicht den Mann deswegen tadeln. Der Mann muß zusammengefaßt werden.

Wenn ich nur wüßte, wer es dem ehrlichen Mann beibringen wollte, daß er nicht klug ist.

Sie wollten also die Katholiken mit Pulver in Himmel sprengen?

Die Welt ist immer in ihren Urteilen zu gütig oder unbillig.

Die erste Regel bei Romanen sowohl als Schauspielen ist, daß man die verschiedenen Charaktere gleichsam wie die Steine im Schachspiel betrachtet und sein Spiel nicht durch Veränderung der Gesetze zu gewinnen sucht, nach welchen sich diese Steine richten, nicht einen Springer wie einen Bauern zieht, diese Charaktere genau bestimmt, auch sie nicht außer Aktivität setzt, um seinen Endzweck zu erhalten, sondern lieber mit der Wirksamkeit derselben gewinnt. Das nicht tun heißt eigentlich Wunder tun wollen, die immer unnatürlich sind.

Er war ein geschäftiger Schriftsteller und ein sehr fleißiger Leser seiner eigenen Artikel in den gelehrten Zeitungen und Journalen.

Er sah so zerknickt aus als wie ein Mädchen in Mannskleidern.

Der völlige Idiot, der vernünftige, gangbare Mann und der Rasende haben überhaupt ihre Zeichen, woran man sie leicht erkennt, aber die Gradationen und Nuancen hierin zu bestimmen (das eigentliche Fach der Physiognomik) ist sehr schwer.

Es gibt Leute, deren Lippen mit gleicher Breite um den ganzen Mund herumgehen, der dadurch das Ansehen von einem Feuerstahl erhält. Mit denen ist selten viel anzufangen.

Was sie Herz nennen, liegt weit niedriger als der vierte Westenknopf.

Empfindsam schreiben, heißen die Herren, immer von Zärtlichkeit, Freundschaft und Menschenliebe reden. Ihr Schöpse, hätte ich bald gesagt, das ist nur ein Ästchen des Baumes. Ihr sollt den Menschen überhaupt zeigen, den zärtlichen Mann und den zärtlichen Gecken, den Narren und den Spitzbuben, den Bauer, den Soldaten, den Postillion, alle, wie sie sind, das heiß' ich, empfindsam schreiben. Was ihr schreibt, ist uns nicht sowohl verhaßt als euer ewiges Fiedeln auf einer und derselben Saite. Der Mensch besteht doch noch aus etwas mehr als Testikeln.

Was ist denn der Mensch anders als eine Kaffeetasse? Er sammelt im Köpfchen, um ins Schüsselchen auszugießen, und das Schüsselchen taugt ohne Köpfchen nichts und das Köpfchen nichts ohne Schüsselchen.

Das war, wie die Zeit noch keinen Bart hatte.

Wer seine Talente nicht zur Belehrung und Besserung anderer anwendet, ist entweder ein schlechter Mann oder äußerst eingeschränkter Kopf. Eines von beiden muß der Verfasser des leidenden Werthers sein.

Versuch über die Nachtwächter. Ich selbst bin ein Nachtwächter, meine Herrn, zwar nicht von Profession, sondern ein Dilettante, ich kann nämlich des Nachts nicht schlafen und habe es darin so wie Dilettanten gemeiniglich ohne alle Prahlerei weitergebracht als die meisten von Profession.

Ich denke, wenn man etwas in die Luft bauen will, so sind es immer besser Schlösser als Kartenhäuser.

Ich glaube, daß die Quelle des meisten menschlichen Elends in Indolenz und Weichlichkeit liegt. Die Nation, die die meiste Spannkraft hatte, war auch allezeit die freieste und glücklichste. Die Indolenz rächt nichts, sondern läßt sich den größten Schimpf und die größte Unterdrückung ablaufen.

Zum Lärmmachen wählt man die kleinsten Leute, die Tambours.

Nach dem neuen Griechenland reisen, um das heilige Grab der schönen Künste zu besuchen.

In Göttingen wird der Mann, der den Kopf von außen zustutzt, von dem Burschen eines größeren Vertrauens gewürdigt, als der ihn von innen zu verbessern unternimmt.

Verständigen Personen werden nicht allein schöne Leute ohne Verstand verhaßt, sondern auch die äußerste Dienstfertigkeit bei Leuten verliert ohne Gaben des Geistes ihren Wert.

Große Reinlichkeit ohne Geckerei, und ohne daß man merkt, daß sie gar zu sehr gesucht wird, Nachgiebigkeit und unaffektierte Bescheidenheit und Wohlwollen ohne Zwang kann zu Schönheit werden, wenigstens Liebe gewinnen.

Die Leute, die einem aus Interesse gut sind, sind es auch aus Hoffnung auf Vorteil.

Warum sind junge Witwen in Trauer so schön? (Untersuchung)

Das heißt, man soll mit dem Licht der Wahrheit leuchten, ohne einem den Bart zu sengen.

Ich habe noch niemanden gefunden, der nicht gesagt hätte, es wäre eine angenehme Empfindung, Stanniol mit einer Schere zu schneiden.

Ich habe alle meine Werke mit einem FF gestempelt. Keine Stichelrede auf die Pandekten der Unordnung wegen, sondern es sind die Anfangsbuchstaben meiner Hausgötzen, denen ich täglich opfere, Fama und Fames.

Ein etwas verstimmter Ausdruck.

Es lehrt die Handgriffe beim Bücherschreiben.

Wie nah wohl zuweilen unsere Gedanken an einer großen Entdeckung hinstreichen mögen?

So sagt man, jemand bekleide ein Amt, wenn er von dem Amt bekleidet wird.

Mancher Mann quält sich seine Lebenszeit, studiert sich frigid und impotent über der Entwicklung der Meinung eines Schriftstellers. Ich gebe es zu, es war eine Lebenszeit nötig, das System des Mannes zu entwickeln, es vom Schmutz schmieriger Ausbesserer zu reinigen, das ist alles wahr, aber es erforderte nur viertelstündiges helles Wachen gesunder Vernunft, einzusehen, daß die ganze Historie keine drei Groschen wert war.

Man empfiehlt Selbstdenken oft nur, um die Irrtümer anderer beim Studieren von Wahrheit zu unterscheiden. Es ist ein Nutzen, aber ist das alles? Wieviel unnötiges Lesen wird uns erspart. Ist denn Lesen Studieren? Es hat jemand mit großem Grunde der Wahrheit behauptet, daß die Buchdruckerei Gelehrsamkeit zwar mehr ausbreitet, aber im Gehalt vermindert hätte. Das viele Lesen ist dem Denken schädlich. Die größten Denker, die mir vorgekommen sind, waren grade unter allen den Gelehrten, die ich habe kennengelernt, die, die am wenigsten gelesen hatten. Ist denn Vergnügen der Sinne gar nichts?

Die meisten Gelehrten sind abergläubischer, als sie selbst sagen, ja als sie selbst glauben. Man kann üble Gewohnheiten nicht so leicht ganz loswerden; sie vor der Welt verbergen und die schädlichen Folgen hindern, das kann man.

Seinen Organen etwas zu spielen geben heißt nicht studieren.

Es ist ausgemacht, daß unsere gegenwärtige Glückseligkeit, zumal insofern sie von der Güte der politischen Verfassung abhängt, nicht in dem Verhältnis gewachsen ist, in dem unsere Erkenntnis zugenommen hat. Woher rührt das? Von der Erziehung der Individuorum? Gewiß nicht allein.

Alles ist sich gleich, ein jeder Teil repräsentiert das Ganze. Ich habe zuweilen mein ganzes Leben in einer Stunde gesehen.

Der Wein hat manche große Tat hervorgebracht.

Man führt gegen den Wein nur die bösen Taten an, zu denen er verleitet, allein er verleitet auch zu hundert guten, die nicht so bekannt werden. Der Wein reizt zur Wirksamkeit, die Guten im Guten und die Bösen im Bösen.

Wenn er sprach, so fielen in der ganzen Nachbarschaft die Mäusefallen von selbst zu.

Narren, die ihre Schwäche nicht kennen, wollen gewöhnlich die Nation reformieren, allein die größten Genies, unter den glücklichsten Zufällen in Wirksamkeit gesetzt, reformieren sie. Anstatt sich dem Strom eingewurzelter Vorurteile und Gebrechen einer Nation (Nachahmung z. E. bei den Deutschen) mit Torherzhaftigkeit entgegenzusetzen, ist es schicklicher und den Kräften mehrerer angemessen, sich jener Schwachheit zu bedienen, die Menschen weiser und glücklicher zu machen.

Ich sehe das Grab auf meinen Wangen, den 16. April 1777.

Der Mensch wird ein Sophist und überwitzig, wo seine gründlichen Kenntnisse nicht mehr hinreichen; alle müssen es folglich werden, wo es auf Unsterblichkeit der Seele und Leben nach dem Tode ankommt. Da sind wir alle ungründlich. Materialismus ist die Asymptote der Psychologie.

Daß wir nur Geschmack an englischen und französischen Sachen haben, ist ein Zeichen, daß unser Geschmack und Kräfte sich voneinander entfernt haben. Unser Appetit ist leckerer als es noch zur Zeit unser Boden mit sich bringt.

Bei unseren Modedichtern sieht man so leicht, wie das Wort den Gedanken gemacht hat, bei Milton und Shakespeare zeugt immer der Gedanke das Wort.

Ich glaube nicht, daß unter der sogenannten studierenden deutschen Jugend die Summe leerer Köpfe je größer gewesen ist als jetzt. Dieses ist die Ursache, warum es so viele junge Werther gibt, nicht weil das Buch meistermäßig geschrieben ist, sondern weil man solche Schafengel brauchen kann, wozu man will. Sie gehn ihrem Wirt, ohne zu bezahlen, durch und weinen über Gellerts Grab, sie zeichnen Silhouetten und wittern Golgathas Tau; ein protestantischer metaphernmächtiger Gaßner könnte sie brauchen, Teufel einzunehmen oder auszutreiben, und Hancock zu Stäben, eine Spitzbubenrepublik abzustecken. Es ist kein Charakter. Indolenz, Unverstand und Unerfahrenheit in allem, was ernste Wissenschaft heißt, hat sie stumpf gemacht zu allem außer der Spekulation über den Trieb, aus dem haben sie sich eine Naturhistorie geschaffen, eine Ästhetik, eine Philosophie, da suchen sie allen Adel der Seele und den Himmel auf der Welt.

Ich habe einen sehr guten Freund gehabt, der mir gestand, daß, wenn er mit gutem Appetit sich bei eine gute Schüssel niedersetzte, er immer eine sehr lebhafte Hoffnung bei sich verspüre, daß er einmal ein großer Mann werden würde. Dieser Traum hat ihn betrogen. Er ist kein großer Mann geworden, ob er gleich ein sehr guter und brauchbarer geworden ist.

Es ist sehr gefährlich, sagt Voltaire, in Dingen recht zu haben, wo große Leute unrecht gehabt haben.

Es fehlt den Deutschen sicherlich noch ein Boileau.

Es ist allezeit betrübt für mich, wenn ich bedenke, daß man in der Untersuchung mancher Dinge zu weit gehen kann, ich meine, daß sie unserer Glückseligkeit nachteilig werden können. Eine Probe habe ich darin an mir. Ich wünsche, ich wäre in meinen Bemühungen, das menschliche Herz kennenzulernen, minder glücklich gewesen. Ich verzeihe den Leuten ihre Bosheiten weit lieber als vorher, das ist wahr; wenn jemand in Gesellschaft übel von mir redet, zumal wenn es nur geschieht die Gesellschaft zu belustigen, so kann ich ihm deswegen nicht im mindesten aufsässig werden, ich mache mir im strengsten Verstande nichts daraus, nur muß es nicht mit wallendem Blut und Hitze geschehen oder grobe Verleumdung sein, die glaube ich nicht zu verdienen. Hingegen ist mir zu wenig an dem Lob der Leute gelegen, ihr Neid wäre allenfalls das einzige, was mich noch freuen würde. Das sollte in der Welt nicht sein. Also ist auch hier harmonisches Wachstum des ganzen Erkenntnissystems nötig. Wo ein Teil zu sehr kultiviert wird, führt es immer auf kleines oder großes Unheil am Ende hinaus.

Der Mensch hat einen unwiderstehlichen Trieb, zu glauben, man sähe ihn nicht, wenn er nichts sieht. Wie die Kinder, die die Augen zuhalten, um nicht gesehen zu werden.

Die schönste Stelle im ›Werther‹ ist, wo er den Hasenfuß erschießt.

Der Verleger hat ihn in effigie vor sein Werk aufhängen lassen.

In Göttingen hat man zwar keine förmlichen Komödien, allein man kann sich desto leichter eine zusammensuchen, hier eine Szene und dort eine.

Wenn die Physiognomik das wird, was Lavater von ihr erwartet, so wird man die Kinder aufhängen, ehe sie die Taten getan haben, die den Galgen verdienen, es wird also eine neue Art von Firmelung jedes Jahr vorgenommen werden. Ein physiognomisches Autodafé.

Ich kann nicht sagen, daß ich ihm feind gewesen wäre, aber auch nicht gut, es hat mir nie von ihm geträumt.

Liscow sagt, die greuliche Menge elender Schriftsteller ist ebenso geschickt, eine Barbarei einzuführen, als ein Schwarm von Ost- und Westgoten. (vortrefflich)

Ein kluges Kind, das mit einem närrischen erzogen wird, kann närrisch werden. Der Mensch ist so perfektibel und korruptibel, daß er aus Vernunft ein Narr werden kann.

Ich kann nur die Oberfläche der Leute auf meine Seite bringen, ihr Herz erhält man nur mit ihrem sinnlichen Vergnügen, des bin ich so überzeugt, als ich lebe.

Vorstellungen sind auch ein Leben und eine Welt.

Grabsteine für Bücher.

Es gibt Leute von unschädlicher Gemütsart, aber doch dabei eitel, die immer von ihrer Ehrlichkeit reden und die Sache fast wie eine Profession treiben und mit einer so prahlenden Bescheidenheit von ihrem Verdienst zu wimmern wissen, daß einem die Geduld über den immer mahnenden Gläubiger ausgeht.

Nicht die Lügen, sondern die sehr feinen falschen Bemerkungen sind es, die die Läuterung der Wahrheit aufhalten.

Ich habe es sehr deutlich bemerkt: Ich habe oft die Meinung, wenn ich liege, und eine andere, wenn ich stehe, zumal wenn ich wenig gegessen habe und matt bin.

Mit dem Band, das ihre Herzen binden sollte, haben sie ihren Frieden stranguliert.

Unter den Opfern, die man ihm brachte, war ihm immer der ehrliche Namen eines Feindes das angenehmste.

So traurig stand er da wie das Trinkschälchen eines krepierten Vogels.

Damals, als die Seele noch unsterblich war.

Er ist nun aus den Oden-Jahren in die Psalm-Jahre gekommen.

Alle Unparteilichkeit ist artifiziell. Der Mensch ist immer parteiisch und tut sehr recht daran. Selbst Unparteilichkeit ist parteiisch. Er war von der Partei der Unparteiischen.

Da, wo das Auge undeutlich sieht, ist schon eine Art von Tod; wo kein deutliches Bild ist, ist keine Vorstellung.

Dessen, was wir mit Gefühl beurteilen können, ist sehr wenig und simpel, das andere ist alles Vorurteil und Gefälligkeit.

Man läßt sich jetzt seinen Schatten besehen wie ehemals sein Wasser.

Man scherzt so viel über Mohren, die einen Handel mit Menschen treiben, aber welches ist grausamer, sie verkaufen oder zu kaufen?

...Wahrheit, Unterricht und Besserung des Menschen sei der Hauptzweck eines Schriftstellers; erhält er diesen, so können wir über die Mittel ziemlich gleichgültig sein...

Die Meinung des Menschen, der zwar die Erde für rund hielt, aber glaubte, wir gingen auf der konkaven Seite wie die Ochsen im Tretrade, verdient angemerkt zu werden.

Es gibt Schwärmer ohne Fähigkeit, und dann sind sie wirklich gefährliche Leute.

Ein Magnet, der sich in sechs Pfund verliebt.

Schlankheit gefällt wegen des besseren Anschlusses im Beischlaf und der Mannigfaltigkeit der Bewegung.

Gesicht und Seele sind wie Silbenmaß und Gedanken.

Es gibt keine wichtigere Lebensregel in der Welt als die: Halte dich, soviel du kannst, zu Leuten, die geschickter sind als du, aber doch nicht so sehr unterschieden sind, daß du sie nicht begreifst. Das Erheben wird deinem Ehrgeiz durch Instinkt leichter werden als dem Allzugroßen das Herablassen aus kalter Entschließung.

Das Mädchen ist ganz gut, man muß nur einen andern Rahmen drummachen lassen.

Da werden die Engel einmal recht gelacht haben.

Zu Abführung eines solchen Unrats waren freilich ein paar Kalenderblättchen zu wenig.

In Lavatern ist nichts von dem sanften Sonnenlicht des Tizian, sondern über alles dampft er einen heiligen Nebel her und blitzt mit Hexenmehl und Kolophonium und donnert auf der Baßgeige.

Er sollte einmal die Köpfe sehen, die bei seiner Physiognomik sind geschüttelt worden.

Wo Lotte beim Spiel herumlauft und allen Ohrfeigen gibt, das könnte die Germania sein, wie sie allen neun Musen Ohrfeigen gibt.

»Es ist schade, daß es keine Sünde ist, Wasser zu trinken«, rief ein Italiener, »wie gut würde es schmecken!«

Eine jede Sache hat ihre Werktags- und Sonntagsseite.

So wie Assimilation Silben und Wörter hervorbringt, so können Silben in nominibus propriis wiederum Farben zu Bildern der Einbildungskraft und Züge zu Charakteren hergeben. Es ist aller Untersuchung wert, woher die Bilder stammen, die wir uns von Leuten formieren, die wir nie gesehen haben, die Formen von Straßen und Städten, die wir nie gesehen haben. An dem Gesicht, das ich mir vom General Lee gemacht habe, hat das doppelte E mehr Anteil als alle seine schlechten Taten, die mir zu Ohren gekommen sind.

Aus der Mätresse eines Mannes läßt sich viel auf den Mann schließen, man sieht in ihr seine Schwachheiten und seine Träume. Ex socio wird man nicht halb so gut erkannt als ex socia.

Und was ist Kränklichkeit (nicht Krankheit) anderes als innere Verzerrung?

Eine Rede muß nicht gedruckt werden; man hat gute Redner gehabt in den Zeiten, da man vermutlich schlecht schrieb, und etwas, das sich gut lesen läßt, muß man nicht hersagen hören; es sind ganz verschiedene Dinge. Ein Gemäld gehört nicht unter das Mikroskop. Das sollten sich unsere dramatischen Dichter merken.

Der Mensch und die Affen können nicht nach Belieben gemästet werden wie das Vieh.

Wenn ich noch ein Zeichen des Verstandes angeben soll, das mich selten betrogen hat, so ist es dieses, daß Leute, die sehr viel älter sind, als sie scheinen, selten viel Verstand hatten und umgekehrt junge Leute, die alt aussehen, sich auch dem Verstand des Alters nähern. Man wird mich verstehen und nicht etwa glauben, daß ich unter Jungaussehen Gesundheit und frische Farbe und unter Anschein des Alters Falten und Blässe verstehe.

Ich empfehle Träume nochmals; wir leben und empfinden so gut im Traum als im Wachen und sind jenes so gut als dieses; es gehört mit unter die Vorzüge des Menschen, daß er träumt und es weiß. Man hat schwerlich noch den rechten Gebrauch davon gemacht. Der Traum ist ein Leben, das, mit unserm übrigen zusammengesetzt, das wird, was wir menschliches Leben nennen. Die Träume verlieren sich in unser Wachen allmählich herein; man kann nicht sagen, wo das Wachen eines Menschen anfängt.

Eine angenehme Stimme ist sehr oft mit sonst übrigens guten Eigenschaften des Leibes und der Seele verbunden. Und doch sind so viel Sängerinnen Huren, und die meisten Menschen haben schlechte Stimmen.

Klopstocks ›Messias‹ kann nur, dünkt mich, alsdann schwer scheinen, wenn man das darin finden will, was das Geschrei der Zeitungsschreiber und der Barden hineingelegt hat. Mir kommt es vor, als wenn das Gedicht nicht zu schwer, sondern zu leicht, oder deutlicher, nicht zu tief, sondern zu seicht wäre.

Wenn Vernunft, die Tochter des Himmels, von Schönheit urteilen dürfte, so wäre Krankheit die einzige Häßlichkeit.

Was einem das Absolute in dem Schönen der griechischen Gesichtsbildung immer verdächtig macht, ist, daß es eine Art von Gelehrsamkeit ist, es zu erkennen.

Daß ich etwas, ehe ich es glaube, erst durch meine Vernunft laufen lasse, ist mir nicht ein Haar wunderbarer, als daß ich erst etwas im Vorhof meiner Kehle kaue, ehe ich es hinunterschlucke. Es ist sonderbar, so etwas zu sagen, und für unsere Zeiten zu hell, aber ich fürchte, es ist für 200 Jahre, von hier ab gerechnet, zu dunkel.

Eine von den Hauptkonvenienzen der Ehe ist die, einen Besuch, den man nicht ausstehen kann, zu seiner Frau zu weisen.

Es ist besonders, und ich habe es nie ohne Lächeln bemerkt, daß Lavater mehr auf den Nasen unserer jetzigen Schriftsteller findet als die vernünftige Welt in ihren Schriften.

Daß man solch närrisches Zeug träumt, wundert mich nicht, allein daß man glaubt, man wäre es selbst, der so was täte und dächte, das wundert mich.

Ich glaube grade das Gegenteil, daß nämlich das meiste Gute in der Welt durch Menschen getan wird, die ihrer schönen Bildung wegen nicht in Betrachtung kommen. Oder das meiste Unheil in der Welt hat die Schönheit gestiftet, ob sie gleich das Glück oder vielmehr die Wollust einzelner mag befördert haben.

Solange jemand in die Ewigkeit hinausschaut und mir Dinge im Himmel liest, die ich nicht sehe, so schweige ich deswegen still, weil er mir auch glauben müßte, wenn ich ihm wiederum meine Weissagungen abläse. Allein wenn wir Blicke in diese Welt tun, da hat bei verschiedener Meinung nur einer recht oder beide unrecht. Wir haben alle auf die vier Syllogismen geschworen, den Suprematseid der Logik abgelegt.

Man kann nicht allein Dinge aus der Körperwelt transzendent machen, sondern auch Dinge aus der Geisterwelt retroszendent auf die Körperwelt zurück.

Betrachte einmal einen Nerven. Von der Spitze meines Fingers ergießen sich Tausende von Empfindungen wie kleine unmerkliche Bäche in einen größeren Bach, mit dem wieder andere größere zusammenfließen, die ein anderes Wasser führen, bis sie sich endlich, in einen Hauptstrom vereinigt, in das Meer des Gehirns ergießen, dessen Zustand und Fähigkeiten du aus dem knöchernen Gewölbe beurteilst, unter dem es kochen, vertrocknen und versteinert werden könnte, ohne daß du es merktest.

Dieses unbegreifliche Wesen, das wir selbst sind und das uns noch weit unbegreiflicher vorkommen würde, wenn wir ihm noch näher kommen könnten, als wir selbst sind, muß man nicht auf einer Stirne finden wollen.

Die Hand, die einer schreibt, aus der Form der physischen Hand beurteilen wollen ist Physiognomik.

Das Hutabnehmen ist eine Abkürzung unseres Körpers, ein Kleinermachen.

Wenn das Gesicht mit kleinen Vulkanen übersät ist, so schließe ich auf einen Brand.

Daß die Menschen so oft falsche Urteile fällen, rührt gewiß nicht allein aus einem Mangel an Einsicht und Ideen her, sondern hauptsächlich davon, daß sie nicht jeden Punkt im Satz unter das Mikroskop bringen, und bedenken.

Tausend sehn den Nonsense eines Satzes ein, ohne imstand zu sein, noch Fähigkeit zu besitzen, ihn förmlich zu widerlegen.

Gedanken im Klingelbeutel sammeln zu einer Rede auf den Geburtstag des Königs.

Ein gesunder Appetit und die damit gemeiniglich verbundene Hochachtung gegen das Frauenzimmer.

Ich habe oft auf dem Punkt gestanden, mit so viel Überzeugung zu glauben, daß man, um der Nachwelt zu gefallen, von der jetzigen gehaßt werden müßte, daß ich alles anzufallen Neigung fühlte.

Ich bin sehr viel mitleidiger in meinen Träumen als im Wachen.

Die Pastoren, die Unschuld in Trauer, hic niger est.

Vom ersten Dichter der Welt bis zum Versefabrikant.

Ein reines Herz und ein reines Hemd. (Ein reines Herz ist eine vortreffliche Sache und ein reines Hemd auch.)

Man widerspricht sich niemals, wenn man sich mit einer festen Meinung zum Schreiben niedersetzt, allein bei der festesten Meinung kann man den Gegenstand flüchtig behandeln, und wenn man mit demselben allzu bekannt ist, so daß man zu glauben anfängt, jedermann müßte es verstehen, Worte zu gebrauchen, die der, den man erst belehren will, zweideutig findet. Ich vergebe es Herrn Lavater, daß er so viel Widersprüche in meiner Abhandlung findet, er war nicht der erste, der sie darin zu finden glaubte, und einer der größten Denker, die mir je vorgekommen sind, hat mir gestanden, er habe meine Meinung erst bei der zweiten Durchlesung verstanden und sei nun völlig mit mir eins. Das ist ein großer Fehler von einer Schrift, ich leugne es nicht, und es soll mir eine Warnung sein, künftig alles, was ich drucken lasse, wie Molière, erst meiner Köchin vorzulesen.

Wenn jemand keine Hände hat, so lernt er mit den Füßen Federn schneiden; so eben im Gehirn. Hier ist Erziehung und Zweck das kräftigste.

Die Schlappherzigkeit.

Starke Empfindung, deren sich so viele rühmen, ist nur allzuoft die Folge eines Verfalls der Verstandeskräfte. Ich bin nicht sehr hartherzig, allein das Mitleid, das ich in meinen Träumen oft empfinde, ist mit dem bei wachendem Kopf nicht zu vergleichen, das erstere ist in mir ein nah an Schmerz grenzendes Vergnügen.

Die Abhandlung von einem Philosophen, der in Europa seinesgleichen nicht haben soll, mit einer Einleitung von einem, deren Deutschland mit großem Gewinn jetzt ein Dutzend missen könnte.

Ein Amengesicht.

Wenn die feinen Weltleute fragen: »Gott weiß warum?«, so ist es immer ein sicheres Zeichen, daß sie außer dem lieben Gott noch einen großen Mann kennen, der es auch weiß.

Es ist eine traurige Liebe, wo man zum ersten Mal im Grab miteinander zu Bette geht.

Das Ideal von Stärke und Tugend müßte die größte Schönheit sein, freilich, das würden und müßten wir so nennen. Doch könnte es mit Befriedigung sinnlicher Lust streiten, die richtet auch mit. Wir lieben uns in andern, wo wir Güte erkennen, gefällt uns das Gesicht. Aber kann man das eigentlich mit zu der Schönheit rechnen? Schön nennen die Leute sehr oft, was ihnen gefällt, und das ist relativ.

Ich muß meine Leser inständigst bitten, hier bloß Sachen zu betrachten, keine Namen, die vielleicht in Deutschland mehr Gewicht haben als in irgendeinem Land in der Welt und nirgends leichter zu erwerben sind, wenn von einigen Jahren die Rede ist. Zuweilen sind die berühmten Werke weiter nichts als die gemeinste Primanerphilosophie, mit ungeprüften Exzerpten aus den allgemeinen Reisen versetzt, und das alles unter einem Geläute von Glocken und Schellen vorgetragen, daß selbst Untersucher verleitet werden, zu glauben, man begehe ein Fest. In den Privatversammlungen denkender Köpfe hört man den Wert solcher Werke bestimmen.

Unsere Empfindung ist sicherlich nicht der Maßstab für die Schönheit des unübersehbaren Plans der Natur.

Nichts läßt lustiger, als seinen Feind bepissen wollen, wenn man eine Strangurie hat.

Dieses ist eine sehr fruchtbare Wahrheit, wenn man sie in einem gesunden Kopf bewahrt, so hat sie wie die Glückspfennige alle Morgen eine neue bei sich liegen.

Ich kann nicht leugnen, mein Mißtrauen gegen den Geschmack unserer Zeit ist bei mir vielleicht zu einer tadelnswürdigen Höhe gestiegen. Täglich zu sehen, wie Leute zum Namen Genie kommen wie die Kelleresel zum Namen Tausendfuß, nicht weil sie so viele Füße haben, sondern weil die meisten nicht bis auf 14 zählen wollen, hat gemacht, daß ich keinem mehr ohne Prüfung glaube.

Die Klugheit eines Menschen läßt sich aus der Sorgfalt ermessen, womit er das Künftige oder das Ende bedenkt. Respice finem.

Sogar aus den Hunden läßt sich etwas machen, wenn man sie recht erzieht; man muß sie nur nicht mit vernünftigen Leuten, sondern mit Kindern umgehen lassen, so werden sie menschlich. Dieses ist eine Bestätigung von meinem Satz, daß man Kinder immer zu Leuten halten müsse, die nur um ein weniges weiser sind als sie selbst.

Er liebte Pfeffer und gezackte Linien.

Bei manchem Werk eines berühmten Mannes möchte ich lieber lesen, was er weggestrichen hat, als was er hat stehenlassen.

Sein Tintenfaß war ein wahrhafter Janustempel, wenn's zugepfropft war, so war's in der ganzen Welt Friede.

Die Vorrede könnte Blitzableiter betitelt werden.

Wie eine besoffene Fama.

Physiognomik (Kinder). Bei häßlichen Gesichtern läßt Unwillen lasterhafter als bei schönen. Man nennt manches Bosheit, was mit einem häßlichen Gesicht getan wird.

Ich habe sehr oft folgendes bemerkt: Je mannigfaltiger die Begebenheiten sind, die sich ereignen, desto geschwinder verstreichen einem zwar die Tage, allein desto länger dünkt einen die vergangene Zeit, die Summe dieser Tage; hingegen je einförmiger die Beschäftigungen, desto länger werden einem die Tage und desto kürzer die vergangene Zeit oder ihre Summe. Die Erklärung ist nicht sehr schwer.

Gott, der unsere Sonnenuhren aufzieht.

Alles Tun in -eln ist nicht viel wert, weder witzeln noch schwärmeln.

Hauptsächlich: Menschen mit ganz unähnlichen Gesichtern sind sich einander oft übrigens sehr ähnlich. Wenigstens ist die Verhältnis ihres Gemütes nicht in der ihrer Gesichter.

Nicht sagen: der diesen Kopf hat, ist ein verständiger Mann, sondern dahin muß man es zu bringen suchen: Der so aussieht, ist hundert gegen eins ein verständiger Mann.

Einige mutwillige Leute haben behauptet, so wie es keine Mäuse gäbe, wo man keine Katzen halte, so gäbe es auch keine Besessene, wo es keine Teufelsaustreiber gäbe.

Wie perfektibel der Mensch ist und wie nötig Unterricht, sieht man schon daraus, daß er jetzt in 60 Jahren eine Kultur annimmt, worüber das ganze Geschlecht 5000 Jahre zugebracht hat. Ein Jüngling von 18 Jahren kann die Weisheit ganzer Zeitalter in sich fassen. Wenn ich den Satz lerne: »Die Kraft, die im geriebenen Bernstein zieht, ist dieselbe, die in den Wolken donnert, welches sehr bald geschehen kann«, so habe ich etwas gelernt, dessen Erfindung den Menschen einige tausend Jahre gekostet hat.

Wenn man einmal weiß, daß einer blind ist, so meint man, man könnte es ihm auch von hinten ansehen.

Sie fühlen mit dem Kopf und denken mit dem Herzen.

Ein Gelehrter weint, daß er seine eigne Schriften nicht versteht, ist ein drolliger Gedanke. . .

An den Köpfen der großen Griechen und Römer muß man nicht Regeln für die sichtbare Form des Genies abstrahieren wollen, solange man nicht griechische Dummköpfe ihnen entgegenstellen kann.

Sterne und Fielding. Sterne steht nicht auf einer sehr hohen Staffel, nicht auf dem edelsten Weg. Fielding steht nicht ganz so hoch, auf einem weit edleren. Es ist der Weg den derjenige betreten wird, der einmal der größte Schriftsteller der Welt wird, und sein ›Findling‹ ist gewiß eines der besten Werke, die je geschrieben worden sind. Hätte er uns ein klein wenig mehr für seine Sophia einzunehmen gewußt und wäre er da, wo wir nur ihn hören, oft kürzer gewesen, so wäre vielleicht gar kein Werk drüber.

Der Trieb, unser Geschlecht fortzupflanzen, hat noch eine Menge anderes Zeug fortgepflanzt.

Das viele Lesen hat uns eine gelehrte Barbarei zugezogen.

Unstreitig ist die männliche Schönheit noch nicht genug von den Händen gezeichnet worden, die sie allein zeichnen könnten, von weiblichen. Mir ist es allemal angenehm, wenn ich von einer neuen Dichterin höre. Wenn sie sich nur nicht nach den Gedichten der Männer bildeten, was könnte nicht da entdeckt werden.

Die Leute mit langen Füßen gehen gewöhnlich schlecht; was den Füßen zugeht, geht den Knien ab.

Ich habe mich zuweilen recht in mir selbst gefreut, wenn Leute, die Menschenkenner und Weltweise sein wollen, über mich geurteilt haben. Wie entsetzlich sie sich irren, der eine hielt mich für weit besser und der andere für weit schlimmer, als ich war, und das immer aus sehr feinen Gründen, wie er glaubte.

Außer seiner geistlichen Herde, welcher er, wo er konnte, etwas abnahm, hatte er noch 200 Stück auf der Weide gehen, die er regelmäßig schor.

Überall angezeigt, was noch zu leisten ist.

Wenn eine Betschwester einen Betbruder heiratet, so gibt das nicht allemal ein betendes Ehepaar.

Es ist eine Temperamentslüge.

Wir verbrennen zwar keine Hexen mehr, aber dafür jeden Brief, worin eine derbe Wahrheit gesagt ist.

Einige feine Bemerker wollen gefunden haben, daß das Poetisch-Schwärmerische in der Liebe in dem Grade zunehme, in welchem das Irdisch-Herkulische abnimmt, auch soll nach ihnen das Frauenzimmer in diesen Kenntnissen durch Tradition sehr viel weiter sein, als mancher welke Petrarch glaubt, und sehr sorgfältig den Liebhaber von der Feder von dem vom Leder zu unterscheiden wissen.

Die Sprache des Leibmedikus Zimmermann verliert sich in das Rohrsperlingische.

Die klügsten Leute können solche dumme Gesichter machen, die hinlänglich beweisen, wie sehr alles pathognomisch ist.

Es gibt zweierlei Arten von Bramarbas, den positiven Dick- und den negativen Dünnetuenden, beide zu gleich windigem Endzweck; daß der letztere noch zuweilen rechtschaffene Leute hintergeht, kommt unter andern auch daher, daß man in moralischen Dingen noch nicht rechnen gelernt hat.

In die Welt zu gehen ist deswegen für einen Schriftsteller nötig, nicht sowohl damit er viele Situationen sehe, sondern selbst in viele komme.

Wenn einem zum Tod Verurteilten eine Stunde geschenkt wird, so ist sie ein Leben wert.

Wir wissen zuverlässig, daß ihm ein einziger sogenannter Kraftausdruck oft zwei bis drei Stunden kosten soll. Solche Mühe gibt sich die Natur, die Menschen bei solchen Jahren von Kindereien abzuhalten, und solche Mühe geben sich schwache Köpfe, der Natur entgegenzuarbeiten.

Daß Leute, die so erstaunlich lesen, oft so schlechte Denker sind, kann seinen Grund ebenfalls in der Beschaffenheit unseres Gehirns haben. Es ist ja wahrhaftig nicht einerlei, ob ich einen Satz ohne Mühe lerne oder ob ich selbst nach meinem System endlich darauf komme. Beim letzteren hat alles Wurzeln, beim ersteren ist es bloß angeklebt.

Ich gehe oft, wenn ein Bekannter vorbeigeht, vom Fenster weg, nicht sowohl um ihm die Mühe einer Verbeugung, als vielmehr mir die Verlegenheit zu ersparen, zu sehen, daß er mir keine macht.

Daß wir uns im Traume selbst sehen, kommt vom Spiegelsehen her, bei welchem wir nicht denken, daß es im Spiegel ist. Es ist aber im Traum die Vorstellung lebhafter und das Bewußtsein und Denken geringer.

Es sind gewiß wenig Pflichten in der Welt so wichtig als die, die Fortdauer des Menschengeschlechts zu befördern und sich selbst zu erhalten, denn zu keiner werden wir durch so reizende Mittel gezogen als zu diesen beiden.

Physiognomik muß sich auf unleugbare Grundsätze bringen lassen; soviel ich weiß, ist noch nicht ein einziger untrüglicher gefunden. Die wenigen Sätze, die man dafür ausgeben will, wird man kaum mehr unter dem Gebüsch von Ausnahmen erkennen, sobald die Beobachtungen zunehmen und man nicht bloß Narren und Gelehrte silhouettiert.

Es unterscheidet sich wie Taktschlagen und Trommeln.

Wenn du die Geschichte eines großen Verbrechers liesest, so danke immer, ehe du ihn verdammst, dem gütigen Himmel, der sich mit deinem ehrlichen Gesicht nicht an den Anfang einer solchen Reihe von Umständen gestellt hat.

Du glaubst, ich laufe dem Sonderbaren nach, weil ich das Schöne nicht kenne, nein, weil du das Schöne nicht kennst, deswegen suche ich das Sonderbare.

Im Wort Gelehrter steckt nur der Begriff, daß man ihn vieles gelehrt, aber nicht, daß er auch etwas gelernt hat, daher sagen die Franzosen sehr sinnreich, wie alles, was von diesem Volk kommt, nicht les enseignés, sondern les savants, und die Engländer nicht the taught ones, sondern die learned.

Mir ist es eine sehr unangenehme Empfindung, wenn jemand Mitleiden mit mir hat, so wie man das Wort gemeiniglich nimmt. Deswegen brauchen auch die Menschen, wenn sie recht böse auf jemanden sind, die Redensart,: »Mit einem solchen muß man Mitleiden haben.« Diese Art Mitleidens ist ein Almosen, und Almosen setzt Dürftigkeit von der einen und Überfluß von der anderen Seite voraus, er sei auch noch so gering. . .

(Lion) Gibt sich wahrscheinlich zwei Jahre geringer an . . . Findet oft ein Vergnügen darin, Mittel auszudenken, wie er diesen oder jenen Menschen ums Leben bringen könnte, ohne daß es gemerkt würde, oder Feuer anzulegen, ohne daß man es merkte. Ohne jemals den festen Entschluß gefaßt zu haben, so etwas zu tun, oder auch ohne nur die mindeste Neigung zu haben, ist er sehr oft mit solchen Gedanken eingeschlafen. Konnte sich seit seinem sechzehnten Jahr nicht mehr überzeugen, daß Christus Gottes Sohn sei, dieses wurde ihm so geläufig und verwuchs so sehr mit ihm, daß an eine Überzeugung gar nicht mehr zu denken war. Er bedauerte nur, daß Christus nicht selbst geschrieben und uns nicht mehr Nachricht von Joseph von Arimathia hinterlassen hat. Es war ihm zu wohlbekannt, was fromme Schwärmer in einer solchen Sache tun können. Sein Glaube an die Kräftigkeit des Gebets; sein Aberglaube in vielen Stücken, Knien, Anrühren der Bibel und Küssen derselben; förmliche Anbetung seiner heiligen Mutter; Anbetung der Geister, die um ihn schwebten. Ich beschwöre die Wahrheit dieser Erzählung gar nicht. Eine Versicherung ist nichts, ich berufe mich auf die innern Zeichen der Übereinstimmung und die Merkmale der Aufrichtigkeit, die, solange die Welt steht, gelten werden, dem allein kennbar, der Wahrheit aufrichtig sucht und Beobachtungsgeist hat. Zutrauen, weil es zum Teil im Herzen des Zutrauenden mit wurzelt, kann trügen, wenn die Verfassung des letzteren nicht die reinste ist.

So wie die Knaben so lange kratzen und schaben, bis sie einen Bart herausschaben.

Schmierbuchmethode bestens zu empfehlen. Keine Wendung, keinen Ausdruck unaufgeschrieben zu lassen. Reichtum erwirbt man sich auch durch Ersparung der Pfennigwahrheiten.

(Lion) Verliebt sich in seinem zehnten Jahr in einen Knaben namens Schmidt (Stadtschule Primus), eines Schneiders Sohn, hört von ihm gern erzählen und bringt alle Knaben auf eine Unterredung mit ihm, hat ihn nie selbst gesprochen, war ihm aber ein großes Vergnügen, zu hören, daß der Knabe von ihm gesprochen habe. Kletterte nach der Schule auf eine Mauer, um ihn aus der Schule gehen zu sehen. Jetzt, da er sich seiner Physiognomie noch sehr deutlich erinnert, so war er nichts weniger als schön, eine Stumpfnase mit roten Backen. War aber Primus in der Schule. Es sollte mir leid sein, wenn ich durch dieses freie Bekenntnis das Mißtrauen gegen die Welt vermehren sollte, aber ich war ein Mensch, und das Glück der Welt, wenn sie es jemals erreicht, muß nicht durch Verhehlung gesucht werden, auf keine Weise; so wird nichts Festes entstehen können. Dauerndes Glück ist nur in Aufrichtigkeit zu finden; Liebe mit Weilands Tochter genau und rührend beschrieben, und dann Justine, sie war niemals stärker. Er hat nie stärker geliebt – und Sachsens Marie, und D. . .s Marie. Er hat wenig Menschen in der Welt gekannt, deren Schwachheiten er nicht nach einem Umgang von drei Wochen (Stunden des Umgangs bloß gerechnet), welches wohl ein Vierteljahr im Kalender betragen konnte, ausgefunden hätte, und er ist überzeugt worden, daß alle Verstellung nichts hilft gegen einen Umgang von drei Wochen, denn jede Befestigungskunst hat eine eigene Belagerungskunst, für den, der sehen kann. Das Gäßchen (hinten herum), wo mir Weilands Tochter einmal begegnete gegen halb eins des Nachmittags, vergesse ich nie, es kam mir wie eine Nacht vor, weil da alles am Tische saß, sehr subtil, aber herzenswahr. Hat nie aus Gewinnsucht unrecht gehandelt, so wahr Gott lebt.

Eine Regel beim Lesen ist, die Absicht des Verfassers und den Hauptgedanken sich auf wenig Worte zu bringen und sich unter dieser Gestalt eigen zu machen. Wer so liest, ist beschäftigt und gewinnt; es gibt eine Art von Lektüre, wobei der Geist gar nichts gewinnt und vielmehr verliert, es ist das Lesen ohne Vergleichung mit seinem eigenen Vorrat und ohne Vereinigung mit seinem Meinungssystem.

»Die buntesten Vögel singen am schlechtesten«, gilt auch von Menschen, und wo Prachtstil ist, wie bei Zimmermann, da muß man nie tiefe Gedanken suchen.

Die Gesichter der gemeinen Leute auf einer Straße anzusehen, ist jederzeit eines meiner größten Vergnügen gewesen. Keine Zauberlaterne kommt diesem Schauspiel bei.

Die Freiheit der Engländer unterscheidet sich von der unsrigen im Hannöverischen dadurch, daß sie dort durch Gesetze gesichert ist und hier von der Gutherzigkeit des Königs abhängt. Sie kann also nicht anders untergraben werden als durch Bestechung der Mitglieder des Parlaments, welches jetzt der Fall zu sein scheint; der Krieg gegen die Kolonien wird gegen die Stimme des Volkes geführt. Wie gut wäre es, wenn man die Stimmen, anstatt sie zu zählen, wägen könnte.

Es gibt kein sicheres Kriterium von einem großen Schriftsteller, als wenn sich aus seinen Anmerkungen en passant Bücher machen lassen. Tacitus und Sterne sind jeder in seiner Art Muster hiervon.

Was den Unterschied zwischen dem englischen und deutschen Gelehrten hauptsächlich ausmacht, ist nicht sowohl ihre frühe Beschäftigung mit den Alten, sondern daß sie früh angehalten werden, das, was sie lernen, gründlich zu wissen. Sie sind nicht so leicht befriedigt und dringen mehr auf klare Ideen. Durch das entsetzliche Durcheinanderlesen wird unsere Jugend verdorben, und gewiß durch nichts in der Welt mehr als durch unsere Dichter, die so sehr von Empfindung überfließen.

Vielleicht wird bald eine Zeit kommen, da wir sehen werden, daß wir in manchen Stücken über den Alten sind, in denen wir uns jetzt unter denselben glauben. In der Bildhauerkunst und Malerei ist dieses nur allzu klar. Winckelmann war ein Enthusiast, ein Mann, der für die Alten eingenommen war, der sich selig pries, als er sich auf klassischem Grund und Boden befand, der seinen Geschmack nach den Mustern bildete, die er richten sollte. . .

Sich recht anschauend vorstellen zu lernen, daß niemand vollkommen glücklich ist, ist vielleicht der nächste Weg, vollkommen glücklich zu werden. Es ist freilich niemand ganz glücklich, allein es sind sehr große Stufen in unserm Leiden, und das ist das Übel.

## 1779–1789

Die Augen eines Frauenzimmers sind bei mir ein so wesentliches Stück, ich sehe oft darnach, denke mir so vielerlei dabei, daß, wenn ich nur ein bloßer Kopf wäre, die Mädchen meinetwegen nichts als Auge sein könnten.

Meine Hypochondrie ist eigentlich eine Fertigkeit, aus jedem Vorfalle des Lebens, er mag Namen haben wie er will, die größtmögliche Quantität Gift zu eigenem Gebrauch auszusaugen.

Ich habe oft des Nachts über einen Einfall lachen müssen, der mir am Tage schlecht oder gar frevelhaft vorkam.

In Gesellschaft spielte ich zuzeiten den Atheisten bloß exercitii gratia.

Ein großer Fehler bei meinem Studieren in der Jugend war, daß ich den Plan zum Gebäude zu groß anlegte. Die Folge war, daß ich die obere Etage nicht ausbauen konnte, ja ich konnte nicht einmal das Dach zubringen. Am Ende sah ich mich genötigt, mich mit ein paar Dachstübchen zu begnügen, die ich so ziemlich ausbaute, aber verhindern konnte ich doch nicht, daß es mir bei schlimmem Wetter nicht hineinregnete. So geht es gar manchen!

Ich hatte in meinen Universitätsjahren viel zuviel Freiheit und leider etwas überspannte Begriffe von meinen Fähigkeiten und schob daher immer auf, und das war mein Verderben. In den Jahren 1763 bis 1765 hätte ich müssen angehalten werden, täglich wenigstens sechs Stunden die schwersten und ernsthaftesten Dinge zu treiben (höhere Geometrie, Mechanik und Integralrechnung), so hätte ich es weit bringen können. Auf einen Schriftsteller habe ich nie studiert, sondern bloß gelesen, was mir gefiel, und behalten, was sich meinem Gedächtnis gleichsam ohne mein Zutun, wenigstens ohne eine bestimmte Absicht, eingedrückt hat. Weil ich aber dennoch eine gewisse Selbstbeobachtung über mich ausgeübt habe, so kann ich vielleicht in der kurzen Zeit, die ich noch zu leben habe, dadurch nützlich werden, daß ich lebhaft und mit Kraft andern sage, was sie nicht tun müssen.

Ich habe oft mit Bemerkungen gegeizt, ich meine, immer aufs Künftige damit gespart, ohne sie jemals gern auszugeben. Es könnte sein, daß manche auf diese Weise gar nicht ans Licht kämen.

L. war im Herzen gut, nur hat er sich nicht immer die Mühe genommen, es zu scheinen. Mein größter Fehler, der Grund von allem meinen Verdruß.

Die Erinnerung an meine Mutter und ihre Tugend ist bei mir gleichsam zum Kordial geworden, das ich immer mit dem besten Erfolg nehme, wenn ich irgend zum Bösen wankend werde.

Wenn ich einen Nagel einschlage, nur um etwas anzuheften, so denke ich immer, was wird geschehen, ehe ich ihn wieder herausziehe? Es ist gewiß hierin etwas. Ich heftete den Pappdeckel im November an mein Bett an, und ehe ich den Nagel noch herauszog, war mein vortrefflicher Freund Schernhagen in Hannover und eines meiner Kinder gestorben und die italienische Reise zu Wasser geworden.

Ist das nicht ein herrlicher Zug in Rousseaus ›Bekenntnissen‹, wo er sagt, er habe mit Steinen nach Bäumen geworfen, um zu sehen, ob er selig oder verdammt würde? Großer Gott, wie oft habe ich ähnliches getan, ich habe immer gegen den Aberglauben gepredigt und bin für mich immer der ärgste Zeichendeuter. Als N... auf tot lag, ließ ich es auf den Krähenflug ankommen, wegen des Ausgangs mich zu trösten. Ich hatte, wenn ich am Fenster stand, einen hohen Turm mir gegenüber, auf dem viele Krähen waren. Ob rechts oder links vom Turm die erste Krähe erschien. Sie erschien von der Linken, allein da tröstete ich mich wieder damit, daß ich nicht festgesetzt hatte, welches eigentlich die linke Seite des Turms genannt zu werden verdiente. Es ist vortrefflich, daß Rousseau sich mit Fleiß einen dicken Baum aussuchte, den er also nicht leicht fehlen konnte.

Was bei anderen Ehen im Ernst geschieht, das ahmen wir (ich und meine Frau) aus Scherz nach. Wir zanken uns förmlich im Scherz, wo dann jeder so viel Witz zeigt, als er auftreiben kann. Dieses tun wir, um der Ehe ihr Recht zu lassen. Wir feuern blind, um, wenn einer von uns sich je wieder verheiraten sollte nicht aus der Übung zu kommen.

In allen Dingen der Welt gibt es ein Coup d'Œil, das heißt, jeder vernünftige Mensch, der etwas hört oder sieht, urteilt instinktmäßig darüber. Er schließt z. B. aus dem Titel des Buches und dessen Dicke auf den inneren Wert. Wohlverstanden, ich sage nicht, daß diese Dinge sein eigentliches Urteil lenken, sondern nur, daß er mit dem ersten Anblicke einer Sache auch ein dieser geringen Information proportioniertes Urteil von ihr verbindet, oft ohne daß er sich dessen deutlich bewußt wird. Auch hebt die Erfahrung der nächsten Sekunde das Urteil oft wieder auf...

Das Möserische ›Mehl und nicht die Mühle‹ ist vortrefflich; Früchte der Philosophie und nicht die Philosophie. Wenn wir fragen, wieviel Uhr es ist, so wollen wir nichts von der Einrichtung der Taschenuhr wissen. Die Kenntnis der Mittel ist heutzutage eine rühmliche Wissenschaft geworden, und niemand gebraucht sie zu seinem Glück und dem Glücke der Welt. Kenntnis der Mittel ohne eine eigentliche Anwendung, ja ohne Gabe und Willen, sie anzuwenden, ist, was man jetzt gemeiniglich Gelehrsamkeit nennt.

Es ist ein großer Unterschied zwischen etwas glauben und das Gegenteil nicht glauben können. Ich kann sehr oft etwas glauben, ohne es beweisen zu können, so wie ich etwas nicht glaube, ohne es widerlegen zu können. Die Seite, die ich nehme, wird nicht durch strikten Beweis, sondern durch das Übergewicht bestimmt.

Was, wie ich glaube, die meisten Deisten schafft, zumal unter Leuten von Geist und Nachdenken, sind die unveränderlichen Gesetze in der Natur. Je mehr man sich mit denselben bekannt macht, desto wahrscheinlicher wird es, daß es nie anders in der Welt hergegangen, als es jetzt darin hergeht, und daß nie Wunder in der Welt geschehen sind, sowenig als jetzt. Daß ganze Zeitalter hintergangen werden und noch leichter einzelne Menschen, daß man aus tausendfachem Interesse etwas glaubt, daß es sogar ein Vergnügen sein kann, etwas zu glauben, was man nicht untersucht hat, das ist gar kein Wunder, das sehen wir täglich; daß aber die Sonne beim Vollmond verfinstert, Wasser in Wein verwandelt wird und dergleichen, ist unbegreiflich.

Man irrt sich, wenn man glaubt, daß alles unser Neues bloß der Mode zugehörte, es ist etwas Festes darunter. Fortgang der Menschheit muß nicht verkannt werden.

Ich glaube, es ist ein großer Unterschied zwischen Vernunft lehren und vernünftig sein. Es kann Leute geben, die nichts weniger als eigentlich gesunden Verstand besitzen und doch vortrefflich über die Regeln nachdenken, die er befolgen muß; so wie ein Physiologe den Bau des Körpers kennen und selbst sehr ungesund sein kann. Die großen Analysten des menschlichen Kopfs waren nicht immer die Praktisch-Vernünftigen. Ich rede hier nicht von Moral, sondern von Logik.

Zu den feinsten Ramifikationen unserer Wissenschaften und Künste liegt irgendwo der Stamm in unserer Wildheit oder Barbarei (dem Mittelstand zwischen Wildheit und Verfeinerung); diesen aufzusuchen, wieviel Philosophie erforderte es nicht, aber wieviel Nutzen hätte es auch!

So wie es schon schmerzt, manche Entdeckung nicht gemacht zu haben, sobald man sie gemacht sieht, obgleich noch ein Sprung nötig war, so schmerzt es unendlich mehr, tausend kleine Gefühle und Gedanken, die wahren Stützen menschlicher Philosophie, nicht mit Worten ausgedrückt zu haben, die, wenn man sie von andern ausgedrückt sieht, Erstaunen erwekken. Ein gelernter Kopf schreibt nur zu oft, was alle schreiben können, und läßt das zurück, was er schreiben könnte und wodurch er verewigt werden würde. Solche Bemerkungen, wie Hartknopf beim Ziehbrunnen macht, habe ich in meinem Leben sehr viele gemacht.

Für den Geist des Menschen ist nicht minder gesorgt als für den Leib der Tiere; was hier Trieb und Kunsttrieb heißt, ist dort gesunder Menschenverstand. Beide sind einer Erstickung fähig, nur mit dem Unterschiede, daß das Tier diese nur von außen, der Mensch auch von innen erhalten kann. Daas Tier ist für sich immer Subjekt, der Mensch ist sich auch Objekt.

Wenn die Welt noch eine unzählbare Zahl von Jahren steht, so wird die Universalreligion geläuterter Spinozismus sein. Sich selbst überlassene Vernunft führt auf nichts anderes hinaus, und es ist unmöglich, daß sie auf etwas anderes hinausführe.

Ich und mich. Ich fühle mich – sind zwei Gegenstände. Unsere falsche Philosophie ist der ganzen Sprache einverleibt; wir können sozusagen nicht räsonieren, ohne falsch zu räsonieren. Man bedenke nicht, daß Sprechen, ohne Rücksicht von was, eine Philosophie ist. Jeder, der deutsch spricht, ist ein Volksphilosoph, und unsere Universitätsphilosophie besteht in Einschränkungen von jener. Unsere ganze Philosophie ist Berichtigung des Sprachgebrauchs, also die Berichtigung einer Philosophie, und zwar der allgemeinsten.

Allein die gemeine Philosophie hat den Vorteil, daß sie im Besitz der Deklinationen und Konjugationen ist. Es wird also immer von uns wahre Philosophie mit der Sprache der falschen gelehrt. Wörter erklären hilft nichts; denn mit Wörtererklärungen ändere ich ja die Pronomina und ihre Deklination noch nicht.

Die vernünftigen Freigeister sind leichte fliegende Korps, immer voraus und die die Gegenden rekognoszieren, wohin das gravitätische geschlossene Korps der Orthodoxen am Ende doch auch kommt.

So wie das höchste Recht das höchste Unrecht ist, so ist auch umgekehrt nicht selten das höchste Unrecht das höchste Recht.

Wo damals die Grenzen der Wissenschaft waren, da ist jetzt die Mitte.

Die gefährlichsten Unwahrheiten sind Wahrheiten, mäßig entstellt.

Vieles Lesen macht stolz und pedantisch; viel sehen macht weise, verträglich und nützlich. Der Leser baut eine einzige Idee zu sehr aus; der andere (der Weltseher) nimmt von allen Ständen etwas an, modelliert sich nach allen, sieht, wie wenig man sich in der Welt um den abstrakten Gelehrten bekümmert, und wird ein Weltbürger.

Die sichere Überzeugung, daß man könnte, wenn man wollte, ist Ursache an manches guten Kopfes Untätigkeit, und das nicht ohne Grund.

Wer in sich selbst verliebt ist, hat wenigstens bei seiner Liebe den Vorteil, daß er nicht viel Nebenbuhler erhalten wird.

Ein eingebildetes Unvermögen kann bei furchtsamen Personen lange die Rolle eines wirklichen spielen, in Werken des Kopfs sowohl wie des Leibes.

Alle Tugend aus Vorsatz taugt nicht viel. Gefühl oder Gewohnheit ist das Ding.

Man sollte niemanden in seiner Profession lächerlich machen, er kann dadurch unglücklich werden.

Es gibt eine gewisse Jungfernschaft der Seele bei den Mädchen und eine moralische Entjungferung; diese findet bei vielen schon sehr frühzeitig statt.

Das Wort Gottesdienst sollte verlegt und nicht mehr vom Kirchengehen, sondern bloß von guten Handlungen gebraucht werden.

In jedes Menschen Charakter sitzt etwas, das sich nicht brechen läßt: das Knochengebäude des Charakters; und dieses ändern wollen heißt immer ein Schaf das Apportieren lehren.

Wo Mäßigung ein Fehler ist, da ist Gleichgültigkeit ein Verbrechen.

Ich kenne die Miene der affektierten Aufmerksamkeit, es ist der niedrigste Grad von Zerstreuung.

Den Menschen so zu machen, wie ihn die Religion haben will, gleicht dem Unternehmen der Stoiker; es ist nur eine andere Stufe des Unmöglichen.

Man irrt sich gar sehr, wenn man aus dem, was ein Mann in Gesellschaft sagt oder auch tut, auf seinen Charakter oder Meinungen schließen will. Man spricht und handelt ja nicht immer vor Weltweisen; das Vergnügen eines Abends kann an einer Sophisterei hängen. Beurteilt ja auch kein Vernünftiger Ciceros Philosophie aus seinen Reden.

Die recht guten, offenherzigen Leute muß man nie unter den Phrasesdrechslern suchen, wie Sterne.

Wenn die Menschen sagen, sie wollen nichts geschenkt haben, so ist es gemeiniglich ein Zeichen, daß sie etwas geschenkt haben wollen.

Der Mensch liebt die Gesellschaft, und sollte es auch nur die von einem brennenden Rauchkerzchen sein.

Man muß keinem Menschen trauen, der bei seinen Versicherungen die Hand auf das Herz legt.

Die Dienstmädchen küssen die Kinder und schütteln sie mit Heftigkeit, wenn sie von einer Mannsperson beobachtet werden; hingegen präsentieren sie sie in der Stille, wenn Frauenzimmer auf sie sehen.

Ich habe das schon bemerkt, die Leute von Profession wissen oft das Beste nicht.

Wie glücklich würde mancher leben, wenn er sich um anderer Leute Sachen so wenig bekümmerte als um seine eigenen.

Der Mensch ist der größten Werke alsdann fähig, wenn seine Geisteskräfte schon wieder abnehmen, so wie es im Julius und um zwei Uhr des Nachmittags, da die Sonne schon wieder zurückweicht und sinkt, heißer ist als im Junius und um zwölf Uhr.

Es ist wahr, alle Menschen schieben auf und bereuen den Aufschub. Ich glaube aber, auch der Tätigste findet so viel zu bereuen als der Faulste; denn wer mehr tut, sieht auch mehr und deutlicher, was hätte getan werden können.

Es gibt Leute, die können alles glauben, was sie wollen; das sind glückliche Geschöpfe!

Es ist ja doch nun einmal nicht anders: Die meisten Menschen leben mehr nach der Mode als nach der Vernunft.

Die edle Einfalt in den Werken der Natur hat nur gar zu oft ihren Grund in der edlen Kurzsichtigkeit dessen, der sie beobachtet.

Irren ist auch insofern menschlich, als die Tiere wenig oder gar nicht irren, wenigstens nur die klügsten unter ihnen.

Die gesundesten und schönsten, regelmäßig gebauten Leute sind die, die sich alles gefallen lassen. Sobald einer ein Gebrechen hat, so hat er seine eigene Meinung.

Die Geistlichen machen einen Lärm, wenn sie einen Mann sehen, der frei denkt, wie Hennen, die unter ihren Jungen ein Entchen haben, welches in das Wasser geht. Sie bedenken nicht, daß Leute in diesem Elemente ebenso sicher leben als sie im Trocknen.

Es ist zum Erstaunen, wie weit ein gesunder Menschenverstand reicht. Es ist auch hier wie im gemeinen Leben, der gemeine Mann geht hin, wohin der Vornehme mit Sechsen fährt.

Ein großes Genie wird selten seine Entdeckungen auf der Bahn anderer machen. Wenn es Sachen entdeckt, so entdeckt es auch gewöhnlich die Mittel dazu.

Ein Mädchen, das sich ihrem Freund nach Leib und Seele entdeckt, entdeckt die Heimlichkeiten des ganzen weiblichen Geschlechts; ein jedes Mädchen ist die Verwalterin der weiblichen Mysterien. Es gibt Stellen, wo Bauernmädchen aussehen wie die Königinnen, das gilt von Leib und Seele.

Er hat bloß Feinheit genug, sich verhaßt zu machen, aber nicht genug, sich zu empfehlen.

Es gibt wirklich sehr viele Menschen, die bloß lesen, damit sie nicht denken dürfen.

Es ist eine alte Regel: Ein Unverschämter kann bescheiden aussehen, wenn er will, aber kein Bescheidener unverschämt.

Von allem, was ich über Physiognomik geschrieben habe, wünschte ich bloß, daß zwei Bemerkungen auf die Nachwelt kämen. Es sind ganz einfältige Gedanken, und niemand wird mich darum beneiden. Der eine, daß ich die Ähnlichkeit zwischen Physiognomik und Prophetik erkannt habe; der andere, daß ich überzeugt gewesen bin, die Physiognomik werde in ihrem eigenen Fette ersticken.

Wenn die Pockeninokulation allgemeiner wird, so werden wir um eine ganze Klasse von Gesichtern kommen. Überhaupt, wenn Krankheiten ausstürben, so würden viele Gesichtsgeschlechter untergehen.

Es gibt wenig Menschen, die ein gescheutes Gesicht machen können, wenn sie nach der Sonne sehen.

Es gibt Gesichter der Welt, wider die man schlechterdings nicht du sagen kann.

Über die Erziehung soll man nicht räsonieren, sondern erst Erfahrungen sammeln, welche Nation die größten, aktivsten Leute hervorgebracht hat, nicht die größten Kompilatoren und Bücherschreiber, sondern die standhaftesten, die großmütigsten, in Künsten geschicktesten usw. – Das möchte doch wohl die englische sein.

Der Zweck aller Erziehung ist, tugendhafte, verständige und gesunde Kinder zu erziehen. Inwieweit stimmt dieses mit unserer Methode überein? Unser Einbleuen der Geographie scheint keines von allen Dingen sonderlich zu befördern. Es kann einer in seinem zwanzigsten Jahre noch glauben, daß das Königreich

Preußen eine Insel sei, und deswegen doch ein in allem Betracht trefflicher Mensch sein. Ich habe einen solchen gekannt. Man soll zwar immer bei der Erziehung auf die konventionellen Schönheiten des Geistes Rücksicht nehmen, aber es sind doch die letzten.

Es ist in der Tat verkehrt, wenn man unsern Kindern alles mit Liebe beibringen will, da in dem höheren Leben, wenn wir älter werden, uns das wenigste zu Gefallen geht, und wir uns immer unter einen Plan demütigen müssen, den wir nicht übersehen. Also je eher, je lieber zu jenem künftigen Leben gewöhnt!

Ich wünschte ein Kind zu haben, das ich mir ganz eigen machen könnte; ich wollte es zu allem anhalten, wovon ich jetzt zu spät einsehe, daß ich es versäumt habe. Die Eltern halten ihre Kinder nicht genug zu dem an, was sie nun erkennen müssen, versäumt zu haben. Überhaupt glaube ich, daß es sehr wenige Lehrer gibt, die so unterrichten, daß sie das vermeiden zu lehren, was sie selbst, wenn sie bei jetzigem Verstande jung wären, vermeiden würden zu lernen.

Es war ein vortrefflicher Junge; als er kaum sechs Jahre alt war, konnte er schon das Vaterunser rückwärts herbeten.

Wenn Heiraten Frieden stiften können, so sollte man den Großen die Vielweiberei erlauben.

Die an den Untertanen meistern wollen, wollen die Fixsterne um die Erde drehen, bloß damit die Erde ruhe.

Daß man so viel wider die Religion und die Bibel schreibt, geschieht mehr aus Haß gegen eine gewisse Klasse von Menschen. Wenn Philologen anfangen sollten zu herrschen, so könnte leicht den alten Klassikern Homer, Virgil, Horaz und andern eine ähnliche Ehre mit größerem Vorteil widerfahren. Wir dürften nur einmal einen philologischen Papst bekommen.

Die traurigste Art Schriften ist die, die weder Räsonnement genug enthalten, um zu überzeugen, noch Witz genug, um zu ergötzen; dahin gehören einige Schriften des Herrn Leibmedikus Zimmermann in Hannover.

Mir ist es immer vorgekommen, als wenn man den Wert der Neuern gegen die Alten auf einer sehr falschen Waage wäge und den letzteren Vorzüge einräumte, die sie nicht verdienen. Die Alten schrieben zu einer Zeit, da die große Kunst, schlecht zu schreiben, noch nicht erfunden war, und bloß schreiben hieß gut schreiben. Sie schrieben wahr, wie die Kinder wahr reden. Heutzutag finden wir uns, wenn wir im sechzehnten Jahre zu uns selbst kommen, schon, möcht' ich sagen, von einem bösen Geist besessen; und diesen erst durch eigene Beobachtung und Streit gegen Ansehen und Vorurteil und gegen die Macht einer vierzehnjährigen Erziehung auszutreiben und dann noch wieder die eigene Haushaltung der Natur anzufangen, erfordert sicherlich mehr Kraft, als in den ersten Zeiten der Welt natürlich zu schreiben, jetzt, da natürlich schreiben, möcht' ich sagen, fast unnatürlich ist. Homer hat gewiß nicht gewußt, daß er gut schrieb, sowenig wie Shakespeare. Unsere heutigen guten Schriftsteller müssen alle die fatale Kunst lernen, zu wissen, daß sie gut schreiben.

Es wäre gewiß sehr nützlich, der Welt die Schriftsteller anzuzeigen, die mit Kenntnis anderer, die vor ihnen gewesen sind, aus sich selbst allein geschöpft haben. Durch diese allein lernt man, und es sind ihrer gewiß sehr wenige, die also jedermann leicht lesen könnte. Die andern prägen nach und sind im eigentlichen Verstande Falschmünzer.

Der Gemeinspruch, daß das Leben eines Gelehrten in seinen Schriften bestehe, verdient sehr eingeschränkt zu werden.

Es ist leider in Deutschland der allgemeine Glaube, doch nur gottlob! unter den eigentlich Unmündigen, daß jemand von demjenigen viel verstehen müsse, worüber er viel geschrieben hat. Gerade das Gegenteil! Die Leute, die keine Denker sind und bloß schreiben, um zu schreiben und im Meß-Catalogus zu stehen, verstehen oft 14 Tage nachher weniger von dem, was sie geschrieben haben, als der erbärmlichste ihrer Leser. Gott bewahre alle Menschen vor dieser Art von Schriftstellerei! Es ist aber leider die gemeinste.

Ich glaube, daß einige der größten Geister, die je gelebt haben, nicht halb soviel gelesen hatten und bei weitem nicht soviel wußten als manche unserer mittelmäßigen Gelehrten. Und mancher unserer sehr mittelmäßigen Gelehrten hätte ein größerer Mann werden können, wenn er nicht soviel gelesen hätte.

Die simple Schreibart ist schon deshalb zu empfehlen, weil kein rechtschaffener Mann an seinen Ausdrücken künstelt und klügelt.

Ein Volk kann in seinen Schriften vernünftiger scheinen, als es ist, denn es kann noch lange die Sprache seiner Väter schreiben, wenn ihm schon ihr Geist zu mangeln anfängt. Die Metaphern in unserer Sprache entstanden alle durch Witz, und jetzt gebraucht sie der Unwitzigste. Die Morgenländer denken bei ihren vielen Bildern nicht mehr als wir. So fassen auch oft Leute das Äußere der Sitten rechtschaffener Leute, ohne daß sie es wissen. Die bilderreichste Sprache muß mit der Zeit das Bildliche verlieren und bloß zu Zeichen erkalten, die den willkürlichen nahekommen. So kann Sprachkenntnis sehr nützlich werden.

Ich habe in meinen Universitätsjahren und nachher enthusiastische Bewunderer von Haller und welche von Klopstock gekannt. Die von Haller, ich rede hier bloß von dem Dichter, waren gemeiniglich Leute von Geist und Nachdenken, die ihre Brotwissenschaft nie vernachlässigten. Hingegen mit Klopstocks enthusiastischen Bewunderern verhielt es sich gerade umgekehrt. Die meisten waren unausstehliche Pinsel, denen vor den Wissenschaften, die sie eigentlich erlernen sollten, ekelte. Musenalmanache waren eine Hauptlektüre für sie. Waren es Juristen, so lernten sie nichts, waren es Theologen, so wurden es frühzeitige Prediger, und die kamen noch am besten fort. Mediziner, die enthusiastisch für Klopstock eingenommen gewesen wären, habe ich nicht gekannt. Mir ist nicht bewußt, daß ein deklarierter Bewunderer von Haller und der seine Gedichte mit vorzüglichem Vergnügen gelesen, hernach etwas frappant Einfältiges geschrieben hätte, hingegen ist es eine ganz bekannte Sache, daß unter Klopstocks eifrigsten Bewunderern einige der größten Flachköpfe der Nation sind. Das Faktum ist wahr. Erklären kann ich es selbst nicht.

Ich mag immer den Mann mehr lieben, der so schreibt, wie es Mode werden kann, als den, der so schreibt, wie es Mode ist.

Ist es nicht sonderbar, daß eine wörtliche Übersetzung fast immer eine schlechte ist? Und doch läßt sich alles gut übersetzen. Man sieht hieraus, wieviel es sagen will, eine Sprache ganz verstehen; es heißt das Volk ganz kennen, das sie spricht.

Es gibt eine wahre und eine förmliche Orthographie.

Der eine hat eine falsche Rechtschreibung und der andere eine rechte Falschschreibung.

Es ist ein großer Rednerkunstgriff, die Leute zuweilen bloß zu überreden, wo man sie überzeugen könnte; sie halten sich alsdann oft dafür überzeugt, wo man sie bloß überreden kann.

Die Künste üben die Empfindung und Phantasie und verfeinern sie. Diese Fähigkeiten aber und ihre Vervollkommnung sind zur Erreichung des Zwecks menschlicher Natur unentbehrlich, wir mögen nun diese in die Glückseligkeit oder in die Ausübung der Tugend setzen.

Die Nachtigallen singen und wissen wohl dabei nicht, was für Lärm die Verliebten und Dichter aus ihren Gesängen machen und daß es eine Gesellschaft höherer Wesen gibt, die sich ganz mit Philomelen und ihren Klagen unterhalten. Vielleicht hält ein höheres Geschlecht von Geistern unsere Dichter wie wir die Nachtigallen und Kanarienvögel; ihr Gesang gefällt ihnen eben deswegen, weil sie keinen Verstand darin finden.

Die Briefe eines klugen Mannes enthalten immer den Charakter der Leute, an die er schreibt. Dieses kann in einem Roman in Briefen sehr schön gezeigt werden.

Man hat so viele Anweisungen, den Wein recht zu bauen, und noch keine, ihn recht zu trinken. Er wächst nur gut unter dem Schutz eines sanften Himmels, und ähnliche Seelen müssen diejenigen haben, die ihn am besten trinken. Derjenige, der mehr als eine Bouteille trinkt, ohne entweder französisch oder von seinem Mädchen zu sprechen, ohne mich seiner Freundschaft zu versichern, ohne zu singen, ohne irgendein kleines Geheimnis zu verraten usw., und der, der beim vierten Glas nicht hitzig fragt, ob ich ihn nicht für einen braven Kerl halte, alle kleinen Scherze krittlig abwägt, kurz, der Unglückliche, der beim Wein immer Schläge haben will und der sehr oft auch bekommt, täten beide weiser, wenn sie Wasser tränken.

Ihr Geschichtschreiber, rückt den Helden nicht auf, daß ohne euch ihre glänzendsten Taten nach hundert Jahren vergessen sein würden, denn ohne diese glänzenden Taten hätte man nie etwas von euch erfahren.

Da steht er wie Niobe unter den Kindern seines Witzes und muß sehen, wie ihm Apoll eines nach dem andern über den Haufen schießt.

Das Buch, das in der Welt am ersten verboten zu werden verdiente, wäre ein Catalogus von verbotenen Büchern.

Von einem, der nur immer auf das Gegenwärtige denkt, könnte man sagen, er hat die Unsterblichkeit der Seele nicht erfunden.

In einem Lande, wo den Leuten, wenn sie verliebt sind, die Augen im Dunkeln leuchteten, brauchte man des Abends keine Laternen.

Weil er seine eigenen Pflichten immer vernachlässigte, so behielt er Zeit genug übrig, zu sehen, wer von seinen Mitbürgern seine Pflichten vernachlässigte, und es der Obrigkeit anzuzeigen.

Harlekin will sich selbst ermorden, und nachdem er gegen jede Todesart etwas einzuwenden findet, entschließt er sich endlich, sich totzukitzeln.

Andere lachen zu machen ist keine schwere Kunst, solang es einem gleich gilt, ob es über unsern Witz ist oder über uns selbst.

Man macht jetzt so junge Doktoren, daß Doktoren und Magister fast zur Würde der Taufnamen gediehen sind. Auch bekommen die, denen diese Würden erteilt werden, sie oft wie die Taufnamen, ohne zu wissen, wie.

Dieser Mann arbeitete an einem System der Naturgeschichte, worin er die Tiere nach der Form der Exkremente geordnet hatte. Er hatte drei Klassen gemacht: die zylindrischen, sphärischen und kuchenförmigen.

Es ist doch nichts als eine bloße Verwechslung vom Mein und Dein bei beiden, beim ehrlichen Manne sowohl als bei dem Spitzbuben. Der eine sieht jenes an, als wäre es dieses, und der andere hält dieses für jenes.

Man sollte Katarr schreiben, wenn er bloß im Halse, und Katarrh, wenn er auf der Brust sitzt.

Man sollte, wenn man die Titel ansieht, wie sie ihren Wert verlieren, fast glauben, es wäre mehr Ehre in die Welt gekommen; so wie der Wert des Geldes fällt, wenn des Goldes zu viel wird.

Die menschliche Haut ist ein Boden, worauf Haare wachsen; mich wundert's, daß man noch kein Mittel ausfindig gemacht hat, ihn mit Wolle zu besäen, um die Leute zu scheren.

Der Vater: Mein Töchterchen, du weißt, Salomon sagt: »Wenn dich die bösen Buben locken, so folge ihnen nicht.«
Die Tochter: Aber Papa, was muß ich dann tun, wenn mich die guten Buben locken?

Unter die größten Entdeckungen, auf die der menschliche Verstand in den neuesten Zeiten gefallen ist, gehört meiner Meinung nach wohl die Kunst, Bücher zu beurteilen, ohne sie gelesen zu haben.

›Das alte Weib‹ könnte eine vortreffliche politische Monatsschrift werden.

Die schönen Weiber werden heutzutage mit unter die Talente ihrer Männer gerechnet.

Während man über geheime Sünden öffentlich schreibt, habe ich mir vorgenommen, über öffentliche Sünden heimlich zu schreiben.

Die Braut war pockengrübig und der Brautigam finnig. Spötter sagten, wenn das Pärchen nur erst zusammengeschmiedet wäre, so gäben ihre Gesichter eine treffliches Waffeleisen.

Er verschluckte viel Weisheit, es war aber, als wenn ihm alles in die unrechte Kehle gekommen sei.

Es gibt Predigten, die man, ohne Tränen zu weinen, nicht anhören und, ohne welche zu lachen, nicht lesen kann.

Das Faustrecht ist heutzutage verschwunden bis auf die Freiheit, jedem eine Faust in der Tasche zu machen.

Gestern nachmittag 3¾ Uhr ist meine Taschenuhr ganz sanft verstorben. Sie hatte schon seit drei Monaten gekränkelt.

Er exzerpierte beständig, und alles, was er las, ging aus einem Buche neben dem Kopfe vorbei in ein anderes.

Unter all den Kuriositäten, die er in seinem Hause aufgehäuft hatte, war er selbst am Ende immer die größte.

Er las immer Agamemnon statt angenommen, so sehr hatte er den Homer gelesen.

Er hatte sich wenigstens seit sechs Wochen nur in Gedanken gewaschen.

Einer zeugt den Gedanken, der andere hebt ihn aus der Taufe, der dritte zeugt Kinder mit ihm, der vierte besucht ihn am Sterbebette, und der fünfte begräbt ihn.

Er konnte das Wort sukkulent so aussprechen, daß, wenn man es hörte, man glaubte, man bisse in einen reifen Pfirsich.

Das Buch bedarf noch des Kalfaterns, die Risse auszustopfen.

Die Suppe schmeckte so abscheulich, daß, um zu glauben, es sei auf eine Vergiftung abgesehen, man nur nötig gehabt hätte, ein großer General oder ein König zu sein.

In einem Aufsatze, worin ein neuer Brunnenkurort empfohlen wird, wird auch angezeigt, daß ein schöner, geräumiger Kirchhof da sei.

Wir fressen einander nicht, wir schlachten uns bloß.

Ein einschläfriger Kirchstuhl.

Wir von Gottes Ungnaden, Taglöhner, Leibeigene, Neger, Fronknechte usw.

Kirchtürme: umgekehrte Trichter, das Gebet in den Himmel zu leiten.

Königlicher Hofblitzableiter – ein Titel.

Ein Mannsfriseur, der auch allenfalls mit Frauenzimmern fertig werden kann.

Die Schulen – gelehrte Raspelhäuser. Er raspelte die Auctores classicos seine ganze Lebenszeit durch.

Er hielt sehr viel vom Lernen auf der Stube und war also gänzlich für die gelehrte Stallfütterung.

Der Esel kommt mir vor wie ein Pferd, ins Holländische übersetzt.

Die Gesundheit sieht es lieber, wenn der Körper tanzt, als wenn er schreibt.

An die Universitätsgaleere angeschmiedet.

Er stand so erbärmlich da wie ein ausgebranntes Räucherkerzchen.

Der deutsche Gelehrte hält die Bücher zu lange offen, und der Engländer macht sie zu früh zu. Beides hat indessen in der Welt seinen Nutzen.

Durch eine strikte Aufmerksamkeit auf seine eigenen Gedanken und Empfindungen und durch die stärkstindividualisierende Ausdrückung derselben, durch sorgfältig gewählte Worte, die man gleich niederschreibt, kann man in kurzer Zeit einen Vorrat von Bemerkungen erhalten, dessen Nutzen sehr mannigfaltig ist. Wir lernen uns selbst kennen, geben unserm Gedankensystem Festigkeit und Zusammenhang; unsere Reden in Gesellschaften erhalten eine gewisse Eigenheit wie die Gesichter, welches bei dem Kenner sehr empfiehlt und dessen Mangel eine böse Wirkung tut. Man bekommt einen Schatz, der bei künftigen Ausarbeitungen genützt werden kann, formt zugleich seinen Stil und stärkt den innern Sinn und die Aufmerksamkeit auf alles. Nicht alle Reichen sind es durch Glück geworden, sondern viele durch Sparsamkeit. So kann Aufmerksamkeit Ökonomie der Gedanken und Übung den Mangel am Genie ersetzen.

Laß dich deine Lektüre nicht beherrschen, sondern herrsche über sie.

Ängstlich zu sinnen und zu denken, was man hätte tun können, ist das Übelste, was man tun kann.

Von den jedermann bekannten Büchern muß man nur die allerbesten lesen und dann lauter solche, die fast niemand kennt, deren Verfasser aber sonst Männer vom Geist sind.

Jeden Augenblick des Lebens, er falle, aus welcher Hand des Schicksals er wolle, uns zu, den günstigen so wie den ungünstigsten, zum bestmöglichen zu machen, darin besteht die Kunst des Lebens und das eigentliche Vorrecht eines vernünftigen Wesens.

Nicht eher an die Ausarbeitung zu gehen, als bis man mit der ganzen Anlage zufrieden ist, das gibt Mut und erleichtert die Arbeit.

Keine Untersuchung muß für zu schwer gehalten werden und keine Sache für zu sehr ausgemacht.

Es ist reizend, ein ausländisches Frauenzimmer unsere Sprache sprechen und mit schönen Lippen Fehler machen zu hören. Bei Männern ist es nicht so.

Ich kann mir eine Zeit denken, welcher unsere religiösen Begriffe so sonderbar vorkommen werden als der unsrigen der Rittergeist.

Sie sprechen für ihre Religion nicht mit der Mäßigung und Verträglichkeit, die ihnen ihr großer Lehrer mit Tat und Worten predigte, sondern mit dem zweckwidrigen Eifer philosophischer Sektierer und mit einer Hitze, als wenn sie Unrecht täten. Es sind keine Christen, sondern Christianer.

Mit wenigen Worten viel sagen heißt nicht, erst einen Aufsatz machen und dann die Perioden abkürzen, sondern vielmehr, die Sache erst überdenken, und aus dem Überdachten das Beste so zu sagen, daß der vernünftige Leser wohl merkt, was man weggelassen hat. Eigentlich heißt es, mit den wenigsten Worten zu erkennen geben, daß man viel gedacht habe.

Die meisten Leute halten die Augen zu, wenn sie rasiert werden. Es wäre ein Glück, wenn man die Ohren und andern Sinne so verschließen könnte wie die Augen.

Wenn eine Geschichte eines Königs nicht verbrannt worden ist, so mag ich sie nicht lesen.

Ist es nicht sonderbar, daß die Beherrscher des menschlichen Geschlechts den Lehrern desselben so sehr an Rang überlegen sind? Hieraus sieht man, was für ein sklavisches Tier der Mensch ist.

Es war eine Zeit in Rom, da man die Fische besser erzog als die Kinder. Wir erziehen die Pferde besser. Es ist doch seltsam genug, daß der Mann, der am Hofe die Pferde zureitet, Tausende von Talern zur Besoldung hat und die, die demselben die Untertanen zureiten, die Schulmeister, hungern müssen.

Wenn jemand alle glücklichen Einfälle seines Lebens dicht zusammensammelte, so würde ein gutes Werk daraus werden. Jedermann ist wenigstens des Jahrs einmal ein Genie. Die eigentlich sogenannten Genies haben nur die guten Einfälle dichter. Man sieht also, wieviel darauf ankommt, alles aufzuschreiben.

## 1789–1793

Ich habe öfters gesehen, daß sich, wo die Schweine weiden, Krähen auf sie setzen und achtgeben, wenn sie einen Wurm aufwühlen, herabfliegen und ihn holen, alsdann sich wieder an ihre alte Stelle setzen. Ein herrliches Sinnbild von dem Kompilator, der aufwühlt, und dem schlauen Schriftsteller, der es ohne viele Mühe zu seinem Vorteil verwendet.

Die Haare stehen einem zu Berge, wenn man bedenkt, was für Zeit und Mühe auf die Erklärung der Bibel gewendet worden ist. Wahrscheinlich eine Million Oktavbände, jeder so stark als einer der ›Allgemeinen Deutschen Bibliothek‹. Und was wird am Ende der Preis dieser Bemühungen nach Jahrhunderten oder -tausenden sein? Gewiß kein anderer als der: die Bibel ist ein Buch, von Menschen geschrieben, wie alle Bücher. Von Menschen, die etwas anderes waren als wir, weil sie in etwas anderen Zeiten lebten; etwas simpler in manchen Stücken waren als wie wir, dafür aber auch sehr viel unwissender; daß sie also ein Buch sei, worin manches Wahre und manches Falsche, manches Gute und manches Schlechte enthalten ist. Je mehr eine Erklärung die Bibel zu einem ganz gewöhnlichen Buche macht, desto besser ist sie. Alles das würde auch schon längst geschehen sein, wenn nicht unsere Erziehung, unsere unbändige Leichtgläubigkeit und die gegenwärtige Lage der Sache entgegen wären.

Zu Aufweckung des in jedem Menschen schlafenden Systems ist das Schreiben vortrefflich, und jeder, der je geschrieben hat, wird gefunden haben, daß Schreiben immer etwas erweckt, was man vorher nicht deutlich erkannte, ob es gleich in uns lag.

Ich glaube, diejenigen Gelehrten, die alles schätzen zu können glauben, haben doch nicht recht den Wert eines jeden ihrer Mitbrüder schätzen gelernt. Es kommt wahrhaftig in dem Fortgang der Wissenschaften nicht darauf an, ob einer etwas in dem, was sonst groß genannt wird, getan hat. Wenn nur jeder täte, was er könnte, den Teil von Kenntnissen verarbeitete, dessen er mächtig ist und in welchem er schärfer sieht als tausend andere. Dieses ist die ganze Sache eigentlich.

Die Kantische Philosophie mag ein Reich aufrichten, was für eines sie will, so wird sie doch, wenn sie nicht zu alten, bekannten Lappereien herabsinken will, zugeben müssen, daß unseren Vorstellungen etwas in der Welt korrespondiert.

Warum warnt die eiternde Lunge so wenig und das Nagelgeschwür so heftig?

Wenn bei kleinen Personen alles Innere stark und gut ist, so sind sie gewöhnlich lebhafter als andere Menschen, weil bei gleicher Bluterzeugung weniger Masse zu versorgen ist. Zwerge und Riesen sind gemeiniglich gleich dumm, weil bei erstern die Kräfte fehlen und bei letzteren zu viel zu bestreiten ist. Vielleicht kommt es noch dahin, daß man die Menschen verstümmelt, so wie die Bäume, um desto bessere Früchte des Geistes zu tragen. Das Kastrieren zum Singen gehört schon hierher. Die Frage ist, ob sich nicht Maler und Poeten ebenso schneiden ließen.

Es müßte artig lassen, wenn man eine ganze Stadt auf eine Waage bauen könnte, das beständige Schwanken zu bemerken.

Es ist freilich nötig, daß, wenn die nützliche, arbeitende Volksklasse erhoben werden soll in Kenntnissen, die höhere sehr viel weiter sein muß, um sie nachzuschleppen. Allein dieses Sehrviel-Weiter ist relativ. Wenn unsere Gelehrten so fortarbeiten, so werden sie sich immer mehr von der gemeinen Menschenklasse entfernen, und der Eifer, jene nach sich zu ziehn, wird immer größer, aber auch die Verachtung größer werden, womit man jene Menschen ansieht. Der Katholike ist in dieser Rücksicht billiger als wir; er gibt das nach, was wir verlangen, daß der Niedrigere zugeben soll. Er segelt langsamer, um die schlechten Segler bei sich zu behalten, wir mit vollen Segeln und hoffen, was kaum zu erwarten ist, daß uns die Kleinen nachkommen sollen.

Auf Flügeln der Lunge.

Ob ich gleich weiß, daß sehr viele Rezensenten die Bücher nicht lesen, die sie so musterhaft rezensieren, so sehe ich doch nicht ein, was es schaden kann, wenn man das Buch liest, das man rezensieren soll.

Befehl, kein merkwürdiges Buch ohne den vollständigsten Index zu drucken, könnte sehr nützlich sein.

Der schwächste aller Menschen ist der Wollüstling, der nach dem Leibe sowohl als nach dem Geist, ich meine der Hurer und der Betbruder, der, der mit Mädchen und der mit der Religion hurt. Gott bewahre alle Menschen vor einem so hurenden Könige und Minister. Und Gott behüte einen solchen König und Minister vor vernünftigen Untertanen.

Bayern, sagt der König, ist ein Paradies, von Tieren (Bestien hätte er sagen sollen) bewohnt.

Ein Schullehrer und Professor kann keine Individuen erziehn, er erzieht bloß Gattungen. Ein Gedanke, der sehr viele Beherzigung und Auseinandersetzung verdient.

Verhunzdeutschen. Er hat es verhunzdeutscht.

Das Höchste, wozu sich ein schwacher Kopf von Erfahrung erheben kann, ist die Fertigkeit, die Schwächen besserer Menschen auszufinden.

Das Hurenlied Salomonis.

Die Katholiken verbrannten ehmals die Juden und bedachten nicht, daß des lieben Gottes Mutter von der Nation war, und bedenken noch jetzt nicht, daß sie eine Jüdin anbeten.

Man tut manches auf dem Todbette und sogar ins Todbett, das man vorher als vernünftiger Mensch nicht getan haben würde. Man fängt den alten Kinderglauben wieder an, so wie man das Scheißen ins Bett wieder anfängt, man weiß alsdann nicht mehr, was weggeht.

Das heißt die Hand auf den Mund legen und hernach ein wenig durch die Finger plaudern.

Die Personen, die am aufgelegtesten sind, sich mit praktischen Dingen zu beschäftigen, oder was man in der gelehrten Welt jetzt arbeiten nennt, sind die, die am wenigsten Unterhaltung in sich selbst finden. Bei ihnen ist immer der Stoß von außen nötig.

Ich glaube, sehr viele Menschen vergessen über ihrer Erziehung für den Himmel die für die Erde. Ich sollte denken, der Mensch handelte am weisesten, wenn er erstere ganz an ihren

Ort gestellt sein ließe. Denn wenn wir von einem weisen Wesen auf diese Stelle gestellt worden sind, woran kein Zweifel ist, so laßt uns das Beste in dieser Station tun und uns nicht durch Offenbarungen blenden, die alle betrügerisch sind. Was der Mensch zu seiner Glückseligkeit zu wissen nötig hat, das weiß er gewiß ohne alle Offenbarung, als die, die er seinem Wesen nach besitzt. Laßt ihn seinen Endzweck finden, wie sehr die Palliative von temporeller Ruhe Schaden gestiftet haben, hat man ja gesehen. Ja, wenn man mit lauter Menschen zu tun hätte (Gott behüte und bewahre), die alle Sonntage in die Kirche und zum Abendmahle gingen!! Das Blutvergießen, das das Palliativ bewirkt hat, ist ja bekannt. Die Einführung natürlicher Religion würde das nicht bewirkt haben, wenn man ihr gleich treu geblieben wäre. Ich sehe alle diese Menschensatzungen nur als Palliative an, Zeit zu gewinnen für die Aufsuchung des wahren Ganges. Man sollte das Wort Religion gar nicht haben. Wann und wie ist es entstanden? Eine eigentliche Glückseligkeitslehre daraus zu machen, alles muß dahin abzwecken. Nach dem, was ich mir von Religion gedenke, so ist es eine Sammlung von Vorschriften zur Glückseligkeit, die der untersuchende Teil des Menschengeschlechts (seine Repräsentanten) so lange dem ununtersuchenden einzuschärfen sucht, bis sie selbst etwas Besseres ausspioniert haben. Was hat nicht, während der Pöbel ruhte, der fortschreitende Geist der Untersucher für Gutes getan! Freilich möchte jetzt manche Unordnung entstehn, wenn wir im eigentlichen Verstand bessern wollten. Aber dieses ist nicht ihre Schuld, sondern das ist unsere, die wir ihnen so viel weisgemacht haben.

Ich vergesse das meiste, was ich gelesen habe, so wie das, was ich gegessen habe; ich weiß aber soviel, beides trägt nichtsdestoweniger zu Erhaltung meines Geistes und meines Leibes bei.

Auch die Wilden laufen mehr vor dem Knall der Flinte als vor der Kugel.

Er hatte sich in den lieben Gott verliebt.

Die weißen Federn der Damen sind weiße Fahnen, die sie aufstecken zum Zeichen der Kapitulation.

Bei unserer elenden Erziehung, wo wir in der zweiten Hälfte des Lebens wieder vergessen müssen, was wir in der ersten gelernt haben, erfordert so simpel schreiben Anstrengung, und daher glaubt man endlich, alles, was Anstrengung erfordert, sei simpel und gut.

Was man so sehr prächtig Sonnenstäubchen nennt, sind doch eigentlich Dreckstäubchen.

Seine Bücher waren alle sehr nett, sie hatten auch sonst wenig zu tun.

Es wäre ein denkendes Wesen möglich, dem das Zukünftige leichter zu sehen wäre als das Vergangene. Bei den Trieben der Insekten ist schon manches, was uns glauben machen muß, daß sie mehr durch das Künftige als das Vergangene geleitet werden. Hätten die Tiere ebensoviel Erinnerung des Vergangenen als Vorgefühl vom Künftigen, so wäre uns manches Insekt überlegen, so aber scheint die Stärke des Vorgefühls immer in umgekehrtem Verhältnis mit der Erinnerung an das Vergangene zu stehen.

Das Melancholische, Dichterische pp. in der Liebe ist eigentlich eine eigne Form von Anschauung des Genusses; der Mensch hat mehrere Formen als eine für seine innere Empfindung.

Der Mann machte sehr viel Wind. B.: O nein! Wenn es noch Wind gewesen wäre, es war aber mehr ein wehendes Vakuum.

Bei dem ist Hopfen und Malz verloren. B.: Das setzt voraus, daß es mit ihm auf Bier angelegt gewesen wäre. Das ist es aber nicht. Es war alles Wassersuppe.

Wir wohnen zu Göttingen in Scheiterhaufen, die mit Türen und Fenstern versehen sind.

Das Buch muß erst ausgedroschen werden.

Dieterich ist ein unversiegelter Brief.

Eine desultorische Lektüre ist jederzeit mein größtes Vergnügen gewesen.

Wenn sie auf dem Leihhause Menschen annähmen, so möchte ich wohl wissen, wieviel ich auf mich geborgt bekäme. So sind die Schuldtürme eigentlich Leihhäuser, in welchen man nicht sowohl auf Möbel als auf die Besitzer selbst Geld leiht.

Das Verbrechen der beleidigten Philosophie.

Man erleichtert sich, habe ich irgendwo gelesen, die Betrachtungen über die Staaten, wennn man sie sich als einzelne Menschen gedenkt. Sie sind also auch Kinder, und solange sie dieses sind, mögen sie monarchisch am besten sein. Wenn aber die Kinder groß werden, so lassen sie sich nicht mehr so behandeln, denn sie werden alsdann wirklich nicht selten klüger als der Vater.

Noch eine neue Religion einzuführen, die die Wirksamkeit der christlichen haben sollte, ist wohl unmöglich, deswegen bleibe man dabei und suche lieber darauf zu tragen, und gewiß sind auch die Ausdrücke Christi so beschaffen, daß man, solange die Welt steht, das Beste wird hineintragen können.

Ich möchte wohl wissen, was es geben würde, wenn ganz Europa einmal recht erzkatholisch wäre, keine Protestanten, die lächelten und kluge Köpfe erweckten, und sich kein Pfaffe mehr zu schämen hätte, wenn alles so fortgegangen wäre wie vor einigen Jahrhunderten, so würde der Papst göttlich verehrt und sein Dreck nach Karaten geschätzt und verkauft worden sein, ja man hätte wohl gar die Bibel angefangen: Am Anfang schuf der Papst Himmel und Erden.

Die Mythen der Physiker.

Aufklärung in allen Ständen besteht eigentlich in richtigen Begriffen von unsern wesentlichen Bedürfnissen.

Die Superklugheit ist eine der verächtlichsten Arten von Unklugheit.

Die gewöhnliche populäre Philosophie ist eigentlich bloß der Körper der Kantischen.

Kantische Philosophie sprechen zu lernen. Im Alter geht es nicht mehr gut an, wie mit den Sprachen zu sprechen, indessen schreiben kann man sie noch immer lernen.

Bei meiner Nervenkrankheit habe ich sehr häufig gefunden, daß das, was sonst bloß mein moralisches Gefühl beleidigte, nun in das physische überging. Als Dieterich einmal sagte: »Mich soll Gott töten«, so wurde mir so übel, daß ich ihm daher auf eine Zeitlang die Stube verbieten mußte.

Die gemeinen Leute unter den Katholiken beten lieber einen Heiligen an oder richten ihr Gebet an ihn als an den lieben Gott, so wie sich die Bauern immer lieber an die Bedienten halten. Gleich und gleich gesellt sich gern.

Wenn der Frost des Todes meine Wange bereift.

Es ist wenigstens von Herrn Kant nicht freundschaftlich gegen seine Leser gehandelt, daß er sein Werk so geschrieben hat, daß man es studieren muß wie ein Werk der Natur. Bei Werken der Natur wird der Fleiß und der Eifer bei der Untersuchung durch die Übersetzung unterhalten, daß das ganze der Unterhaltung wert ist und daß man etwas seines Fleißes Würdiges finden würde, wenn man etwas fände. Allein bei menschlichen Werken ist dieses nicht zu erwarten, denn da kann es sein, daß der Verfasser sich geirrt hat und daß alles auf Jacob Böhmismus hinausläuft. Herr Kant hatte freilich schon vielen Kredit in der Welt, dafür betraf aber auch sein Buch einen Gegenstand, der an sich nicht der interessanteste für die Welt ist, und doch mußte man Begriffe wie den von Vorstellung selbst aus wiederholter Lesung des Buches kennenlernen. Die Gegenstände von Herrn Kants Buch sind freilich sehr interessant, aber das konnte doch nicht jedermann gleich wissen.

Wie sind wohl die Menschen zu dem Begriff von Freiheit gelangt? Es ist ein großer Gedanke gewesen.

Unsere Theologen wollen mit Gewalt aus der Bibel ein Buch machen, worin kein Menschenverstand ist.

Daß zuweilen eine falsche Hypothese der richtigen vorzuziehen sei, sieht man aus der Lehre von der Freiheit des Menschen. Der Mensch ist gewiß nicht frei, allein es gehört sehr tiefes Studium der Philosophie dazu, sich diese Vorstellung nicht irreführen zu lassen; ein Studium, zu welchem unter tausend, die nicht die Zeit und Geduld haben, und unter hundert, die sie haben, kaum einer den Geist hat. Freiheit ist daher eigentlich die bequemste Form, sich die Sache zu denken, und wird auch allezeit die übliche bleiben, da sie so sehr den Schein für sich hat.

Beide Systeme führen so gewiß einen verständigen Geist auf eins hinaus, daß man, um zu sehen, ob man in dem Spinozismus richtig ist, sich des deistischen bedienen kann, so wie man sich des Augenmaßes oft zur Probe der genauesten Messungen bedient.

Es soll Menschen gegeben haben, die sogleich, wenn sie einen Gedanken niederschrieben, auch sogleich die beste Form getroffen haben sollen. Ich glaube wenig davon. Es bleibt allemal die Frage, ob der Ausdruck nicht besser geworden wäre, wenn sie den Gedanken mehr gewendet hätten, ob nicht kürzere Wendungen wären getroffen worden, ob nicht manches Wort weggeblieben wäre, das man anfangs für nötig hielt, welches aber eigentlich doch nur unnütze Erläuterung war, wenigstens für den verständigen Leser. – Gleich auf den ersten Wurf so zu schreiben wie z. E. Tacitus liegt nicht in der menschlichen Natur. Um einen Gedanken recht rein darzustellen, dazu gehört sehr vieles Abwaschen und Absüßen, so wie einen Körper rein darzustellen. Um sich hiervon zu überzeugen, vergleiche man nur die ersten Ausgaben der ›Reflexions‹ des La Rochefoucauld mit den späteren. . ., so wird man finden, was ich gesagt habe. . .

Aber so geht's, wenn man Leuten durchs Auge deutlich machen will, was eigentlich, um vollkommen gefaßt zu werden, gerochen werden muß.

Ich lobe mir die Leute, die Nerven haben wie Vierpfennigsstricke.

Sich der unvermuteten Vorfälle im Leben so zu seinem Vorteil zu bedienen wissen, daß die Leute glauben, man habe sie vorhergesehen und gewünscht, heißt oft Glück und macht den Mann in der Welt. Ja, diese Regel bloß zu wissen und immer im Geist zu haben, ist schon eine Stärkung. Nach La Rochefoucaulds Urteil soll der Kardinal de Retz diese Eigenschaft in einem hohen Grade besessen haben.

Wenn nur der Scheidepunkt erst überschritten wäre. Mein Gott, wie verlangt mich nach dem Augenblick, wenn die Zeit für mich aufhören wird, Zeit zu sein, in dem Schoß des mütterlichen Alles und Nichts, worin ich damals schlief, als der Hainberg angespült wurde, als Epikur, Cäsar, Lukrez lebten und schrieben und Spinoza den größten Gedanken dachte, der noch in eines Menschen Kopf gekommen ist.

Man gibt über lyrischen Gedichten oft die Versart an

/ – ◡ ◡ / – – – – / – ◡ ◡ ◡ / pp.

Wenn man die Gedanken darin mit eins und den Nonsens mit Null anzeigte, so würde es zuweilen so aussehen:

000/000/00

oder so.

Ich glaube von Grund meiner Seele und nach der reifsten Überlegung, daß die Lehre Christi, gesäubert von dem verfluchten Pfaffengeschmier und gehörig nach unserer Art sich auszudrücken verstanden, das vollkommenste System ist, Ruhe und Glückseligkeit in der Welt am schnellsten, kräftigsten, sichersten und allgemeinsten zu befördern, das ich mir wenigstens denken kann. Allein ich glaube auch, daß es noch ein System gibt, das ganz aus der reinen Vernunft erwächst und ebendahin führt, allein es ist nur für geübte Denker und gar nicht für die Menschen überhaupt, und fände es auch Eingang, so müßte man doch die Lehre Christi für die Ausübung wählen. . .

Wer weniger hat, als er begehret, muß wissen, daß er mehr hat, als er wert ist.

Hier, wo die Krankheiten so wohlfeil und die Arzneien so teuer sind.

Hinten hat er einen falschen Zopf eingebunden und vornen ein frommes Gesicht, das nicht viel echter war, auch zuweilen wie jener bei heftigen Bewegungen ausfiel.

Übe, übe deine Kräfte, was dich jetzt Mühe kostet, wird endlich maschinenmäßig werden.

Eine Menagerie von Spitzbuben und Huren.

Ich glaube nicht, daß es ganz unmöglich wäre, daß ein Mensch ewig leben könne, denn immer abnehmen schließt den Begriff von Aufhören nicht notwendig in sich.

Das Wort Organisation, das jetzt von den Franzosen so häufig gebraucht wird, könnte recht gut von Gelehrsamkeit gesagt werden. Man muß Hypothesen und Theorien haben, um seine Kenntnisse zu organisieren, sonst bleibt alles bloßer Schutt, und solche Gelehrten gibt es in Menge.

Eine ganze Milchstraße von Einfällen.

Das Mädchen sah mit parallelen Augenachsen und einem Blick voll Ruhe und innern Friedens aufwärts, als sähe sie den Himmel offen, und mit einem Glanz auf die Wangen des Engels, als fiele wirklich ein Strahl aus jenem Licht auf sie herab.

In England wurde bei einem politischen Frauenzimmerklub festgesetzt, daß bei wichtigen Vorfällen außer der Präsidentin nur noch zwei Personen zu gleicher Zeit reden sollten.

Dieses ist noch das leise Nachhallen eines schweren Donnerschlags des Aberglaubens.

Die Wörterwelt.

Es gibt zwar viele rechtschaffene Christliche, das ist gar keine Frage, so wie es überall und in allen Städten gute Menschen gibt, allein soviel ist gewiß, in corpore und was sie als solches unternommen haben, ist nie viel wert gewesen.

Wenn es noch ein Tier gäbe, dem Menschen an Kräften überlegen, das sich zuweilen ein Vergnügen machte, mit ihm zu spielen wie die Kinder mit Maikäfern, oder sie in Kabinetten aufspießte wie Schmetterlinge, ein solches Tier würde wohl am Ende ausgerottet werden, zumal wenn es nicht an Geisteskräften dem Menschen sehr weit überlegen wäre. Es würde ihm unmöglich sein, sich gegen die Menschen zu halten. Es müßte ihn dann verhindern, seine Kräfte im mindesten zu üben. Ein solches Tier ist aber wirklich der Despotismus und doch hält er sich noch an so vielen Orten. Bei der Geschichte des Tieres muß aber auch angenommen werden, daß das Tier den Menschen nicht wohl entbehren kann.

Wenn die Hunde, die Wespen und die Hornisse mit menschlicher Vernunft begabt wären, so könnten sie sich vielleicht der Welt bemächtigen.

Man könnte die katholische Religion die Gottfresserin nennen.

Diese ganze Lehre taugt zu nichts, als darüber zu disputieren.

Die Französische Revolution, das Werk der Philosophie, aber was für ein Sprung von dem »Cogito, ergo sum« bis zum ersten Erschallen des »À la Bastille« im Palais Royal. Der Schall der letzten Posaune für die Bastille.

Das ist die Wetterseite meiner moralischen Konstitution, da kann ich was aushalten.

Jungfern, davon drei aufs Säkulum gehn.

Die Fliege, die nicht geklappt sein will, setzt sich am sichersten auf die Klappe selbst.

Hinlänglicher Stoff zum Stillschweigen.

Wenn ich mit jemandem rede, so bemerke ich gleich, ob er Elastizität hat oder ob er jedem Druck nachgibt. Die Barbierer sind alle weich. Kästner ist hart. Meister war elastisch.

Ein Glaubenssklave.

Er hatte im Prügeln eine Art von Geschlechtstrieb, er prügelte nur seine Frau.

Ich war zuweilen nicht imstande, zu sagen, ob ich krank oder wohl war.

Solche gestempelte Konventionsköpfe.

Ein Fisch, der in der Luft ertrunken war.

Exzerptenbuch-Sparbüchse.

Ich glaube, so wie die Anhänger des Herrn Kant ihren Gegnern immer vorwerfen, sie verstünden ihn nicht, so glauben auch manche, Herr Kant habe recht, weil sie ihn verstehen.

Seine Vorstellungsart ist neu und weicht von dem Gewöhnlichen sehr ab, und wenn man nun auf einmal Einsicht in dieselbe erlangt, so ist man auch sehr geneigt, sie für wahr zu halten, zumal da er so viele eifrige Anhänger hat; man sollte aber dabei immer bedenken, daß dieses Verstehen noch kein Grund ist, es selbst für wahr zu halten. Ich glaube, daß die meisten über der Freude, ein sehr abstraktes und dunkelabgefaßtes System zu verstehn, zugleich geglaubt haben, es sei demonstriert.

Es wäre sonderbar, wenn das wahre System der Philosophie sowie des Weltgebäudes beide aus Preußen gekommen wären. Zum Berechnen der Finsternisse dienen beide, aber es sind doch gewiß weniger Epicycli in dem Kantischen.

Es ist nichts gewöhnlicher, als daß man sich von der Wahrheit einer Sache überzeugt hält, sobald man die Meinung versteht, die ein großer Mann davon gehegt hat. Das sind aber ganz verschiedene Dinge. Es ist mir oft selbst so gegangen. Ich glaube, daß mancher, der sich nur durch die Schwierigkeiten des tychonianischen Systems und durch alle die Epicyclen durchgearbeitet hatte, dachte, nun gottlob, daß ich endlich alles ins reine habe.

Er urteilt nach dem jedesmaligen Aggregatzustand seiner Empfindungen.

Die beste Art, Lebende und Verstorbene zu loben, ist, ihre Schwachheiten zu entschuldigen und dabei alle mögliche Menschenkenntnis anzuwenden. Nur keine Tugenden angedichtet, die sie nicht besessen haben, das verdirbt alles und macht selbst das Wahre verdächtig. Entschuldigung von Fehlern empfiehlt den Lobenden.

Er hatte ein paar Stückchen auf der Metaphysik spielen gelernt.

Anderer Leute Wein auf Bouteillen ziehn und sich dabei ein bißchen benebeln, daß man glaubt, er gehöre ihm. So etwas tun die meisten deutschen Schriftsteller.

Er hatte von seiner Frau ein Kind, welches einige für apokryphisch halten wollten.

Die meisten Glaubenslehrer verteidigen ihre Sätze, nicht weil sie von der Wahrheit derselben überzeugt sind, sondern weil sie die Wahrheit derselben einmal behauptet haben.

Nach einem dreißigjährigen Krieg mit sich selbst, kam es endlich zu einem Vergleich, aber die Zeit war verloren.

Mir tut es allemal weh, wenn ein Mann von Talent stirbt, denn die Welt hat dergleichen nötiger als der Himmel.

Die Stadtuhr hat wieder rheumatische Zufälle.

Es ist kein tückischeres und boshafteres Geschöpf unter der Sonne als eine Hure, da sie sich alterswegen genötigt sieht, eine Betschwester zu werden.

Was mögen wohl die Huren in den alten Zeiten geworden sein? Ob es da wohl auch Betschwestern gab?

Eine Welt, wo die Menschen als Greise geboren werden und immer frischer werden, endlich Kinder, die immer an Ketschigkeit zunehmen, bis man sie endlich in eine Bouteille sperrt, wo sie nach neun Monaten alles Leben verlieren, nachdem sie so klein geworden sind, daß man zehn Alexander auf einem Butterbrot verschlingen könnte. Die Mädchen von fünfzig bis sechzig Jahren finden ein besonderes Vergnügen daran, die klein gewordenen Alten auf Bouteillen zu ziehn.

Es gibt sogenannte Mathematiker, die sich gerne ebenso für Gesandte der Weisheit gehalten wissen möchten als manche Theologen für Gesandte Gottes und ebenso das Volk mit algebraischem Geschwätz, das sie Mathematik nennen, als jene mit einem Kauderwelsch hintergehen, dem sie den Namen biblisch beilegen.

Schauer der Vorwelt.

Ach Gott, wie manchen Gedanken habe ich gehabt, von dem ich überzeugt sein konnte, daß er den besten unter den Menschen gefallen würde, wenn sie ihn läsen, und den ich nicht anzubringen wußte, auch anzubringen nicht sonderlich begierig war, und dafür mußte ich mich von manchem seichten Literator und Kompilator oder irgendeinem bloß empirischen Waghals oder einem Epigramme schreibenden Konfusionär über die Achsel ansehen lassen und doch auch gestehen, daß, nach meinem Verhalten, die Leute so gar unrecht nicht hätten, denn wie konnten sie wissen, was meine Indolenz selbst vor meinem Schmierbuch verheimlichte. Wenn mir Deluc schrieb, ich schriebe ihm nie einen Brief, aus dem er nicht etwas lernte, so setzte mich dieses über alle Urteile der Welt weg, aber wieder nur bei mir selbst.

Jetzt fließt der Märtyrerwein in Frankreich.

»Flieh den Diogenes und fürchte die Laterne«, sagt Haller. Jetzt könnte man sagen: Entflieh dem Mirabeau und fürchte die Laterne.

Der Rheinwein ist der beste, in welchen der Rhein und die Mosel gar nicht geflossen ist.

Eine Art von Gang, als wenn er in seinen Kopf kriechen wollte.

Ich habe schon lange gedacht, die Philosophie wird sich noch selbst fressen. Die Metaphysik hat sich zum Teil schon selbst gefressen.

Ich habe mir zur Regel gemacht, daß mich die aufgehende Sonne nie im Bette finden sollte, solange ich gesund bin. Es kostete mich nichts als das Machen, denn ich habe es bei Gesetzen, die ich mir selbst gab, immer so gehalten, daß ich sie nicht eher festsetzte, als bis mir die Übertretung fast unmöglich war.

Ich habe überhaupt sehr viel gedacht, das weiß ich, viel mehr als ich gelesen habe, es ist mir daher sehr viel von dem unbekannt, was die Welt weiß, und daher irre ich mich oft, wenn ich mich in die Welt mische, und dieses macht mich schüchtern. Könnte ich das alles, was ich zusammengedacht habe, so sagen, wie es in mir ist, nicht getrennt, da möchte sich manches nicht zum besten ausnehmen, so würde es gewiß den Beifall der Welt erhalten.

Gleichnisweise: Er trägt immer Sporen, reitet aber nie.

Der König von Frankreich ist jetzt bloßer Pensionär von Frankreich.

Ich glaube, man würde immer blühen wie die Jugend, wenn man immer so sorglos sein könnte, oder macht umgekehrt die Blüte sorglos?

Wenn es der Himmel für nötig und nützlich finden sollte, mich und mein Leben noch einmal neu aufzulegen, so wollte ich ihm einige nicht unnütze Bemerkungen zur neuen Auflage mitteilen, die hauptsächlich die Zeichnung des Porträts und den Plan des Ganzen angehen.

Er verachtet mich, weil er mich nicht kennt, und ich seine Beschuldigungen, weil ich mich kenne.

Eine beträchtliche Wolke von angezeigten Druckfehlern beschattet den Beschluß.

Ich habe immer gesagt, die Mechaniker gedeihen am besten, wenn man sie auf junge Stämme von Uhrmachern pfropft.

Jedermann ist sehr bereitwillig, durch Schaden klug zu werden, wenn nur der erste Schade, der dieses lehrt, wieder ersetzt wäre.

Es gibt für mich keine gehässigere Art Menschen, als die, welche glauben, daß sie bei jeder Gelegenheit ex officio witzig sein müßten.

Das Bilderbuch der Welt.

Man ist verloren, wenn man zu viel Zeit bekommt, an sich zu denken, vorausgesetzt, daß man sich nicht als ein Objekt der Beobachtung, wie ein Präparat ansieht, sondern immer als alles, was man jetzt ist. Man wird so viel Trauriges gewahr, daß über dem Anblick alle Lust verfliegt, es zu ordnen oder zusammenzuhalten.

Ich glaube doch, daß in Vergleich mit dem Engländer die Vernunft bei dem Deutschen mehr vertuscht, was eigentlich gar nicht einmal stattfinden sollte. Der Deutsche lacht zum Exempel bei mancher Gelegenheit nicht, weil er weiß, daß es unschicklich ist, wobei dem Engländer das Lachen gar nicht einfällt.

Einer der merkwürdigsten Züge in meinem Charakter ist gewiß der seltsame Aberglaube, womit ich aus jeder Sache eine Vorbedeutung ziehe und in einem Tage hundert Dinge zum Orakel mache. Ich brauche es hier nicht zu beschreiben, indem ich mich hier nur allzu wohl verstehe. Jedes Kriechen eines Insekts dient mir zu Antworten über Fragen über mein Schicksal. Ist das nicht sonderbar von einem Professor der Physik? Ist es aber nicht in menschlicher Natur gegründet und nur bei mir monströs geworden, ausgedehnt über die Proportion natürlicher Mischung, wo es heilsam ist?

Das Grenadierkabinett Friedrich Wilhelms I.

Sollte es dem Könige von Frankreich nicht erlaubt sein, sich zum Deputierten bei der Nationalversammlung wählen zu lassen? Es wäre besser für ihn.

Bei einem Menschen, der mit Gottesfurcht prahlt, muß man nie eigentliche christliche Gesinnung suchen.

Auf die Blüte folgt die unreife Frucht; die Blüte ist in sich eine Vollkommenheit. Ebenso ist es mit dem Menschen. Der Jüngling wird für vollkommener gehalten als der Mann von dreißig, vierzig Jahren, und dann kommt erst wieder ein vollendeter Zustand, die Reife.

Alle großen Herrn sollten so wie die Sultane eine Kunst lernen; wir leben jetzt in sonderbaren Zeiten, man kann nicht wissen, ob man sie nicht einmal braucht. Der vorige türkische Kaiser schnitzte Bogen und Pfeile sehr gut, der jetzige malt Musselin für das Frauenzimmer.

Seine Stirne verdient das glühende Eisen des Geschichtsschreibers.

Ein Mädchen in usum Delphini, nämlich eine, die keine Vaginam hat oder der sie verwachsen ist.

Er schrieb und dachte frisch vom Leben weg, ohne alles erst durch das Filtrum der Konvenienz laufen zu lassen.

Offensiver und defensiver Stolz.

Vom Wahrsagen läßt sich's wohl leben in der Welt, aber nicht vom Wahrheitsagen.

Sympathie ist ein schlechtes Almosen.

Es ist Demantstaub, der, wenn er auch selbst nicht mehr glänzt, doch dient, andere damit zu schleifen.

Mancher Schriftsteller, sobald er ein bißchen Beifall erhält, glaubt, alles von ihm interessiere die Welt. Der Schauspielschmierer Kotzebue hält sich sogar berechtigt, dem Publico zu sagen, daß er seiner sterbenden Frau ein Klistier gesetzt habe.

Der Januarius ist der Monat, da man seinen guten Freunden Wünsche darbringt, die übrigen die, worin sie nicht erfüllt werden.

Es ist die Redekunst, die vor der Überzeugung einhertritt und ihren Pfad mit Blumen bestreut.

Es ist nicht Kenntnis der menschlichen Natur, sondern der Sitte, die zu beobachten, jeder Gecke, möchte ich sagen, Fähigkeit hat.

Die Menschen, die erst die Vergebung der Sünden durch lateinische Formeln erfunden haben, sind an dem größten Verderben in der Welt schuld.

Sie war damals Vizegemahlin vom Landgrafen. Die Pompadour Vizekönigin von Frankreich.

Eine der schwersten Künste für den Menschen ist wohl die, sich Mut zu geben. Diejenigen, denen er fehlt, finden ihn am ersten unter dem mächtigen Schutz eines, der ihn besitzt und der uns dann helfen kann, wenn alles fehlt. Da es nun so viele Leiden in der Welt gibt, denen mit Mut entgegenzugehen kein menschliches Wesen einem schwachen Trost genug geben kann, so ist die Religion vortrefflich. Sie ist eigentlich die Kunst, sich durch Gedanken an Gott ohne weiter andere Mittel, Trost und Mut im Leiden zu verschaffen und Kraft, demselben entgegenzuarbeiten. Ich habe Menschen gekannt, denen ihr Glück ihr Gott war. Sie glaubten an ein Glück, und der Glaube gab ihnen Mut. Mut gab ihnen Glück und Glück Mut. Es ist ein großer Verlust für den Menschen, wenn er die Überzeugung von einem weisen, die Welt lenkenden Wesen verloren hat. Ich glaube, es ist dieses eine notwendige Folge alles Studiums der Philosophie und der Natur. Man verliert zwar den Glauben an einen Gott nicht, aber es ist nicht mehr der hilfreiche Gott unserer Kindheit; es ist ein Wesen, dessen Wege nicht unsere Wege und dessen Gedanken nicht unsere Gedanken sind, und damit ist dem Hilflosen nicht sonderlich viel gedient.

A.: Der Mann hat viele Kinder.
B.: Ja, aber ich glaube, von den meisten hat er bloß die Korrektur besorgt.

Einer von den Negersklaven in den Plantagen der Literatur.

Es ist doch sonderbar, daß man die langen Silben mit – und die kurzen mit ◡ bezeichnet, da doch das erste der kürzeste Weg zwischen zwei Punkten und das letzte eine krumme Linie ist. Der Erfinder dieser Zeichen muß also etwas ganz anderes dabei gedacht haben, wenn er überhaupt etwas dabei gedacht hat.

Da der Mensch toll werden kann, so sehe ich nicht ein, warum es ein Weltsystem nicht auch werden kann . . .

A.: Warum unterstützen Sie Ihren Schwiegervater nicht?
B.: Warum?
A.: Er ist ein armer Mann.
B.: Aber fleißig, und ich habe nicht Geld genug, ihn zum Faulenzer zu machen.

Außer der Zeit gibt es noch ein anderes Mittel, große Veränderungen hervorzubringen, und das ist die – Gewalt. Wenn die eine zu langsam geht, so tut die andere öfters die Sache vorher.

Es ist kein witziger Einfall, sondern die lautere Wahrheit, daß vor der Revolution die Jagdhunde des Königs von Frankreich mehr Gehalt hatten als die Akademie der Inschriften . . .

Die Welt ist nicht da, um von uns erkannt zu werden, sondern uns in ihr zu bilden. Das ist eine Kantische Idee.

Nachdem ich vieles menschenbeobachterisch und mit vielem schmeichelhaften Gefühl eigner Superiorität aufgezeichnet und in noch feinere Worte gesteckt hatte, fand ich oft am Ende, daß grade das das Beste war, was ich ohne all diese Gefühle so ganz bürgerlich niedergeschrieben hatte.

Die deutschen Despoten werden ein beförderndes Vorbeugen zustand bringen, was sonst nicht leicht entstanden wäre.

Von allem, was ausgerechnet wird in der Welt, geschehen zwei Drittel gedankenlos.

Ich habe lange nicht recht begreifen können, woher es kommt, daß es mir so entsetzlich schwerfällt, in den Büchern mancher berühmter Polygraphen zu lesen, aber endlich merkte ich mir die Sache ab; es rührt daher, daß die Menschen sonst, in Vergleich mit wahrhaft großen Männern, so unbedeutend sind, daß einen gar nicht reizen kann, zu wissen, was diese Menschen wissen.

Der Pater: Ihr seid Menschenfresser, ihr Neuseeländer.
Neuseeländer: Und ihr seid Gottfresser, ihr Pfaffen.

In dem freien Frankreich, wo man jetzt aufknüpfen lassen kann, wen man will.

Die Welt jenseits der geschliffenen Gläser ist wichtiger als die jenseits der Meere und wird vielleicht nur von der jenseits des Grabes übertroffen.

Es ist doch fürwahr zum Erstaunen, daß man auf die dunklen Vorstellungen von Ursachen den Glauben an einen Gott gebaut hat, von dem wir nichts wissen und nichts wissen können, denn alles Schließen auf einen Urheber der Welt ist immer Anthropomorphismus.

Wenn der Verstand reift oder seine Regierungskräfte fühlt, ohne etwas zu haben, was er regieren kann, so entstehen freilich seltsame Dinge. Man fällt in den Fehler der kleinen Fürsten und macht sich vor den großen lächerlich. Hat man viel gelesen und besitzt wenig Regierungskunst, so macht man sich vor den Weisen lächerlich. Wenn sich denn doch am Ende einmal lächerlich gemacht sein soll, so wollte ich doch lieber vor dem Großen lächerlich werden als vor dem Weisen, lieber vor dem Belesenen als vor dem Denker, der mich immer nach der Art beurteilt, womit ich von meinem Vermögen Gebrauch gemacht habe.

Passabel auszudrücken, was andere Leute gedacht hatten, war seine ganze Stärke.

Man liest jetzt so viel Abhandlungen über das Genie, daß jeder glaubt, er sei eines. Der Mensch ist verloren, der sich früh für ein Genie hält.

Bei aller meiner Bequemlichkeit bin ich immer in Kenntnis meiner selbst gewachsen, ohne die Kraft zu haben, mich zu bessern; ja ich habe mich öfters für alle meine Indolenz dadurch entschädigt gehalten, daß ich dieses einsah, und das Vergnügen, das mir die genaue Bemerkung eines Fehlers an mir machte, war oft größer als der Verdruß, den der Fehler selbst bei mir erweckte. So sehr viel mehr galt bei mir der Professor als der Mensch. Der Himmel führt seine Heiligen wunderlich.

Eine goldene Regel: Man muß die Menschen nicht nach ihren Meinungen beurteilen, sondern was die Meinungen aus ihnen machen . . .

Darf ein Volk seine Staatsverfassung ändern, wenn es will? Über diese Frage ist sehr viel Gutes und Schlechtes gesagt worden. Ich glaube, die beste Antwort darauf ist: Wer will es ihm wehren, wenn es entschlossen ist . . .?

Es steckte viel Anlage in dem Menschen, und er trug auch zu, allein es fehlte ihm so gänzlich alles, was man irgend hierbei Stöpsel nennen könnte, daß gemeiniglich, noch ehe er etwas zusammenbringen konnte, was der Mühe wert gewesen wäre, in leichtem Maulwerk verdampfte.

Ich habe das Register der Krankheiten angesehen und habe die Sorgen und traurige Vorstellungen nicht darunter gefunden, das ist sehr unrecht.

Er hatte viel hypochondrische Attention gegen sich selbst.

Es kömmt so außerordentlich viel darauf an, wie etwas gesagt wird, daß ich glaube, die gemeinsten Dinge lassen sich so sagen, daß ein anderer glauben müßte, der Teufel hätte es einem eingegeben.

Daß Hupazoli 22 Bände über seine Handlungen geschrieben, erklärt auch, warum er so alt geworden. Ich habe mehr solche Buchhalter gekannt. Sie werden gewöhnlich alt. Die Diät dieser Menschen nachzuahmen, hilft nicht viel. Die Nachahmer tun es durch den Kopf, durch vernünftigen Entschluß, und das hilft so wenig, als sich der Mangel des Genies durch Regeln ersetzen läßt. Man hält hier für die Wirkung, was eigentlich die Ursache ist. Die Männer nach der Uhr werden gewöhnlich alt, denn die Fähigkeit, alt zu werden, macht sie zu Männern nach der Uhr. Der Nachahmer weiß sich bei sich selbst schon zu groß, der Triumph über seine Neigungen selbst ist ein Nervenspiel, das sich nicht mit einem langen Leben verträgt.

Ich habe einen Mann gekannt, der die seltsame Grille hatte, nach Tische beim Obst aus Äpfeln regelmäßige stereometrische Körper zu schneiden, wobei er immer den Abfall aufaß.

Meistens endigte sich die Auflösung des Problems mit einer gänzlichen Aufzehrung des Apfels.

Ich nehme der Mamsell ihre Tugend in acht, als wenn es meine eigne wäre, sagt eine alte Gouvernante.

Die Allmacht Gottes im Donnerwetter wird nur bewundert entweder zur Zeit, da keines ist, oder hinterdrein beim Abzuge.

Er verlangte Steine, und sie gaben ihm Brot. Von einem, der ein Mineralkabinett sehn will und dem man dafür ein gutes Frühstück gibt.

Die Natur hat die Frauenzimmer so geschaffen, daß sie nicht nach Prinzipien, sondern nach Empfindung handeln sollen.

Daß Gott, oder was es ist, durch das Vergnügen im Beischlaf den Menschen zur Fortpflanzung gezogen hat, ist doch bei Kants höchstem Prinzip der Moral auch zu bedenken.

Wenn der Schlaf ein Stiefbruder des Todes ist, so ist der Tod ein Stiefbruder des Teufels.

Die Gegner der Französischen Republik sprechen immer, daß es das Werk einiger wenigen aufrührerischen Köpfe sei. Hier kann man frei fragen: Was ist je bei großen Begebenheiten das Werk von vielen zugleich gewesen? Oft war es nur das Werk eines einzigen. Und was sind denn unsere Potentatenkriege je anders gewesen als das Werk von wenigen? König und Minister. Es ist ein elendes Räsonnement. Selbst das Mehrere in den

Köpfen hindert den Fortgang; es müssen und können nur wenige sein, wenn etwas Großes ausgeführt werden soll, die übrigen, die Menge muß allemal herübergebracht werden, man mag nun das Überzeugung oder Verführung nennen, das ist gleichviel. Auch spricht man so verächtlich von Bierbrauern, Parfümeurs, die jetzt große Rollen spielen. Es gehört ja dazu nichts als grader Menschensinn, Mut und Ehrgeiz. Muß denn gerade ein Exzerpierkontor allen Mutterwitz versessen haben, um ein Volk anzuführen? (bloß Gerippe des Gedankens)

Könnten nicht die Titel Magister, Doktor pp. zu Taufnamen erhoben werden?

Im Namen des Herrn sengen, im Namen des Herrn brennen, morden und dem Teufel übergeben, alles im Namen des Herrn.

Er pflegte sich und seinen Kindern so viel circenses zu geben, daß es endlich beiden am pane zu fehlen anfing.

Es gibt manche Leute, die nicht eher hören, bis man ihnen die Ohren abschneidet.

Die Zähne mit Knallsilber zu sprengen.

Viel Hasen sind der Hunde Tod, sagt der Oberförster, dem man seinen Hund aus Versehen totgeschossen hatte, weil der Schützen zu viele waren.

Eigentlich kein Philosoph, sondern er tat Frachtfuhren für die Philosophen in der Messe.

Herder sagt sehr schön (›Ideen zur Philosophie der Geschichte der Menschheit‹ zweiter Teil, IX. Buch, Kapitel IV): »Man kann es als einen Grundsatz der Geschichte annehmen, daß kein Volk unterdrückt wird, als daß sich unterdrücken lassen will.«

Die gegenwärtigen sind vortreffliche Zeiten für einen Cervantes. Cervantes' Zeiten sind da, aber der Cervantes noch nicht. Die Narren sind da, noch fehlt die Pritsche.

Wenn jemand in Chochinchina sagt: »Doii« (doji, mich hungert), so laufen die Leute, als wenn es brennte, ihm etwas zu essen zu geben. In manchen Provinzen Deutschlands könnte ein Dürftiger sagen: »Mich hungert«, und es würde gerade soviel helfen, als wenn er sagte »Doii«.

Zumal wenn die geistliche Überschattung dazukömmt.

Eine alle Denkkräfte schmelzende Beschäftigung ist bei den meisten Menschen das Kompilieren und Exzerptensammeln. Man bemerkt auch täglich, daß Männer, die in ihrer Jugend viel Erweiterung in den Wissenschaften hoffen ließen, in reiferen Jahren, bloß um häufig im Meßkatalog zu glänzen oder auch sich zu bereichern, zumal da sie bemerkten, daß man en gros in Deutschland bei literarischem Ruhm eben nicht sehr genau distingiert, Kompilatoren geworden sind. Ich glaube, daß es ein Verdienst ist, was in hundert Büchern steht, unter einen gewissen Gesichtspunkt in eins zu bringen. Allein man muß ihn sehr von dem Manne unterscheiden, der die Wissenschaften erweitert, der die Grenzen fortrückt . . .

Die Bücher Kopfgeld bezahlen lassen.

Man gibt falsche Meinungen, die man von Menschen gefaßt hat, nicht gern auf, sobald man sich dabei auf subtile Anwendung von Menschenkenntnis etwas zugute tun zu können für berechtigt hält und glaubt, solche Blicke in das Herz des anderen könnten nur gewisse Eingeweihte tun. – Es gibt daher wenige Fächer der menschlichen Erkenntnis, worin das Halbwissen größeren Schaden tun kann als dieses Fach.

Glaubt etwa jemand, daß sich alte Mißbräuche auf der Welt so leicht wegwischen lassen? Die Französische Revolution wird manches Gute zurücklassen, das ohne sie nicht in die Welt gekommen wäre, es sei auch, was es wolle. Die Bastille ist weg, und das infame Insekt, das Herr von Born in seiner ›Monachologie‹ beschrieben hat, ist dadurch etwas zusammengeschwefelt worden.

Was der Soldat für ein Tier ist, sieht man deutlich aus dem gegenwärtigen Krieg. Er läßt sich gebrauchen, Freiheit festzusetzen, Freiheit zu unterdrücken, Könige zu stürzen und auf dem Thron zu befestigen. Wider Frankreich, für Frankreich und wider Polen!

Das große Trauerspiel der Pandekten.

Was doch eigentlich den Armen den Himmel so angenehm macht, ist der Gedanke an die dortige größere Gleichheit der Stände.

Unter die Mißverständnisse oder die falschen Darstellungen bei der Französischen Revolution gehört auch die, daß man glaubt, die Nation werde von einigen Bösewichtern geleitet. Sollten nicht vielmehr diese Bösewichter sich die Stimmung der Nation zunutz machen?

Mein Körper ist derjenige Teil der Welt, den meine Gedanken verändern können. Sogar eingebildete Krankheiten können wirkliche werden. In der übrigen Welt können meine Hypothesen die Ordnung der Dinge nicht stören.

A.: Sie sind sehr alt geworden.
B.: Ja, das ist gewöhnlich der Fall, wenn man lange lebt.

Der Eierstock der Zukunft.

Für den Verlust von Personen, die uns lieb waren, gibt es keine Linderung als die Zeit und sorgfältig und mit Vernunft gewählte Zerstreuung, wobei uns unser Herz keine Vorwürfe machen kann.

In der ›Allgemeinen Literaturzeitung‹ wird einmal angemerkt, man hätte zu Paris die Statuen einschließen sollen, um der Barbarei ihrer Zerstörung vorzubeugen; auch an einem anderen Ort, es hätte manches bei der Revolution nicht so gewaltsam geschehen müssen. Als wenn je die Natur die Ausführung ihrer Plane der Metaphysik abtreten würde. Es wäre wohl auch gut gewesen, wenn die Städte in Kalabrien so lange in Sicherheit wären gebracht worden, bis die Natur den Kellerbau, den sie unter denselben vorhatte, vollendet gehabt hätte . . .

Die Dogmatik, die fruchtbare und gütige Mutter der Polemik.

Ist es nicht sonderbar, daß jedermann sein eigner Arzt, auch sein eigner Advokat sein darf, sobald er aber sein eigner Priester sein will, so schreit man Jammer und Weh über ihn, und die Götter der Erde mischen sich darein. Was wohl die Ursache sein mag, daß sich die Götter der Erde so sehr um das ewige Wohl der Menschen bekümmern, da sie doch ihr zeitliches oft so unverantwortlich vernachlässigen? Die Antwort ist nicht sehr schwer.

Ist denn etwa die Lage so selten, in der einem Philosophie das Philosophieren versagt?

Es gibt wohl keinen Menschen in der Welt, der nicht, wenn er um tausend Taler willen zum Spitzbuben wird, lieber um das halbe Geld ein ehrlicher Mann geblieben wäre ...

Und predigte mit milder (stiller) Wut die alleinseligmachende Kraft des katholischen Glaubens.

Sie fühlen den Druck der Regierung sowenig als den Druck der Luft.

In Frankreich gärt es, ob es Wein oder Essig werden wird, ist ungewiß.

Dinge zu bezweifeln, die ganz ohne weitere Untersuchung jetzt geglaubt werden, das ist die Hauptsache überall.

Es verdient einmal recht ernstlich für eigene Haushaltung untersucht zu werden, warum die meisten Erfindungen durch Zufall müssen gemacht werden. Die Hauptursache ist wohl die, daß die Menschen alles so ansehen lernen, wie ihre Lehrer und ihr Umgang es ansieht. Deswegen müßte es sehr nützlich sein, einmal eine Anweisung zu geben, wie man nach gewissen Gesetzen von der Regel abweichen könne.

Wenn ich nun auf einen neuen Gedanken, auf eine Theorie gekommen bin, allemal zu fragen: ist denn das auch wirklich so neu, als du glaubst? Dieses ist auch überhaupt die beste Erinnerung, nichts in der Welt anzustaunen.

Ja über alles seine Meinung sagen mit so vielen Zusätzen von Neuem als möglich, ohne dieses wird aus allem nichts; nur hüte dich vor dem Druckenlassen. Nicht bloß stilles Nachdenken, sondern auch Aufschreiben erleichtert den Ausdruck sehr, sondern verschafft auch die Gabe, selbst dem Auswendiggelernten eine Farbe des eigenen Denkens zu geben.

An jeder Sache etwas zu sehen suchen, was noch niemand gesehen und woran noch niemand gedacht hat.

Die Frage: Ist dieses auch wahr? ja bei allem zu tun, und dann die Gründe aufzusuchen, warum man Ursache habe zu glauben, daß es nicht wahr sei.

In allen Stücken zu sammeln, nicht bloß Wahrheiten, sondern auch Wendungen und Ausdrücke für gewisse Gelegenheiten; wenn man sie öfters durchliest, so vermehrt sich der Vorrat durch ähnliche.

Nichts setzt dem Fortgang der Wissenschaft mehr Hindernis entgegen, als wenn man zu wissen glaubt, was man noch nicht weiß. In diesen Fehler fallen gewöhnlich die schwärmerischen Erfinder von Hypothesen.

Ein Meisterstück der Schöpfung ist der Mensch auch schon deswegen, daß er bei allem Determinismus glaubt, er agiere als freies Wesen.

Je länger die Welt steht, desto mehr Entdeckungen werden gemacht werden, sagte schon Meister. Es ist damit wie mit dem Feuer, das um sich greift; die Wirkung disponiert neue Ursachen.

Immer Endursachen aufzusuchen, nicht ihrer selbst wegen sowohl als zu Aufdeckung des Zusammenhangs und als ein bloß heuristisches Mittel.

Es ist sonderbar, daß nur außerordentliche Menschen die Entdeckungen machen, die hernach so leicht und simpel scheinen. Dieses setzt voraus, daß, die simpelsten, aber wahren Verhältnisse der Dinge zu bemerken, sehr tiefe Kenntnisse nötig sind.

Das Wort Schwierigkeit muß gar nicht für einen Menschen von Geist als existenz gedacht werden. Weg damit!

Den Mann nenne ich groß, der viel gedacht und gelesen und erfahren hat und der alles, was er gedacht, gelesen und erfahren hat, bei jeder Sache, die er unternimmt, also auch bei jedem Buch, das er schreibt, vereint zum besten Zweck anzuwenden weiß, alles so anschaulich darzustellen, daß jeder sehen muß, was er selbst gesehen hat.

Es ist ein gutes Erfindungsmittel, sich aus einem Systeme gewisse Glieder wegzudenken und aufzusuchen, wie sich das übrige verhalten würde; zum Exempel, man denke sich das Eisen aus der Welt weg. Wo würden wir sein? Dieses ist ein altes Exempel.

Sich allen Abend ernstlich zu befragen, was man an dem Tage Neues gelernt hat.

Der Witz ist der Finder und der Verstand der Beobachter.

Was mich von meinen alten Lehren abgehen heißt, sind nicht meine individuellen, subjektiven Fortschritte. Nein, es sind Fortschritte der Wissenschaft selbst.

Ein Sprech- und Schallwerk. Wenn man etwas in einer fremden Sprache hineinredet, so schallt es zu einem andern Loch, ins Deutsche übersetzt, heraus.

Man muß etwas Neues machen, um etwas Neues zu sehen.

Es ist eine große Stärkung beim Studieren, wenigstens für mich, alles, was man liest, so deutlich zu fassen, daß man eigne Anwendungen davon oder gar Zusätze dazu machen kann.

Man wird am Ende dann geneigt zu glauben, man habe alles selbst erfinden können, und so was macht Mut. So wie nichts abschreckt als Gefühl von Superiorität im Buch.

In die gewöhnlichen Betrachtungen der Menschen über das Wesen, das die Welt hervorgebracht hat, mischt sich doch offenbar eine große Menge von frommem, unphilosophischem Unsinn. Der Ausruf: Was muß das für ein Wesen sein, das das alles gemacht hat! ist doch nicht viel besser als der: Was mag das für ein Bergwerk sein, in welchem der Mond ist gefunden worden. Denn erstlich wäre doch erst einmal zu fragen, ob die Welt gemacht worden ist, und zweitens, ob das Wesen, das sie gemacht hat, imstande wäre, eine Repetieruhr aus Messing zu machen. Ich meine, das Messing zu schmelzen, in Platten zu schmieden, die Räder zu teilen und zu feilen. Ich glaube nicht. Das kann nur der Mensch, und ein vollkommener Mensch würde sich noch allerlei Griffe dabei ersinnen, aber wenn unsere Welt je ist gemacht worden, so hat sie ein Wesen gemacht, das nicht auf der Skala der Menschheit liegt, sowenig als der Walfisch zum Lerchengeschlecht gehört. Ich kann daher mich nicht genug wundern, wenn berühmte Männer sagen, in einem Fliegenflügel stecke mehr Weisheit als in der künstlichsten Uhr. Der Satz sagt weiter nichts als: Auf dem Wege, auf welchem die Uhren gemacht werden, kann man keine Mückenflügel, aber so wie die Mückenflügel gemacht werden, kann man auch keine Repetieruhren machen. Man muß billig sein und sich über dergleichen unnütz frömmelnde Anspielungen wegsetzen. Man muß es hierbei nicht sagen. Allein man muß die Kraft besitzen, so etwas zu denken, denn die Kraft ist nötig.

Ein witziger und dabei flüchtiger Kopf lernt wenig gründlich, macht aber von dem wenigen gewiß den bestmöglichen Gebrauch, den ein minder witziger, aber gründlicherer Gelehrter von dem seinigen nicht zu machen imstande ist.

Es ist äußerst wichtig bei Widerlegungen, ja nicht zu geschwind zu gehen, sondern jedes Komma umständlich auseinanderzusetzen und nicht eher zum Folgenden überzugehen, bis alles in dem gegenwärtigen Schritt fast zum Überdruß dargetan ist. Nicht zu eilen. Das ist mein gewöhnlicher Fehler.

Wenn du ein Buch oder eine Abhandlung gelesen hast, so sorge dafür, daß du es nicht umsonst gelesen haben magst; abstrahiere dir immer etwas daraus zu deiner Besserung, zu deinem Unterricht oder für deine Schriftstellerökonomie.

Wir sehen in der Natur nicht Wörter, sondern immer nur Anfangsbuchstaben von Wörtern, und wenn wir alsdann lesen wollen, so finden wir, daß die neuen sogenannten Wörter wiederum bloß Anfangsbuchstaben von andren sind.

## 1793–1796

Die besten Gesetze kann man bloß respektieren und fürchten, aber nicht lieben. Gute Regenten respektiert man, fürchtet man und liebt man. Was für mächtige Quellen von Glück für ein Volk!

Bei vielen Menschen ist das Versemachen eine Entwicklungskrankheit des menschlichen Geistes.

Je größer und weitaussehender der Plan ist, in den eine Revolution hineingehört, desto mehr Leiden verursacht sie denen, die darin begriffen sind, indem es nicht jedermanns Sache ist, selbst wenn er es übersieht, sich durch den Verstand mit Geduld zu stärken, und dieses um so weniger, je ungewisser es ist, ob er noch die Früchte davon genießen werde . . .

Ich merkte zuerst mein eintretendes Alter an der Abnahme des Gedächtnisses, die ich bald mit dem Mangel an Übung desselben entschuldigte, bald als Folgen des eintretenden Alters beklagte. Solche Wellen von Furcht und Hoffnung habe ich all mein Leben lang verspürt.

Oh, ich erinnere mich noch sehr wohl, wie ich beim Aufgange der Sonne empfinden sollte und wollte und nichts empfand, aber mit dem Kopfe bald gegen diese, bald gegen die andere Schulter gesenkt und mit blinzelnden Augen zuweilen vieles von Empfindung sprach und damit nicht bloß andere, sondern sogar mich selbst betrog. Aber jene Empfindung kam erst in späteren Jahren und vorzüglich stark von 1790 an, da ich die Sonne öfter aufgehen sah. Vorzüglich waren verstorbene Freunde, zumal die letztverstorbenen, und meine Frau und Kinder der Gegenstand, den mein Herz jetzt umfaßte. Ich habe oft Tränen geweint und bin niedergekniet. Könnte ich doch meinen Entschlüssen mehr Dauer geben! Allein es ist gewiß körperliche Schwäche daran Schuld. Leichtsinnig gewiß nicht, ob es mich gleich sehr schmerzt, daß die Welt vermutlich das einer Wankelmütigkeit im Charakter zuschreibt, was doch bloß Kränklichkeit ist.

Meine beständige Vergleichung der Jahre eines Schriftstellers, dessen Leben ich lese, mit den meinigen, die ich schon in meiner Jugend machte, ist ganz menschlicher Natur.

Ich fing erst gegen Ende meines Lebens an zu arbeiten und mein bißchen Witz aufs Profitchen zu stecken.

Ich stecke jetzt meine ganze Tätigkeit aufs Profitchen. Kohlen sind noch da, aber keine Flamme.

Ich bin außerordentlich empfindlich gegen alles Getöse, allein es verliert ganz seinen widrigen Eindruck, sobald es mit einem vernünftigen Zwecke verbunden ist.

Es war eine drollige Idee von . . ., sich einen so dicken Kerl zu denken, der mit der einen Seite unter dem Pol und mit der andern unter dem Äquator wäre. Ein trauriges Leben! Aber ich habe doch wirklich bei eiskalten Füßen zuweilen oben geschwitzt.

Ich bin mehrmals wegen begangener Fehler getadelt worden, die mein Tadler nicht Kraft oder Witz genug hatte zu begehen.

Wenn ich zuweilen in einem meiner alten Gedankenbücher einen guten Gedanken von mir lese, so wundere ich mich, wie er mir und meinem System so fremd hat werden können, und freue mich nun so darüber, wie über einen Gedanken eines meiner Vorfahren.

Nichts schmerzt mich mehr bei allem meinem Tun und Lassen, als daß ich die Welt so ansehen muß wie der gemeine Mann, da ich doch scientifisch weiß, daß er sie falsch ansieht.

Am 10. Oktober 1793 schickte ich meiner lieben Frau aus dem Garten eine künstliche Blume aus abgefallenen bunten Herbstblättern. Es sollte mich in meinem jetzigen Zustande darstellen; ich ließ es aber nicht dabei sagen.

Wenn auch meine Philosophie nicht hinreicht, etwas Neues auszufinden, so hat sie doch Herz genug, das längst Geglaubte für unausgemacht zu halten.

Ich habe offenbar bei dem gröbern Druck meines Hogarth gefühlt (wiewohl dunkel), daß das bißchen Geist nicht imstande ist, so vieler Masse Leben zu geben, man sage, was man wolle, es ist wahr. Man sollte die Bücher immer desto kleiner drucken lassen, je weniger Geist sie enthalten.

Ich kann den Gedanken nicht loswerden, daß ich gestorben war, ehe ich geboren wurde, und durch den Tod wieder in jenen Zustand zurückkehre. Es ist ein Glück in mancher Rücksicht, daß diese Vorstellung nicht zur Deutlichkeit gebracht werden kann. Wenn auch der Mensch jenes Geheimnis der Natur erraten kann, so wäre es doch sehr gegen ihr Interesse, wenn er es beweisen könnte. Sterben und wieder lebendig werden mit Erinnerung seiner vorigen Existenz, nennen wir ohnmächtig gewesen sein; wieder erwachen mit andern Organen, die erst wieder gebildet werden müssen, heißt geboren werden.

Nichts macht schneller alt als der immer vorschwebende Gedanke, daß man älter wird. Ich verspüre dieses recht an mir; es gehört mir zum Giftsaugen.

Wenn es ein Werk von etwa zehn Folianten gäbe, worin in nicht allzu großen Kapiteln jedes etwas Neues, zumal von der spekulativen Art, enthielte, wovon jedes etwas zu denken gäbe und immer neue Aufschlüsse und Erweiterungen darböte, so glaube ich, könnte ich nach einem solchen Werke auf den Knien nach Hamburg rutschen, wenn ich überzeugt wäre, daß mir nachher Gesundheit und Leben genug übrigbliebe, es mit Muße durchzulesen.

Es geht mir mit meiner Gesundheit wie den Müllern zuweilen mit dem Wasser; ich muß immer, wenigstens zwei Tage in der Woche, im Freien sammeln, um die übrigen fünfe mahlen zu können.

Es ist mir in meinem Leben so viel unverdiente Ehre angetan worden, daß ich mir wohl einmal etwas unverdiente Blame kann gefallen lassen.

Das größte Glück in der Welt, um welches ich den Himmel täglich anflehe, daß nur verständige und tugendhafte Menschen mir an Kräften und Kenntnissen überlegen sein mögen.

Was sehr seltsam ist, bleibt selten lange unerklärt. Das Unerklärliche ist gewöhnlich nicht mehr seltsam, und ist es vielleicht nie gewesen.

Schon vor vielen Jahren habe ich gedacht, daß unsere Welt das Werk eines untergeordneten Wesens sein könne, und noch kann ich von dem Gedanken nicht zurückkommen. Es ist eine Torheit, zu glauben, es wäre keine Welt möglich, worin keine

Krankheit, kein Schmerz und kein Tod wäre. Denkt man sich ja doch den Himmel so. Von Prüfungszeit, von allmählicher Ausbildung zu reden heißt, sehr menschlich von Gott denken und ist bloßes Geschwätz. Warum sollte es nicht Stufen von Geistern bis zu Gott hinauf geben und unsere Welt das Werk von einem sein können, der die Sache noch nicht recht verstand, ein Versuch? Ich meine unser Sonnensystem oder unser ganzer Nebelstern, der mit der Milchstraße aufhört. Vielleicht sind die Nebelsterne, die Herschel gesehen hat, nichts als eingelieferte Probestücke oder solche, an denen noch gearbeitet wird. Wenn ich Krieg, Hunger, Armut und Pestilenz betrachte, so kann ich unmöglich glauben, daß alles das Werk eines höchst weisen Wesens sei; oder es muß einen von ihm unabhängigen Stoff gefunden haben, von welchem es einigermaßen beschränkt wurde, so daß dieses nur respektive die beste Welt wäre, wie auch schon häufig gelehrt worden ist.

Wenn man die Natur als Lehrerin und die armen Menschen als Zuhörer betrachtet, so ist man geneigt, einer ganz sonderbaren Idee vom menschlichen Geschlecht Raum zu geben. Wir sitzen allesamt in einem Kollegio, haben die Prinzipien, die nötig sind, es zu verstehen und zu fassen, horchen aber immer mehr auf die Plaudereien unserer Mitschüler als auf den Vortrag der Lehrerin. Oder wenn ja einer neben uns etwas nachschreibt, so spicken wir von ihm, stehlen, was er selbst vielleicht undeutlich hörte, und vermehren es mit unsern eigenen orthographischen und Meinungsfehlern.

Es gibt Wahrheiten, die so ziemlich herausgeputzt einhergehen, daß man sie für Lügen halten sollte, und die nichtsdestoweniger reine Wahrheiten sind.

Um vergnügt oder vielmehr lustig in der Welt zu sein, wird nur erfordert, daß man alles nur flüchtig ansieht; so wie man nachdenkender wird, wird man auch ernsthafter.

Daß man manchen außerordentlichen Mann, von dem man gehört hat, geringer zu finden glaubt, wenn man ihn sieht, rührt gemeiniglich oder gewiß allemal daher, daß man jetzt sieht, daß er das gewöhnliche Gesicht eines Menschen hat.

Wovon das Herz nicht voll ist, davon geht der Mund über, habe ich öfters wahr gefunden als den entgegengesetzten Satz.

Es ist der gemeine Fehler aller Leute von wenig Talenten und mehr Belesenheit als Verstand, daß sie eher auf künstliche Erklärungen verfallen als auf natürliche.

Ich bin überzeugt, daß es Brillen für die Seelenkräfte gibt so gut wie für die Augen. Es wäre sonderbar, wenn so etwas nicht sollte möglich sein. Wenn der Witz mit dem Alter schwach wird, so kann oft das Lesen von Wortregistern Vergleichungen bewirken, die ohne dieses unmöglich wären.

Es ist gewiß besser, eine Sache gar nicht studiert zu haben als oberflächlich. Denn der bloße gesunde Menschenverstand, wenn er eine Sache beurteilen will, schießt nicht so sehr fehl als die halbe Gelehrsamkeit.

Es gibt eine Menge kleiner moralischer Falschheiten, die man übt, ohne zu glauben, daß es schädlich sei, so wie man etwa aus ähnlicher Gleichgültigkeit gegen seine Gesundheit Tabak raucht.

Der Stolz, eine edle Leidenschaft, ist nicht blind gegen eigene Fehler, aber der Hochmut ist es.

Ein Gelübde zu tun ist eine größere Sünde, als es zu brechen.

Ehe man tadelt, sollte man immer erst versuchen, ob man nicht entschuldigen kann.

Ich habe sehr häufig gefunden, daß gemeine Leute, die nicht rauchen, an Orten, wo das Rauchen gewöhnlich ist, immer sehr gute und tätige Menschen waren. Bei dem gemeinen Mann ist es leicht zu erklären; es verrät bei dieser Klasse vorzüglich schon etwas Gutes, sich von einer solchen Mode nicht hinreißen zu lassen oder überhaupt etwas zu unterlassen, was wenigstens von Anfang nicht behagt. Auch muß ich gestehen, daß von allen den Gelehrten, die ich in meinem Leben habe kennengelernt und die ich eigentlich Genies nennen möchte, kein einziger geraucht hat. – Hat wohl Lessing geraucht?

Es ist für die Vervollkommnung unseres Geistes gefährlich, Beifall durch Werke zu erhalten, die nicht unsere ganze Kraft erfordern. Man steht alsdann gewöhnlich stille, Rochefoucauld glaubt daher, es habe noch nie ein Mensch alles das getan, was er habe tun können; ich halte dafür, daß dieses größtenteils wahr ist. Jede menschliche Seele hat eine Portion Indolenz, wodurch sie geneigt wird, das vorzüglich zu tun, was ihr leicht wird.

Einer der größten und zugleich gemeinsten Fehler der Menschen ist, daß sie glauben, andere Menschen kennten ihre Schwächen nicht, weil sie nicht davon plaudern hören oder nichts davon gedruckt lesen. Ich glaube aber, daß die meisten Menschen besser von andern gekannt werden, als sie sich selbst kennen. Ich weiß, daß berühmte Schriftsteller, die aber im Grunde seichte Köpfe waren (was sich in Deutschland leicht beisammen findet), bei allem ihrem Eigendünkel von den besten Köpfen, die ich befragen konnte, für seichte Köpfe gehalten worden sind.

Wenn man selbst anfängt alt zu werden, so hält man andere von gleichem Alter für jünger, als man in früheren Jahren Leute von eben dem Alter hielt. So halte ich z. B. den Goldschmied K., den ich schon vor 30 Jahren gekannt habe, für einen jungen Mann, ob er gleich gewiß schon einige Jahre älter ist, als sein Vater war, da ich ihn zum ersten Mal sah, den ich damals gewiß für keinen jungen Mann mehr hielt. Mit andern Worten, wir halten uns selbst und andere noch in denen Jahren für jung, in welchen wir, als wir noch jünger waren, andere schon für alt hielten.

Es gibt Leute, die zu keinem Entschluß kommen können, sie müssen sich denn erst über die Sache beschlafen haben. Das ist ganz gut, nur kann es Fälle geben, wo man riskiert, mitsamt der Bettlade gefangen zu werden.

Wird man wohl vor Scham rot im Dunkeln? Daß man vor Schrecken im Dunkeln bleich wird, glaube ich, aber das erstere nicht. Denn bleich wird man seiner selbst, rot seiner selbst und anderer wegen. – Die Frage, ob Frauenzimmer im Dunkeln rot werden, ist eine schwere Frage; wenigstens eine, die sich nicht bei Licht ausmachen läßt.

Es gibt nicht leicht eine größere Schwachheit, als die großen oder wenigstens glänzenden Taten mancher Menschen aus gewissen Engelsanlagen und einer Größe der Seele zu erklären. Es mag wohl einmal unter Tausenden wahr sein; wer aber den Menschen etwas studiert hat, wird die Ursachen solcher Taten gemeiniglich ganz in der Nähe finden. Es heißt schriftstellerisch vornehm tun, wenn man alles so tief sucht.

Ich glaube nicht, daß die sogenannten wahrhaft frommen Leute gut sind, weil sie fromm sind, sondern fromm, weil sie gut sind. Es gibt gewisse Charaktere, denen es Natur ist, sich in alle häuslichen und bürgerlichen Verhältnisse zu finden und sich das gefallen zu lassen, wovon sie teils den Nutzen, teils die Unmöglichkeit einsehen, es besser zu haben. Also das der Religion zuzuschreiben, könnte gar wohl eine Fallacia causae sein.

Ich habe durch mein ganzes Leben gefunden, daß sich der Charakter eines Menschen aus nichts so sicher erkennen läßt, wenn alle Mittel fehlen, als aus einem Scherz, den er übelnimmt.

Wer ist unter uns allen, der nicht einmal im Jahre närrisch ist, das ist, wenn er sich allein befindet, sich eine andere Welt, andere Glücksumstände denkt als die wirklichen? Die Vernunft besteht nur darin, sich sogleich wiederzufinden, sobald die Szene vorüber ist, und aus der Komödie nach Hause zu gehen.

Die Menschen denken über die Vorfälle des Lebens nicht so verschieden, als sie darüber sprechen.

Man muß nie den Menschen nach dem beurteilen, was er geschrieben hat, sondern nach dem, was er in Gesellschaft von Männern, die ihm gewachsen sind, spricht.

Daß die Menschen so oft falsche Urteile fällen, rührt gewiß nicht allein aus einem Mangel an Einsicht und Ideen, sondern hauptsächlich davon her, daß sie nicht jeden Punkt im Satze unter das Mikroskop bringen und bedenken.

Leute, die viel auf der Straße lesen, lesen gemeiniglich nicht viel zu Hause.

Die Leute, die niemals Zeit haben, tun am wenigsten.

Man wird grämlich, wenn man alt wird oder wenn Liebe oder auch oft, wenn Freundschaft alt wird. Es können Dinge bei einem alt werden, obgleich man selbst jung bleibt. Manche Leute glauben, Sommer und Winter schieden sich immer mit einem Donnerwetter.

Wenn man manchen großen Taten und Gedanken bis zu ihrer Quelle nachspüren könnte, so würde man finden, daß sie öfters gar nicht in der Welt sein würden, wenn die Bouteille verkorkt geblieben wäre, aus der sie geholt wurden. Man glaubt nicht, wieviel aus jener Öffnung hervorkommt. Manche Köpfe tragen keine Früchte, wenn sie nicht wie Hyazinthenzwiebeln über Bouteillenhälsen stehen. Der Feige holt da seinen Mut, der Schüchterne Vertrauen auf eigne Kraft und der Elende Trost hervor.

Der Mensch kann sich alles geben, sogar Mut, wenn er es recht anfängt; aber es ist freilich besser, wenn man ihn schon mit auf die Welt bringt.

Die Könige glauben oft, das, was ihre Generale und Admirale tun, sei Patriotismus und Eifer für ihre eigne Ehre. Öfters ist die ganze Triebfeder großer Taten ein Mädchen, welches die Zeitung liest.

Ja, einmal recht gründlich zu untersuchen, warum das Blühen, ohne Früchte zu tragen, so sehr gemein ist, nicht bloß an den Obstbäumen. Bei unsern gelehrten Kindern ist es ebenso. Sie blühen vortrefflich und tragen keine Früchte.

Vielleicht ist noch nie ein Vater gewesen, der nicht irgend einmal sein Kind für etwas ganz Originelles gehalten hat. Doch glaube ich, sind die gelehrten Väter diesem zärtlichen Irrtum mehr ausgesetzt als irgendeine andere Klasse von Vätern.

Ich bin überzeugt, daß die vermeinte Gründlichkeit beim Vortrage der Anfangsgründe sehr schadet. Es ist gar nicht nötig, daß ein Lehrer dem Anfänger die Sache gründlich vorträgt; aber der Lehrer, der diesen Vortrag wählt, muß sie gründlich verstehen; alsdann ist gewiß für den Anfänger gesorgt.

Es ist ein schlechter Lohn, wenn ein Junge, auf den man etwas verwandt hat, am Ende ein Poet wird. Ein Viertelstündchen Nachtmusik für einen jahrelangen Dienst. Eltern, die bemerken, daß ihr Junge ein Poet von Profession werden will, sollten ihn so lange peitschen, bis er das Versemachen aufgibt oder bis er ein großer Dichter wird.

Bei der jetzigen Anarchie in Frankreich und der Uneinigkeit im Nationalkonvent sollte man immer fragen: Wieviel gehört wohl davon den Emigranten und wieviel dem Einfluß fremder Höfe? Gewiß wird nicht bloß mit Armeen von letzteren gefochten.

Es scheint fast, als wenn es mit der Erkenntnis gewisser Wahrheiten und ihrer Anwendung im Leben ginge wie mit Pflanzen; wenn sie einen gewissen Grad von Höhe erreicht haben, so werden sie abgeschnitten, um wieder von vorne anzufangen. Der höchste Grad von politischer Freiheit liegt unmittelbar am Despotismus an. Wie schön ist es nicht bei der englischen Konstitution, daß sie republikanische Freiheit mit der Monarchie schon vorläufig gemischt hat, um den völligen Umschlag aus einer Demokratie in reine Monarchie oder Despotismus zu verhindern?

Das Traurigste, was die Französische Revolution für uns bewirkt hat, ist unstreitig das, daß man jede vernünftige und von Gott und Rechts wegen zu verlangende Forderung als einen Keim von Empörung ansehen wird.

Es kommt nicht darauf an, ob die Sonne in eines Monarchen Staaten nicht untergeht, wie sich Spanien ehedem rühmte, sondern was sie während ihres Laufes in diesen Staaten zu sehen bekommt.

Man spricht viel von guten Königen, die doch im Grunde nichts weniger waren als gute Könige, aber gute Leute. Es ist dieses eine höchst ungereimte Verwirrung der Begriffe. Man kann ein sehr guter Mann und doch kein guter König sein, so gut als man ein ehrlicher Mann und dabei kein guter Bereiter sein kann. Dies ist wahrhaftig der Fall mit Ludwig XVI. Was halfen seine guten Gesinnungen? Dadurch konnte sein Volk unmöglich glücklich werden. Man sagt nicht, daß er nicht vergleichungsweise gut gewesen sei. Er war gewiß sehr viel besser als manche seiner Vorgänger.

Eine Gleichheit und Freiheit festsetzen, so wie sie sich jetzt viele Menschen gedenken, das hieße ein elftes Gebot geben, wodurch die übrigen zehn aufgehoben würden.

Sonst sucht man bei Bekehrungen die Meinung wegzuschaffen, ohne den Kopf anzutasten; in Frankreich verfährt man jetzt kürzer. Man nimmt die Meinung mitsamt dem Kopf weg.

Was die Großen jetzt zu bedenken haben, ist, daß sie ihre Untertanen gewiß nicht leicht ärger drücken können, als sie in Frankreich gedrückt wurden, und diese doch ihrem Könige den Kopf abgeschlagen haben.

Es sind jetzt Deutsche, Engländer, Franzosen, Piemonteser, Spanier, Portugiesen, Neapolitaner und Holländer, die das Heilige Grab der französischen Monarchie zu erobern trachten; ob es ihnen wohl gelingen wird?

Es ist eine große Frage, wodurch in der Welt mehr ist ausgerichtet worden, durch das gründlich Gesagte oder durch das bloß schön Gesagte. Etwas zugleich sehr gründlich und sehr schön zu sagen ist schwer; wenigstens wird in dem Augenblick, da die Schönheit empfunden wird, die Gründlichkeit nicht ganz erkannt. Man tadelt das seichte Geschwätz, das jetzt in Frankreich in politischen Dingen gedruckt wird. Ich glaube, dieser Tadel ist selbst etwas seicht und zeigt, daß bloß das System, aber nicht die Kenntnis menschlicher Natur die Feder geführt hat. Denn diese Bücher werden ja nicht für das Menschengeschlecht und die abstrakte Vernunft geschrieben, sondern für konkrete Menschen von einer gewissen Partei und erreichen gewiß ihren Zweck sicherer als alle Werke, die für den abstrakten Menschen berechnet sind, den es noch nicht gegeben hat und nie geben wird.

Ich sehe darin nichts so sehr Arges, daß man in Frankreich der christlichen Religion entsagt hat. Das sind ja alles nur kleine Winkelzüge. Wie wenn das Volk nun ohne allen äußern Zwang in ihren Schoß zurückkehrt, weil ohne sie kein Glück wäre? Welches Beispiel für die Nachwelt, und welches kostbare Experiment, das man wahrlich nicht alle Tage anstellt! Ja, vielleicht war es nötig, sie einmal ganz aufzuheben, um sie gereinigt wieder einzuführen.

Es ist, glaube ich, keine Frage, daß, bei aller Ungleichheit der Stände, die Menschen alle gleich glücklich sein können; man suche nur jeden so glücklich als möglich zu machen.

Ich möchte was darum geben, genau zu wissen, für wen eigentlich die Taten getan worden sind, von denen man öffentlich sagt, sie wären für das Vaterland getan worden.

Wenn die Gleichheit der Stände, über die man jetzt so viel schreibt und spricht, etwas Wünschenswertes ist, so muß sie notwendig etwas jener Gleichheit Analoges haben, die man nach Aufhebung des Rechts des Stärkern durch weise Gesetze eingeführt hat. Es ist daher ein gar sonderbares Argument, das man zur Verteidigung der Ungleichheit beibringt, wenn man sagt, die Menschen würden mit ungleichen Kräften geboren. Denn hierauf kann man antworten: Eben deswegen, weil die Menschen mit ungleichen Kräften geboren werden und der Stärkere den Schwächeren verschlingen würde, hat man sich in Gesellschaften vereinigt und durch Gesetze eine größere Gleichheit eingeführt. Ist das sogenannte Gleichgewicht von Europa etwas anderes? Überhaupt wäre es wohl besser, zu sagen: Gleichgewicht der Stände als Gleichheit.

Eine Republik zu bauen aus den Materialien einer niedergerissenen Monarchie ist freilich ein schweres Problem. Es geht nicht, ohne bis erst jeder Stein anders gehauen ist, und dazu gehört Zeit.

Was dem Ruhm und der Unsterblichkeit manches Schriftstellers ein größeres Hindernis in den Weg legt als der Neid und die Bosheit aller kritischen Journale und Zeitungen zusammengenommen, ist der fatale Umstand, daß sie ihre Werke auf einen Stoff müssen drucken lassen, der zugleich auch zu Gewürztüten gebraucht werden kann.

Eine seltsamere Ware als Bücher gibt es wohl schwerlich in der Welt. Von Leuten gedruckt, die sie nicht verstehen; von Leuten verkauft, die sie nicht verstehen; gebunden, rezensiert und gelesen von Leuten, die sie nicht verstehen, und nun gar geschrieben von Leuten, die sie nicht verstehen.

Viele Priester der Minerva haben, außer mancher Ähnlichkeit mit der Göttin selbst, auch die mit dem berühmten Vogel derselben, daß sie zwar im Dunkeln Mäuse fangen, aber am Tageslicht den Kirchtum nicht eher sehen, als bis sie sich die Köpfe daran entzweistoßen.

Wenn England eine vorzügliche Stärke in Rennpferden hat, so haben wir die unsrige in Rennfedern. Ich habe welche gekannt, die mit einem einzigen Satz über die höchsten Hecken und breitesten Gräben der Kritik und gesunden Vernunft hinübersetzten, als wären es Strohhalme.

Ist es nicht sonderbar, daß man das Publikum, das uns lobt, immer für einen kompetenten Richter hält; aber sobald es uns tadelt, es für unfähig erklärt, über Werke des Geistes zu urteilen?

Es gibt kein größeres Hindernis des Fortgangs in den Wissenschaften als das Verlangen, den Erfolg davon zu früh verspüren zu wollen. Dieses ist munteren Charakteren sehr eigen; darum leisten sie auch selten viel; denn die lassen nach und werden niedergeschlagen, sobald sie merken, daß sie nicht fortrücken. Sie würden aber fortgerückt sein, wenn sie geringe Kraft mit vieler Zeit gebraucht hätten.

Unter allen Kapiteln, die uns der angenehme Schwätzer Montaigne hinterlassen hat, hat mir immer das vom Tode, der vielen vortrefflichen Gedanken ungeachtet, am wenigsten gefallen. Es ist das neunzehnte im ersten Buche. Man sieht durch alles hindurch, daß sich der wackere Philosoph sehr vor dem Tode gefürchtet und durch die gewaltsame Ängstlichkeit, womit er den Gedanken wendet und selbst zu Wortspielen dreht, ein sehr übles Beispiel gegeben hat. Wer sich vor dem Tode wirklich nicht fürchtet, wird schwerlich davon mit so vielen kleinlichen Trostgründen gegen ihn zu reden wissen, als hier Montaigne beibringt.

Es schadet bei manchen Untersuchungen nicht, sie erst bei einem Räuschchen durchzudenken und dabei aufzuschreiben, hernach aber alles bei kaltem Blute und ruhiger Überlegung zu vollenden. Eine kleine Erhebung durch Wein ist den Sprüngen der Erfindung und dem Ausdruck günstig, der Ordnung und Planmäßigkeit aber bloß die ruhige Vernunft.

Es müßte eine ganz entsetzlich elende Übersetzung sein, die ein gutes Buch für einen Mann von Geist, der ins Große liest und nicht über Ausdrücken und Sentenzen hängt, verderben könnte. Ein Buch, das nicht einen solchen Charakter hat, den selbst der schlechteste Übersetzer kaum für den Mann von Geist verderben kann, ist gewiß nicht für die Nachwelt geschrieben.

Es ist schade, daß man bei Schriftstellern die gelehrten Eingeweide nicht sehen kann, um zu erforschen, was sie gegessen haben.

Die Leichenpredigten auf Bücher unterscheiden sich gar sehr von denen auf Menschen. Die letzteren werden gewöhnlich über Verdienst gelobt und die ersteren ausgeschimpft.

Viele sogenannte berühmte Schriftsteller, in Deutschland wenigstens, sind sehr wenig bedeutende Menschen in Gesellschaft. Es sind bloß ihre Bücher, die Achtung verdienen, nicht sie selbst. Denn sie sind meistens sehr wenig wirklich. Sie müssen sich immer erst durch Nachschlagen zu etwas machen, und dann ist es immer wieder das Papier, das sie geschrieben haben. Sie sind elende Ratgeber und seichte Lehrer dem, der sie befragt.

Es war vor einiger Zeit Mode, und ist es vielleicht noch, auf die Titel der Romane zu setzen: »Eine wahre Geschichte«. Das ist nun eine kleine unschuldige Betrügerei, aber daß man auf manchen neueren Geschichtsbüchern die Worte »Ein Roman« wegläßt, das ist keine so unschuldige.

Vielleicht leistet manches schlechte Buch, das jetzt verachtet wird, dereinst einem guten eben den Dienst, den die elenden Schauspiele den Shakespeareschen geleistet haben, mit dessen Werken sie gleichzeitig waren. So kommt auch schon dem schlechten Schriftsteller der Trost zustatten, daß die Nachwelt dereinst sein Verdienst erkennen wird.

B. besitzt großes Dichtertalent; aber es ist bei ihm in eine fremde Materie gefaßt, so wie bei den Bleistiften das Reißblei in Holz; wenn er sich zu spitzen vergißt, so glaubt er zuweilen, er schriebe, wenn er bloß mit dem Holze kritzelt.

Die Menschen versprechen sich jetzt so viel von Amerika und dessen politischen Zustand, daß man sagen könnte, die Wünsche, wenigstens die heimlichen, aller aufgeklärten Europäer hätten eine westliche Abweichung wie unsere Magnetnadeln.

Er kann die Tinte nicht halten, und wenn es ihm ankommt, jemand zu besudeln, so besudelt er sich gemeiniglich am meisten.

Es wäre freilich gut, wenn es keine Selbstmorde gäbe. Aber man richte nicht zu voreilig. Wie in aller Welt wollte man z. B. in Trauerspielen die unnützen Personen wegschaffen? Sie durch andere ermorden lassen ist gefährlich. Alles ist weislich geordnet.

Er war nicht sowohl Eigentümer als Pächter der Wissenschaften, die er vortrug. Denn es gehörte ihm nicht ein Fleckchen davon.

Es gibt heutzutage so viele Genies, daß man recht froh sein soll, wenn einem einmal der Himmel ein Kind beschert, das keines ist.

Wäre es nicht gut, die Theologie etwa mit dem Jahre 1800 für geschlossen anzunehmen und den Theologen zu verbieten, fernere Entdeckungen zu machen?

Er handelte mit anderer Leute Meinungen. Er war Professor der Philosophie.

Er hatte mehrere Krankheiten, allein seine Hauptstärke besaß er im asthmatischen Fache.

Der gute Ton steht dort um eine Oktave niedriger.

Ein Mädchen, kaum 12 Moden alt.

Wir sind auf dem Wege zur Untersuchung der Natur in ein so tiefes Geleise hineingeraten, daß wir immer andern nachfahren. Wir müssen suchen herauszukommen.

Was man von dem Vorteil und Schaden der Aufklärung sagt, ließe sich gewiß gut in einer Fabel vom Feuer darstellen. Es ist die Seele der unorganischen Natur, sein mäßiger Gebrauch macht uns das Leben angenehm, es erwärmt unsere Winter und erleuchtet unsere Nächte. Aber das müssen Lichter und Fakkeln sein; die Straßenerleuchtung durch angezündete Häuser ist eine sehr böse Erleuchtung. Auch muß man Kinder nicht damit spielen lassen.

In jeder Fakultät sollte wenigstens ein recht tüchtiger Mann sein. Wenn die Scharniere von gutem Metall sind, so kann das übrige von Holz sein.

Gewissen Menschen ist ein Mann von Kopf ein fataleres Geschöpf als der deklarierteste Schurke.

Wenn die Fische stumm sind, so sind dafür ihre Verkäuferinnen desto beredter.

Wir leben in einer Welt, worin ein Narr viele Narren, aber ein weiser Mann nur wenige Weise macht.

Pantheon der Deutschen.
Ich habe auch vor Newtons Grabmal in Westminsterabtei gestanden; ich habe Shakespeares Denkmal, vermischt mit denen von großen Helden angesehen; allein ich muß bekennen, vielleicht zu meiner Schande, daß der Eindruck sehr gemischt und eigen war. Ich konnte mich unmöglich überzeugen, daß Newton und Shakespeare dadurch geehrt würden, sondern, wenn ich mich in der Erklärung meines Gesichts nicht irre, so war es mir, als ständen diese Denkmäler da, die übrigen zu ehren und dem Platz Ehre zu verschaffen. Es war mir unmöglich, mich von diesem Gefühl loszumachen. – Was könnte es helfen, jetzt Luthern in einem deutschen Pantheon aufzustellen? Soll das zur Ehre Luthers sein? Unmöglich, es ist zur Ehre des Pantheons. Wenn ja eine solche Anstalt nützen soll, so müssen Männer aufgestellt werden, deren Taten ohne Glanz groß waren; Männer, die sich bloß durch Handeln um Vaterland und Nebenmenschen verdient gemacht haben, kein Schriftsteller als solcher. Ein Schriftsteller, der zu seiner Verewigung eine Bildsäule nötig hat, ist auch dieser nicht wert.

So angenehm die Musik dem Ohre ist, wenn es sie hört, so unangenehm ist sie ihm oft, wenn man ihm davon vorspricht.

Die geschnitzten Heiligen haben in der Welt mehr ausgerichtet als die lebendigen.

Es ist sehr weise, daß die Fische stumm sind, denn da das Wasser den Schall so außerordentlich fortpflanzt, so würden sie ihr eigenes Wort nicht hören. Ich glaube, eines der größten Unglücke, das die Welt befallen könnte, wäre dieses, daß die Luft den Schall ungeschwächt zwanzig Meilen weit fortpflanzte.

Wer eine Wissenschaft noch nicht so innehat, daß er jeden Verstoß dagegen fühlt wie einen grammatikalischen Fehler in seiner Muttersprache, der hat noch viel zu lernen.

Die Neigung der Menschen, kleine Dinge für wichtig zu halten, hat sehr viel Großes hervorgebracht.

Soviel ist ausgemacht, die christliche Religion wird mehr von solchen Leuten verfochten, die ihr Brot von ihr haben, als solchen, die von ihrer Wahrheit überzeugt sind. Man muß hier nicht auf gedruckte Bücher sehen, das ist das wenigste, die bekommen Tausende nicht zu lesen, sondern auf die Personen, die täglich an ihrer Aufrechterhaltung schnitzeln und stümpern und auf Universitäten vom Freitische an dazu erzogen und verzogen werden.

## 1796–1799

Man wirft oft den Großen vor, daß die sehr viel Gutes hätten tun können, das sie nicht getan haben. Sie könnten antworten: Bedenkt einmal das Böse, das wir hätten tun können und nicht getan haben.

Ein Gesichtchen, nicht zum Küssen, sondern zum Hineinbeißen, schreibt der hitzige Lion.

Etwas dabei zu tun oder zu denken, was noch kein Mensch in der Welt je dabei getan oder gedacht hat.

Da gab's allerlei zu bewundern und zu verfluchen. Das ist oft der Fall bei den berühmtesten Männern.

Die Französische Revolution hat durch die allgemeine Sprache, zu der es mit ihr gekommen ist, nun ein gewisses Wissen unter die Leute gebracht, das nicht leicht wieder zerstört werden wird . . .

A.: Sie sind ja so fett geworden.
B.: Fett?
A.: Sie sind noch einmal so dick als sonst.
B.: Das ist die Arbeit der ermüdeten Natur, die nicht mehr Kraft hat, etwas anders zu machen als Fett, das man allenfalls, ohne der Menschheit damit zu nahe zu treten, wegschneiden kann. Fett, Fett ist weder Geist noch Körper, sondern bloß, was

die müde Natur liegenläßt, für mich so gut wie für das Gras auf dem Kirchhofe.

Die geheiligten Schnitzer der Konzilien.

Ob der Mond bewohnt ist, weiß der Astronom ungefähr mit der Zuverlässigkeit, mit der er weiß, wer sein Vater war, aber nicht, mit der, womit er weiß, wer seine Mutter gewesen ist.

Heute (den 20. Oktober 96) lese ich das Buch ›Der politische Tierkreis oder die Zeichen der Zeit‹ von Huergelmer. Straßburg bei Georg König. Es ist gut geschrieben und enthält, teils eigen, teils aus andern exzerpiert, das Beste, was sich gegen die jetzigen Großen und die Monarchien sagen läßt. Einiges mag auch wohl unwiderleglich sein. Allein man lasse einmal die Volksregierungen überall eintreten: so werden vermutlich andere Umstände folgen, die die Vernunft ebensowenig billigen kann als die jetzigen. Denn, daß das republikanische System ganz frei von allem Unheil sein sollte, ist ein Traum, eine bloße Idee. Was wird es werden, wenn es überhaupt ausgeführt würde? – Ich glaube, ohne deswegen richten zu wollen, man wird ewig und ewig durch Revolutionen von einem System in das andere stürzen, und die Dauer eines jeden darin wird von der temporellen Güte der Subjekte abhängen. Nach Amerika läßt sich noch nichts beurteilen, weil sie zu weit von den Ländern entfernt sind, die anders denken, und die auf jener Seite der Welt anders denken, nicht mehr Unterstützung genug haben. Die eingeschränkte Monarchie scheint am Ende die Asymptote zu sein. Aber auch da wird es immer und ewig auf die Güte der Subjekte ankommen et sic in infinitum.

Große Eroberer werden immer angestaunt werden, und die Universalhistorie wird ihre Perioden nach ihnen zuschneiden. Das ist traurig, es liegt aber in der menschlichen Natur. Gegen den großen und starken Körper selbst eines Dummkopfs wird immer der kleine des größten Geistes und sonach der große Geist selbst verächtlich erscheinen, wenigstens für den größten Teil der Welt, und das, solange Menschen Menschen sind. Den großen Geist im kleinen Körper vorzuziehen ist Überlegung, und zu der erheben sich die wenigsten Menschen. Bei einem Viehmarkt sind immer die Augen auf den größten und fettesten Ochsen gerichtet.

Das Sorgenschränkchen, das Allerheiligste der innersten Seelenökonomie, das nur des Nachts geöffnet wird. Jedermann hat das seinige . . .

Man hat heutzutage mehr Magister der Rechtschaffenheit als rechtschaffene Menschen.

Eine Seelenschokolade, deren Gebrauch zum ewigen Leben führt.

In einem Lande N. N. müssen bei einem Kriege der Regent sowohl als seine Räte, solange der Krieg währt, über einer Pulvertonne schlafen, und zwar in besonderen Zimmern des Schlosses, so jedermann frei hinsehen kann, um zu beurteilen, ob das Nachtlicht auch jedesmal brennt. Die Tonne ist nicht allein mit dem Siegel der Volksdeputierten versiegelt, sondern auch mit Riemen an den Fußboden befestigt, die wieder gehörig versiegelt sind. Alle Abend und alle Morgen werden die Siegel untersucht. Man sagt, daß seit der Zeit die Kriege in jenen Gegenden ganz aufgehört hätten.

Eine sklavische Handlung ist nicht immer die Handlung eines Sklaven.

Eine Schicht utile und dann wieder eine Schicht dulce, Unterhaltung und Belehrung, sagt schon Swift.

Es wäre vielleicht gut gewesen für Wien, wenn die Franzosen im Herbst 1796 dahin gekommen wären. Ich rede nicht von den Barbaren, sondern von den einnehmenden geistvollen Offizieren. Vielleicht hätten sie die Rasse etwas verbessert. Denn wenn die österreichischen Schafe bessere Wolle geben sollen, so müssen sie französische Widder kommen lassen, sonst bleiben sie halt Dummköpfe.

Daß in den Kirchen gepredigt wird, macht deswegen die Blitzableiter auf ihnen nicht unnötig.

Der Mann, der nicht aus dem Stegreif zu räsonieren weiß über Materien seines Fachs, der erst in seine Excerpta steigen muß oder in seine Bibliothek, ist gewiß ein Artefakt. Man hat heutzutage eine Kunst berühmt zu werden, die war den Alten unbekannt, die wurden's durch Genie. Pasten sind unsere meisten berühmten Gelehrten, keine Edelsteine. Allein sehr weit wird es auch mit ihrem Ruhm nicht gehen. Ihre Werke werden vergessen wie die Poesie des Cicero, die sogar seine der Ewigkeit entgegengehende Prose nicht einmal zu erhalten imstande war.

Der liebe Gott mit seinen Vasallen. Statt einer Monarchie Gottes haben wir nun Feudalsystem.

Er stieg langsam und stolz wie ein Hexameter voran, und seine Frau trippelte wie ein Pentameterchen hinterdrein.

Die Griechen verdarben, möchte ich fast sagen, nicht die schönste Zeit ihrer Jugend mit Erlernung von toten Sprachen, und sie lernten die Sprachen, die sie nötig hatten, durch die Sachen und nicht wie wir umgekehrt in unzähligen Dingen die

Sachen durch die Wörter. Plutarch war schon zeimlich bei Jahren, als er Latein lernte.

Die glücklichen Zeiten des Lebens, da man noch nicht denkt, wie alt man ist, noch kein Buch hält über die Haushaltung des Lebens.

Auf den Fenstern der Aufklärung ruht in Deutschland wenigstens eine schwere Taxe.

Da jetzt in den Zeitungen so viel von den Spitzen der Armeen und der Ehre der Kronen gesprochen wird, so wünscht ein wahrer Patriot und Menschenfreund zu erfahren: Erstens, wo eigentlich die Spitzen der Armeen liegen, vornen oder hinten oder auf den Seiten oder in der Mitte, oder ob die Armeen ihre Spitzen, wenn sie gegen den Feind marschieren, gar nicht einmal bei sich führen, sondern als ein Heiligtum unter einer guten Eskorte zurücklassen. Zweitens, worin eigentlich die wahre Ehre der Kronen besteht? Darin, daß ihre Untertanen bei einem mäßigen Auskommen und bei geraden Gliedern glücklich sind, oder darin, daß man Hunderttausende schlachten oder zu Krüppeln schießen läßt, um ein paar Krämer zu bereichern und von dem Abfall dieses Überflusses Edelsteine für die Krone zu kaufen?

Benvenuto Cellini macht die vortreffliche Bemerkung: Schaden mache nicht klug, weil der neue sich immer wieder unter einer verschiedenen Form ankündige. Dieses kenne ich recht aus eigner Erfahrung.

Wenn es doch in Sachen des Geschmacks oder der Kritik überhaupt ein Oberappellationsgericht gebe!

Glaubt ihr denn, daß der liebe Gott katholisch ist?

Man adjungiert alten Leuten junge, ich glaube, es wäre in vielen Fällen besser, wenn man manchen jungen Leuten alte adjungierte.

Es geht hier wie mit dem Heiligen Christ und den Ostereiern, sobald man erfährt, wo sie herkommen, kriegt man keine mehr.

So ist zum Beispiel das Wort unvergleichlich im Deutschen ganz unvergleichlich erbärmlich.

Der Deutsche liebt die scharfen Distinktionen. Warum nicht Hoch-, Höher-, Höchstedelgeborener, Wohl-, Besser-, Bestgeborener Herr?

Ob das Elend in Deutschland zugenommen hat, weiß ich nicht, die Interjektionszeichen haben gewiß zugenommen. Wo man sonst bloß ! setzte, da steht jetzt !!!

Ich werde tagtäglich mehr überzeugt, daß mein Nervenbündel von meiner Einsamkeit sehr unterhalten wird, wo nicht gar hervorgebracht worden ist. Ich finde fast gar keine Unterhaltung mehr als durch meinen eignen Kopf, der immer beschäftigt ist; da nun meine Nerven nie die stärksten gewesen sind, so muß notwendig dadurch eine Ermüdung entstehen. Ich merke dieses sehr wohl, daß mich Gesellschaft aufheitert. Ich vergesse mich, oder vielmehr mein Kopf empfängt, anstatt zu schaffen, und ruht daher. Daher ist auch das Lesen schon eine Erholung für mich, allein ist doch nicht das, was die Gesellschaft ist, weil ich das Buch immer weglege und wieder für mich handle.

Der jetzige Krieg hat gewisse Begriffe allgemein in Gang gebracht. Man kann nicht sagen, daß dieses schon oft geschehen sei. Nein! Niemals so: nach Erfindung der Buchdruckerei, nach der Reformation, nach dem Etablissement so vieler Zeitungen und Journale, nach so vielen Leihbibliotheken und nach der entstandenen Lesesucht, die gewiß nie so allgemein war. Es kommt so vieles zusammen, was nie vorher beisammen war und nicht beisammen sein konnte, was unsere Zeiten zu den merkwürdigsten macht, die je gewesen sind.

Ein etwas vorschnippischer Philosoph, ich glaube Hamlet, Prinz von Dänemark, hat gesagt, es gebe eine Menge Dinge im Himmel und auf der Erde, wovon nichts in unseren Kompendiis steht. Hat der einfältige Mensch, der bekanntlich nicht recht bei Trost war, damit auf unsere Kompendia der Physik gestichelt, so kann man ihm getrost antworten: Gut, aber dafür stehn auch wieder eine Menge von Dingen in unseren Kompendiis, wovon weder im Himmel noch auf der Erde etwas vorkömmt.

Wispere (oder) flüstere unsterbliche Muse den Wahnwitz der Großen pp.

Es macht allemal einen sonderbaren Eindruck auf mich, wenn ich einen großen Gelehrten oder sonst einen wichtigen und gesetzten Mann sehe, dabei zu denken, daß doch einmal eine Zeit war, da er den Maikäfern ein Liedchen sang, um sie zum Auffliegen zu ermuntern.

Eine verfängliche Frage, fast wie die, ob Zwillinge Stiefgeschwister sein können.

Wenn unsere Theologie so fortfährt, sich nach und nach in Theonomie zu verwandeln, so wie sich Astrologie in Astronomie verwandelt hat, so wäre doch die Frage, ob es nicht besser wäre, das neue Testament das mittlere zu nennen.

Als er am Kirchhofe vorbeiging, sagte er: Die da können nun sicher sein, daß sie nicht mehr gehenkt werden, das können wir nicht.

Vor einigen Tagen las ich wieder, daß ein Prediger im Lüttichischen, wo ich nicht irre, der 125 Jahre alt gestorben ist, von dem Bischofe sei gefragt worden, wie er es angefangen habe, so alt zu werden. »Ich habe mich«, sagte er, »des Weins, der Weiber und des Zorns enthalten.« Hier ist, wie mich dünkt, nur die große Frage: Wurde der Mann so alt, weil er sich jener Gifte enthielt, oder weil er ein Temperament besaß, das es ihm möglich machte, sich jener Gifte zu enthalten? Ich glaube, es ist unmöglich nicht, für das letzte zu stimmen. Daß sich mit jenen Giften jemand das Leben verkürzen kann, und zwar sehr stark, ist kein Beweis, daß man sich das Leben dadurch verlängert, daß man sich ihrem Gebrauch entzieht. Wer das Temperament nicht hat, würde, wenn er sich des andern Gechlechts enthielte, gewiß sein Leben damit nicht verlängern. Ebenso ist es mit der Sage, daß die wahren Christen immer rechtschaffene Leute sind. Es hat lange rechtschaffene Menschen gegeben, ehe Christen waren, und gibt, gottlob! auch da noch welche, wo keine Christen sind. Es wäre also gar wohl möglich, daß die Leute gute Christen sind, weil das wahre Christentum das heißt, was sie auch ohne dasselbe würden geworden sein. Sokrates wäre gewiß ein sehr guter Christ geworden.

Wir haben nunmehr vier Prinzipien der Moral:
I. Ein philosophisches: Tue das Gute um sein selbst willen, aus Achtung fürs Gesetz.
2. Ein religiöses: Tue es darum, weil es Gottes Wille ist, aus Liebe zu Gott.
3. Ein menschliches: Tue es, weil es deine Glückseligkeit befördert, aus Selbstliebe.
4. Ein politisches: Tue es, weil es die Wohlfahrt der großen Ge-

sellschaft befördert, von der du ein Teil bist, aus Liebe zur Gesellschaft, mit Rücksicht auf dich ...
Sollte dieses nicht alles dasselbe Prinzip sein, nur von andern Seiten angesehen? ...

Wer willens ist, seine Kinder zu Huren und Spitzbuben zu erziehen, und so etwas kann zuweilen nützlich sein (besser), der muß hauptsächlich Sorge tragen, sie mit den Anfangsgründen bekannt zu machen, ehe die Kinder erfahren, daß es Laster sind.

Am 24. Juli 1797, gegen halb drei Uhr des Nachmittags, wurde mir mein siebentes Kind, eine Knabe, sehr glücklich geboren. Ich war sehr bewegt. An demselben Tage erhielt ich einen Brief von meinem Bruder, datiert Gotha, den 20. Juli, worin er mir von dem kleinen Knaben, den er von dem Tischler Paul adoptiert hat, obgleich der Vater noch lebt, sagt, daß es eines der schönsten Kinder sei, die er gesehen habe, und er fände es, wie manche Römer, angenehmer, anderer Leute Kinder zu erziehen, als sich die Mühe zu nehmen, selbst welche zu machen. – Hier will ich ihn beim Wort halten. Ich will ihm Kinder genug zu erziehen geben, die er nicht gemacht hat und gegen die er mehr Verbindlichkeiten hat als gegen die von dem Tischler Paul, meine eigenen, die ich, sein Bruder, selbst gemacht habe ...

Ist es nicht sonderbar, daß man zu den höchsten Ehrenstellen in der Welt (König) ohne Examen gelangt, das man von jedem Stadtphysikus fordert?

Gott anzureden: Baron aller Barone, ist nicht lächerlich, es ist übertrieben, affektiert. Aber Graf aller Grafen ist in hohem Grade lächerlich. Hieraus mögen die Herrn Grafen in Deutschland lernen, auf was für einer Staffel sie bei dem Publikum stehn. Auf einem gefährlichen Aut, Aut.

Er war ein unerschöpflicher Erzähler und höchst unterhaltender Mann. Das Licht seines Witzes leuchtete über Tafeln von fünfzig Kouverten. Es mußte aber jemand da sein, der das Licht zuweilen putzte, sonst fing es an, dunkel zu brennen, und verlosch wohl gar. Es mit der Lichtschere auszutun war unmöglich.

Ich glaube doch nun auch wirklich, daß die Frage, ob die Gegenstände außer uns objektive Realität haben, keinen vernünftigen Sinn hat. Wir sind unserer Natur nach genötigt von gewissen Gegenständen unsrer Empfindung zu sagen, sie befänden sich außer uns, wir können nicht anders ... Die Frage ist fast so töricht, als die, ob die blaue Farbe wirklich blau sei. Wir können unmöglich über die Frage hinausgehen. Die Dinge, von denen ich sage, sie seien außer mir, weil ich sie so ansehen muß – es mag übrigens mit jenem Außer-mir-Sein eine Beschaffenheit haben, was es für eine will –, darüber können wir nicht richten ...

Keine Erfindung ist wohl dem Menschen leichter geworden als die eines Himmels.

Ihre körperlichen Reize befanden sich gerade in dem sonderbaren Zeitpunkt, wo sie anfangen, ihre anziehende Kraft mit der abstoßenden zu vertauschen.

Was die wahre Freundschaft und noch mehr das glückliche Band der Ehe so entzückend macht, ist die Erweiterung seines Ichs, und zwar über ein Feld hinaus, das sich im einzelnen Menschen durch keine Kunst in der Welt schaffen läßt. Zwei Seelen, die sich vereinigen, vereinigen sich dennoch nie ganz so, daß nicht immer noch der beiden so vorteilhafte Unterschied bliebe, der die Mitteilung so angenehm macht. Wer sich sein eigenes Leiden klagt, klagt es sicherlich vergeblich, wer es der Frau klagt, klagt es einem Selbst, das helfen kann und schon durch die Teilnahme hilft. Ebenso, wer gern sein Verdienst gerühmt hört, findet ebenfalls in ihr ein Publikum, gegen welches er sich rühmen kann, ohne Gefahr sich lächerlich zu machen.

Wenn er philosophiert, so wirft er gewöhnlich ein angenehmes Mondlicht über die Gegenstände, das im ganzen gefällt, aber nicht einen einzigen Gegenstand deutlich zeigt.

Experimentalpolitik, die Französische Revolution.

Selbst die sanftesten, bescheidensten und besten Mädchen sind immer sanfter, bescheidener und besser, wenn sie sich vor dem Spiegel schöner gefunden haben.

Es ist ein Glück, daß die Gedankenleerheit keine solche Folge hat, wie die Luftleerheit, sonst würden manche Köpfe, die sich an die Lesung von Werken wagen, die sie nicht verstehen, zusammengedrückt werden.

Wenn der Mensch sagt, Gott hört und sieht alles, warum sollte man ihn nicht mit Augen und Ohren malen, mit Pinsel oder Phantasie, das ist gleichviel. Aber ob es recht ist, ihn bloß mit zwei Augen zu malen, glaube ich kaum, denn so könnte er unmöglich sehn, was hinter ihm vorgeht. Es ist also eine Frage, wer hier am vernünftigsten malt, der, der ihn wie einen Menschen darstellt, oder der, der ihn ganz mit Augen besetzt.

Ich fürchte, unsere allzu sorgfältige Erziehung liefert uns Zwergobst.

Die Religion, eine Sonntagsaffäre.

Wie herrlich würde es nicht um die Welt stehen, wenn die großen Herrn den Frieden wie eine Mätresse liebten; sie haben für ihre Person zuwenig vom Kriege zu fürchten.

Er trieb einen kleinen Finsternis-Handel.

Sein Gewissen wurde in den Grafenstand erhoben.

Dieses ist einer von den sogenannten geflügelten Sprüchen, die sich aber leider, anstatt umherzufliegen, über die Wolken erhoben haben. So geht es mit fliegenden Dingen. Man sollte sie anzubinden wissen oder lernen.

Was die wahre Freiheit und den wahren Gebrauch derselben am deutlichsten charakterisiert, ist der Mißbrauch derselben.

Er vernünftelte mich ganz aus meiner Vernunft heraus.

Man hat auch bei Schließung der Ehen, wo allein die Leiber diktieren sollen, das Interesse zugelassen.

Die Vernunft sieht jetzt über das Reich der dunkeln, aber warmen Gefühle so hervor, wie die Alpenspitzen über die Wolken. Sie sehen die Sonne reiner und deutlicher, aber sie sind kalt und unfruchtbar. Brüstet sich mit ihrer Höhe.

Das nicht sehr musikalisch klingende Wörtchen Hure.

Die kleinen Mädchen haben ein Spiel, da sie sich schnell umdrehn und ihre Röckchen fliegen machen, alsdann schnell niederkauern und mit allen diesen Umständen ein bißchen Luft unter dem Röckchen fangen, das sich sehr bald verliert. Sich brüsten, um nichts zu fangen, ist oft ihr Geschäft auch in reiferen Jahren, und gerade mit demselben Fangapparat.

Er diente, in Shakespeares ›Midsummer night's dream‹ den Mondschein vorzustellen.

Ein nebelartiges Schleichen.

Es ist eine ganz bekannte Sache, daß die Viertelstündchen größer sind, als die Viertelstunden.

Wir wollen nun sehen, was aus der Französischen Republik wird, wenn die Gesetze ausgeschlafen haben.

Das Einmaleins zum Schutzheiligen wählen.

Kein Wort im Evangelio ist mehr in unsern Tagen befolgt worden als das: »Werdet wie die Kindlein.«

Mit dem Glücksrad des Lotto lebendig gerädert, kam er endlich hierher, kurz vor dem Gnadenstoß.

Deutschland hat sich gegen das unchristliche Frankreich recht christlich bewiesen. Nachdem es von demselben einen Streich auf den einen Backen bekommen hatte, so hielt es ihm den andern auch dar.

Wenn man so widerlegt wird, so weiß ich doch auch fürwahr nicht, was man mit Ehren noch tun kann, als allenfalls dem Gegner die Fenster einschmeißen . . .

Schon lange vor der Französischen Revolution hatte er die dreifarbige Nase aufgesteckt.

Die Linien der Humanität und Urbanität fallen nicht zusammen.

Der physische Drang für Nachkommenschaft wurde immer schwächer, sowie der für Nahrungssorgen zunahm.

Die Vorreden zu manchen Büchern sind deswegen öfters so seltsam geschrieben, weil sie gewöhnlich noch im gelehrten Kindbettfieber geschrieben sind.

Er trug den Kopf auf einer Seite wie Alexander, wie dem Cervantes stund ihm immer der Hosenlatz offen, und wie Montaigne konnte er nicht rechnen, weder mit Ziffern noch mit Zahlpfennigen.

Man spricht viel von Aufklärung und wünscht mehr Licht. Mein Gott, was hilft aber alles Licht, wenn die Leute entweder keine Augen haben oder die, die sie haben, vorsätzlich verschließen?

Eine Ehe ohne Würze kleiner Mißhelligkeiten wäre fast so was wie ein Gedicht ohne R.

Er hatte seinen beiden Pantoffeln Namen gegeben.

Man sieht jetzt häufig Verordnungen, daß kein Kandidat zum Predigtamt gelassen werden soll, der nicht die (orientalischen) Grundsprachen studiert habe. Du gerechter Gott, und doch läßt man täglich Leute auf Thronen steigen und in das Ministerium, die nicht einmal die Muttersprache ihres Fachs kennen!

Im ganzen Zirkel von Liebe zur Veränderung, die das weibliche Geschlecht besitzt, ist wohl die zur Veränderung des Namens die vorzüglichste.

Es ist möglich, jemandem die Backen so zu streicheln, daß es einem Dritten läßt, als hätte man ihm eine Ohrfeige gegeben.

Wieviel in der Welt auf Vortrag ankömmt, kann man schon daraus sehen, daß Kaffee, aus Weingläsern getrunken, ein sehr elendes Getränke ist oder Fleisch, bei Tische mit der Schere geschnitten, oder gar, wie ich einmal gesehen habe, Butterbrot mit einem alten, wiewohl sehr reinen Schermesser geschmiert.

Die Polizeianstalten in einer gewissen Stadt lassen sich füglich mit den Klappermühlen auf den Kirschenbäumen vergleichen. Sie stehen stille, wenn das Klappern am nötigsten wäre, und machen einen fürchterlichen Lärm, wenn wegen des heftigen Windes gar kein Sperling kömmt.

Was ein bedächtliches, gesetztes Verfahren in allen Vorfällen des Lebens nützlich ist, kann ich mir auch dadurch erläutern: Ich kann mir keinen schrecklichern Zufall denken, als wenn mir jemand eines meiner Kinder aus Unvorsichtigkeit erschösse, und doch kenne ich mehrere Menschen, denen ich ohne Mühe vergeben würde, andere, die ich nie wieder würde vor Augen sehen können, und noch andere, die ich auf der Stelle erschießen könnte und würde, wenn ich ein Gewehr zur Hand hätte.

Bei dieser Gelegenheit wurden einige Quartbände in den Foliantenstand erhoben, und es wurde ihnen erlaubt, Titulblätter in Folio zu führen, die aber eingeschlagen getragen werden mußten.

Wenn die Erinnerung an die Jugend nicht wäre, so würde man das Alter nicht verspüren, nur daß man das nicht zu tun vermag, was man ehmals vermochte, macht die Krankheit aus. Denn der Alte ist gewiß ein ebenso vollkommenes Geschöpf in seiner Art als der Jüngling.

Es ist gut, wenn junge Leute in gewissen Jahren vom poetischen Übel befallen werden, nur inokulieren muß man es ihnen ums Himmels willen nicht lassen.

Galgen mit einem Blitzableiter.

Er klagte damals sehr über Hühneraugen auf den Ellbogen.

Er schliff immer an sich und wurde am Ende stumpf, ehe er scharf war.

Ich wollte einen Teil meines Lebens hingeben, wenn ich wüßte, was der mittlere Barometerstand im Paradiese gewesen ist.

Die großen Feldherrn wollten wir gerne entbehren, wenn wir nur dafür desto mehr große Stadt- und Landesherren bekämen.

Es ist in vielen Dingen eine schlimme Sache um die Gewohnheit. Sie macht, daß man Unrecht für Recht und Irrtum für Wahrheit hält.

Ein von der Natur nicht sehr umwundenes Spitzbubengesicht.

Es gibt Leute, die so wenig Herz haben, etwas zu behaupten, daß sie sich nicht getrauen zu sagen, es wehe ein kalter Wind, sosehr sie ihn auch fühlen möchten, wenn sie nicht vorher gehört haben, daß es andere Leute gesagt haben.

Jean Paul ist doch zuweilen unerträglich und wird noch unerträglicher werden, wenn er nicht bald dahin gelangt, wo er ruhen muß. Er würzt alles mit cayennischem Pfeffer, und es wird ihm begegnen, was ich einst Sprengeln weissagte, er wird, um sich kalten Braten schmackhaft zu machen, geschmolzenes Blei oder glühende Kohlen dazu essen müssen. Wenn er wieder von vornen anfängt, wird er groß werden.

Ich weiß von guter Hand . . ., daß seit der Revolution der religiöse Skeptizismus gar nicht mehr unter den Menschen von Rang und Familie stattfinden soll, worin er ehemals herrschte. Man hat beten gelernt; viele Damen, die sonst nichts davon wissen wollten, sind nun ganz pour la religion de nos pères. (Manche Leute beten nicht eher, als bis es donnert.) Man glaubt aber doch auch, daß sie etwas mehr dabei gedacht und auch das Gouvernement de nos pères mit gemeint hätten.

Er hustete so hohl, daß man in jedem Laut den doppelten Resonanzboden Brust und Sarg mitzuhören glaubte.

Er schien eher Tischlerarbeit zu sein als ein wirklich menschliches Geschöpf.

Vor allen Dingen etwas gegen die jetzige Art, die Astronomie zu behandeln. Es geht in der Tat zu weit. Ich frage Sie, ob soviel daran liegt, einen Ort eine Viertelmeile falsch zu legen? Du gerechter Gott! Um wie viele Grade mögen unsere Staatsverwaltungen falsch liegen? Und wie vieles mag noch nicht in den Städten berichtigt sein, deren geographische Lage man berichtigt hat? . . .

Jean Paul sucht den Beifall seiner Leser mehr durch einen Coup de main, als durch planmäßige Attacke zu erobern.

Es ist fast nicht möglich, etwas Gutes zu schreiben, ohne daß man sich dabei jemanden oder auch eine gewisse Auswahl von Menschen denkt, die man anredet. Es erleichtert wenigstens den Vortrag sehr in tausend Fällen gegen einen.

Der menschliche Geist wird immer gleichförmiger, je mehr er sich über das Körperliche erhebt. Je näher er aber diesem wieder kömmt, desto häufiger werden die Abweichungen, geradeso, wie ich bei den Planeten gesagt habe.

Nur um Himmels willen keine Satiren, die von Rezepten hergeholt sind. Rezept zu einem Roman usw. Am schlimmsten, wenn sie sich mit probatum est schließen.

Ich nähere mich der Zeit des Laudator temporis acti se juvene. Also dem Rat der Alten. Die Frage ist immer, ob nicht am Ende der Geist des Widerspruchs im ganzen mehr Nutzen stiftet als die Vereinigung.

Das Beschneiden der Bäume zu nützen. Taxus usw., Buchsbaum, so werden Gelehrte am Hofe und im Staate behandelt.

Über den moralischen Charakter der Mediceischen Venus.

Ich habe wohl hundertmal bemerkt und zweifle gar nicht, daß viele meiner Leser hundertundein- oder -zweimal bemerkt haben mögen, daß Bücher mit einem sehr einnehmenden, gut erfundenen Titel selten etwas taugen. Vermutlich ist er vor dem Buche selbst erfunden, vielleicht oft von einem andern.

Er (Lion) gestand mir, daß er nun in seinem Alter einige mutwillige Einfälle, die er hatte drucken lassen, betrachtete wie die kleinen Kleckschen, die ein geliebtes Rotkehlchen, das bei ihm herumflog, auf seine Bücher, Papiere und Möbel gedruckt hatte, jetzt, nachdem ihm eine Katze das Tierchen geholt habe, dem er sie verzieh.

Von mirakulöser Schönheit.

Da, wo die Tugenden wild wachsen.

Man will wissen, daß im ganzen Lande seit 500 Jahren niemand vor Freuden gestorben wäre.

Sollte wohl die Vernunft, oder vielleicht besser der Verstand, wenn er auf Endursachen gerät, besser daran sein, als wenn er auf ein Diktat des Herzens gerät? Es ist ja noch eine große Frage, wodurch wir am stärksten mit der uns umgebenden Welt verbunden sind, von seiten des Herzens oder der Vernunft.

Sollte nicht manches von dem, was Herr Kant lehrt, zumal in Rücksicht auf das Sittengesetz, Folge des Alters sein, wo Leidenschaft und Neigungen ihre Kraft verloren haben und Vernunft allein übrigbleibt? . . .

Herrn Kant gebührt gewiß das nicht geringe Verdienst, in der Physiologie unsres Gemütes aufgeräumt zu haben, aber diese nähere Kenntnis der Muskeln und Nerven wird uns weder bessere Klavierspieler noch bessere Tänzer geben. Mir kömmt es auch zuweilen vor, als wenn der Beifall, den sein Werk ›Kritik der reinen Vernunft‹ erhalten hat, ihn nachher zu weit geführt hätte.

Ist denn wohl unser Begriff von Gott etwas weiter als personifizierte Unbegreiflichkeit?

Ich glaube, der Mensch ist am Ende ein so freies Wesen, daß ihm das Recht, zu sein, was er glaubt zu sein, nicht streitig gemacht werden kann.

So wie der Mensch unabläßlich vor Alter stirbt, so werden andere Sachen unabläßlich durch Alter gut. Es geht mit unserer Weisheit nicht besser.

# NACHWORT

Über die Vielzahl literarischer Entwicklungslinien, die Lichtenbergs Lebenskurve berühren oder schneiden, ergeben sich erste Aufschlüsse, wenn man sein Geburts- und sein Todesjahr, 1742 und 1799, mit den Erscheinungsdaten der bedeutendsten ästhetischen Programmschriften synchronisiert. Dort entfacht Gottsched den folgenreichen Streit um Breitingers 1740 erschienene ›Kritische Dichtkunst‹; hier stellt Friedrich Schlegel in den ›Athenäums‹-Fragmenten der Jahre 1798 bis 1800 sechs Jahrzehnte literarischer Bemühungen in Frage: Anfangs- und Endpunkt von Lichtenbergs Leben markieren fast auf das Jahr Geburt und Grablegung des ersten Aufbruchs der jungen deutschen bürgerlichen Nationalliteratur, die sich in der Auseinandersetzung mit der bedrückenden Enge deutscher Kleinstaaterei innerhalb eines Lebensalters aus mühsamen Anfängen zur Höhe weltliterarischer Geltung erhebt und eine erstaunliche Vielgestalt von Bestrebungen, Richtungen, Themen und Idealen entwickelt. Eine Fülle von Stilen und Tendenzen kreuzen sich in diesen Jahrzehnten, laufen parallel, gehen ineinander über, polarisieren sich; Namen, unübersehbar an Zahl, steigen auf, sinken bald in die Vergessenheit zurück oder wirken über das Jahrhundert hinaus. Jeder von ihnen sucht Mitstreiter, Weggefährten oder doch Zeugen in den ideologischen Richtungskämpfen und literarischen Fehden, die auf Kathedern, in Flugschriften, Journalen und Magazinen ausgetragen werden. Und Lichtenberg? Er steht in regem Briefwechsel mit dem Haupt der Berliner Aufklärer, Nicolai, ist befreundet mit Gottfried August Bürger und Georg Forster, pflegt lange Gespräche mit Justus Möser, erfreut sich der Wertschätzung Herders und zunächst auch Klopstocks, Lessing besucht ihn ebenso wie Lavater: Goethe, Kant und minder Große suchen seine Zuneigung. Nur wenige bedeutende Männer gibt es in Deutschland, mit denen er keinen Kontakt hat, deren Streben er nicht zumindest aufmerksam teilnehmend oder auch polemisch ablehnend verfolgt. Aber mit keinem von ihnen ist er längere Wegstrecken gemeinsam gegangen; er hat sich keiner Schule oder Gruppe, keinem Bund und keiner Strömung verpflichtet. Daraus entstand in späteren Jahrzehnten ein Lichtenberg-Mythos: der bucklige Gelehrte, einsam, in sich gekehrt, gar weltflüchtig, der Mann am Fenster, der, hinter der Gardine verborgen, die Welt mit skeptischen Augen betrachtet. Kurz, der Göttinger Professor mußte als Urbild kontemplativen deutschen Gelehrtentums figurieren. Die Wirklichkeit seines Lebens und Schaffens freilich erlaubt es, hier mancherlei Korrekturen vorzunehmen.

Georg Christoph Lichtenberg wurde am 1. Juli 1742 in Ober-Ramstadt geboren, einem kleinen Ort in der Nähe der Residenz Darmstadt, wohin die Familie verzog, nachdem der Vater 1745 zum Stadtprediger und bald darauf zum Generalsuperintendenten, dem höchsten geistlichen Würdenträger des Landes, ernannt worden war.
Wie für viele andere deutsche Residenzen hatte auch für die Hauptstadt des Kleinstaates Hessen-Darmstadt Versailles Modell gestanden. Den herrschenden Landgrafen Ludwig XIII., einen passionierten Jäger, kümmerten die politischen Geschäfte seines unselig zurückgebliebenen Duodezstaates nur, wenn finanzielle Schwierigkeiten seine Privatleidenschaften einzuengen drohten; im übrigen überließ er die Reglementierung des Landes der feudalen Bürokratie, die noch 1774 durchzusetzen vermochte, daß fortan allen Bürger- und Bauernsöhnen das Universitätsstudium untersagt wurde.

Georg Christoph, der während seiner Kindheit von der Not des Landes kaum etwas spürte, wuchs zunächst unter gesicherten häuslichen Verhältnissen in einer großen Familie auf, wenngleich nur vier von den siebzehn Geschwistern, von denen er das jüngste war, das frühe Kindesalter überlebten. Der Vater, der schon 1752 zweiundsechzigjährig starb, war trotz seines geistlichen Amtes und trotz seiner tiefen Frömmigkeit ein allseitig interessierter, gebildeter Mann, der mit erstaunlichem Eifer Literatur und Musik, vor allem aber Mathematik, Physik und Astronomie betrieb und eben diese Kenntnisse früh seinen Kindern mitzuteilen trachtete. Diese Erbschaft war dem Jungen auch dann nicht zu nehmen, als er nach dem Besuch der Stadtschule 1752 das fürstliche Pädagogium bezog, das in überkommener Weise nach althumanistischem Vorbild die Schüler in Theologie und klassischen Sprachen unterwies. Hier im »lateinischen Kloster«, wie Lichtenberg später spottete, betrachtete man ungeachtet der wissenschaftlich-technischen Neuerungen in den westlichen Ländern, vor allem in England, die verächtlich apostrophierten Realienfächer als eine Sache der kaum weniger verächtlichen »nichtgelehrten Stände«. Und die althergebrachte Tracht der Schüler, lange dunkle Schulmäntel, tat äußerlich kund, daß dem Institut aufklärerische Gedanken tunlich fernzubleiben hätten. So war die Schule im Kleinen ein getreues Konterfrei des zurückgebliebenen Partikularstaates, dem sie willfährige Beamte und orthodoxe Theologen heranbilden sollte.

Jenseits seiner Schulpflichten, die Lichtenberg mit der ihm auch später stets eigenen Gewissenhaftigkeit erfüllte, zeichnet sich schon früh sein Doppelinteresse ab: Naturwissenschaft und Literatur; dort hält er interessierten Mitschülern Vorlesungen über seines späteren Lehrers Kästner ›Anfangsgründe der Mathematik‹, hier schreibt er ein Gedicht über einen Küchengarten in Hexametern, das er für ebensogut hält wie Klopstocks Messiade. – Während aber im Bewußtsein seines Vaters noch naturwissenschaftliches Interesse und Frömmigkeit naiv und einträchtig miteinander lebten, erkennt der Sohn demgegenüber früh in Glauben und Wissen zwei einander ausschließende Größen, und er bekennt in seinen autobiographischen Skizzen: »Von der Religion hat er als Knabe schon sehr frei gedacht.«

Obgleich Lichtenberg unter seiner körperlichen Mißbildung, deren Ursache wahrscheinlich eine rachitische Erkrankung war, in der Jugend und auch später heftig litt, war er doch alles andere als ein Stubenhocker, viel eher ein zu allerlei Streichen aufgelegter Witzbold, der, wenn es galt, den Präzeptor zu foppen, nicht ungern den Rädelsführer spielte. Zuweilen aber sah er sich plötzlich, wenn er wegen seines Buckels zum Gegenstand unbedachter jungenhafter Neckereien wurde, auf sich selbst zurückgeworfen, einsam, ein Ausgestoßener, den die gutgemeinten Tröstungen der Mutter und der Geschwister nur um so mehr schmerzten. Dann kroch er in seine Kammer, lange einsame Stunden überlegend, wie er seinem unverschuldeten Schicksal aus dem Wege gehen könnte, zuweilen auch das Äußerste, den Selbstmord, erwägend.

Denn auch zu Hause war für ihn nicht alles zum besten bestellt. Zwar herrschte in der Familie, gemessen am Leben der Leibeigenen, nicht etwa Armut, aber die tapfere, ehrfürchtig geliebte Mutter sah sich außerstande, die nötigen Mittel für das Universitätsstudium des jüngsten Sohnes aufzubringen, so daß Georg Christoph, nachdem er das Pädagogium absolviert hatte, zunächst anderthalb Jahre gemeinsam mit der fünfundsechzigjährigen Mutter und der vierundvierzigjährigen Schwester in kleinbürgerlicher Abgeschiedenheit leben mußte, bis sich der hessische Fiskus auf ein Bittgesuch der Mutter hin nach langem Zögern entschloß, ein Stipendium für ihn auszusetzen. Nicht aus christlicher Nächstenliebe zur Familie des verstorbenen Superintendenten, sondern aus dem sehr naheliegenden Grund, daß der angehende Studiosus, dem die übereinstimmend empfehlenden Gutachten besondere Fähigkeiten in den naturwissenschaftlich-technischen Disziplinen attestierten, später seinem Landesherrn bei Ingenieurarbeiten nützlich sein solle. Nachdem Lichtenberg schließlich noch erwirkt hatte, statt der Landesuniversität Gießen die Universität Göttingen besuchen zu dürfen, nahm er 1763 von seiner Heimat Abschied. Für immer. Ihn trug kein Verlangen, dieses Land, in dem er aufgewachsen war, wiederzusehen.

Die Freude, an einer der besten deutschen Bildungsstätten studieren zu dürfen, hat seinen Blick für die Unzuträglichkeiten in der Stadt und an der Alma mater keinen Augenblick getrübt, und es gibt schon früh bissige Bemerkungen Lichtenbergs über Göttingen, die kaum denen des jungen Heine nachstehen.

Göttingen bot mit seinen 7000 Einwohnern das Bild einer gewöhnlichen mittleren Kleinstadt des 18. Jahrhunderts mit Händlern und Handwerkern, die in altväterlicher Gelassenheit ihrer Arbeit nachgingen. Wurde die landesherrliche Steuerschraube stärker angezogen, so wagte die Bürgerschaft bisweilen ein untertäniges Schreiben an die hannoversche Regierung zu richten, ohne sich allerdings je einen Protest herauszunehmen. An der wirtschaftlichen Ohnmacht und politischen Indolenz des Bürgertums wurden hier wie andernorts die Ursachen und Wirkungen der deutschen Kleinstaaterei sichtbar. Auch die Personalunion des Kurfürstentums Hannover mit England brachte keine Erleichterungen, da sich der Landesfürst als König von Großbritannien kaum noch um seinen deutschen Partikularstaat kümmerte und die Amtsgeschäfte ganz dem Ermessen der hannoverschen »Geheimen Räte« überließ, die als Adelsregierung zwar äußerlich dekorativ nach französischem Vorbild administrierten, andererseits aber den Übergriffen des Preußenkönigs untätig und machtlos zusehen mußten. Als gebildeter Kopf ragt aus dieser Sekretariokratie einzig der Freiherr von Münchhausen heraus, der als Kurator der Landesuniversität umsichtig und großzügig die Interessen der Göttinger

Hohen Schule gegenüber seinen verknöcherten Amtskollegen vertrat.

In diesem wirtschaftlich, politisch und ideologisch gleichermaßen rückständigen Staatsgebilde erscheint die Universität Göttingen wie eine Enklave, der die dynastische Verbindung mit England insofern zugute kam, als die hier studierenden jungen Briten den geistigen Austausch mit dem Inselreich beförderten und die deutschen Gelehrten in einer Zeit, da sich in England die industrielle Revolution vollzog, ahnen machten, zu welchen Leistungen eine Nation, in der sich das Bürgertum emanzipiert hatte, imstande ist. Zudem war die erst 1737 gegründete Georgia Augusta, die damals jüngste der deutschen Universitäten, unbelastet von mittelalterlichen Traditionen, so daß von Anfang an die Naturwissenschaften im Zentrum der Lehre und Forschung standen. Das war für die Entwicklung der Universität um so günstiger, als sich hier die durch westliche Ideen genährte geistige Befreiung der bürgerlichen Intelligenz von der Scholastik auf einem Terrain vollzog, das den stets argwöhnischen herrschenden Kreisen als politisch belanglos erschien. – Noch zur Studienzeit Lichtenbergs war an der Universität die weise ordnende Hand des Naturkundlers, Arztes und Dichters Albrecht von Haller, der bis 1753 hier gewirkt hatte, allerorts spürbar, ein verpflichtendes und anregendes Vermächtnis, das nachwirkte auch bei Abraham Gotthelf Kästner, dem Epigrammatiker und Mathematikprofessor, um dessentwillen der junge Lichtenberg nach Göttingen gekommen war. Die Theologische Fakultät mußte mehr und mehr ihre dominierende Rolle an die feindliche Schwester, die Philosophische Fakultät, abgeben, die auch in den Geisteswissenschaften Männer von Rang anzog, so den Altphilologen Heyne, den Orientalisten Michaelis, etwas später den Historiker Schlözer. – Zwar verzichteten die Gelehrten von vornherein auf direkten politischen Einfluß und verkehrten mit den hannoverschen Räten als höchst devote Untertanen, andererseits aber waren sie auf ihrem Fachgebiet Aufklärer, so zaghaft und zögernd sie auch die domestizierten Ideen der deutschen Frühaufklärung überwanden.

Lichtenberg, für den später der Widerspruch zwischen englischer und deutscher Geschichtsentwicklung zur Quelle des Unbehagens und der Verzweiflung an seiner Heimat wird, scheint früh die Bedeutung des britannischen Vorbilds erkannt zu haben, da er schon bald nach seiner Ankunft in Göttingen Englisch zu lernen beginnt.

Aus späterer Sicht hat er kritisch geäußert, daß er den »Plan zum Gebäude« seiner wissenschaftlichen Laufbahn »zu groß angelegt« habe. Und obgleich er sich bezeichnenderweise weder um Theologie noch Jurisprudenz bemüht, so ist doch sein Interessen- und Tätigkeitsfeld sehr weit: er versäumt keine mathematische und physikalische Vorlesung Kästners, besucht eifrig Geschichtsseminare, scheut sich nicht, zur Aufbesserung seiner kärglichen Finanzen Korrektur zu lesen und Gelegenheitsgedichte zu verfertigen, projektiert Romane und Satiren, schreibt den Zeitungsaufsatz ›Von dem Nutzen, den die Mathematik einem bel esprit bringen kann‹, in dem er den Dichtern statt pastoraler Metaphern mathematische Vergleiche empfiehlt, macht sich schon einen Namen als Sternbeobachter und beginnt 1764 sein »Sudelbuch« zu führen; ist dabei aber keineswegs ein asketischer Musterstudent: weder verschmäht er solche modischen Genüsse wie Kaffeetrinken und Tabakrauchen, noch geht er den hübschen Göttingerinnen aus dem Wege. Hingegen empfindet er abgrundtiefe Verachtung für die sogenannten Studentenorden, harmlosen Vorläufern der schlagenden Verbindungen, deren Mitglieder durch Radau wettzumachen suchten, was ihnen an Fähigkeiten fehlte.

Gemeinsam mit seinem Intimus, dem sechs Jahre jüngeren Schweden Jöns Matthias Ljungberg, dem einzigen, dem er seine Herzensangelegenheiten anvertraut, sitzt er manche

Nacht beim Wein, macht sich über die »leeren Stutzerköpfe« unter den Studenten lustig, philosophiert und liest aus den Werken seiner Lieblingsschriftsteller vor.
Als er 1767 das achtsemestrige Studium beendet hat, übernimmt er die Stelle eines Tutors bei zwei englischen Studenten, denen er ebenso als Wissenschaftler wie als Freund und Lebenslehrer zur Seite steht.
Neben seinen fachwissenschaftlichen Studien, die sich zusehends auf Elektrizitätslehre und Astronomie zu konzentrieren beginnen, verfolgt er aufmerksam das literarische Leben in Deutschland, insbesondere anhand der vielverspotteten Meßkataloge, der Zeitschriften und Almanache, beschäftigt er sich immer wieder mit den Satiren Liscows, den Romanen Wielands, vor allem aber mit der englischen Epik: Swift und Defoe, Fielding, Smollett und Sterne prägen bei aller Unterschiedlichkeit im einzelnen wesentlich seine ästhetischen Grundsätze und seinen Geschmack. Bei ihnen findet er das, was er an der deutschen Literatur, die in diesen Jahren durch den herzlich verehrten Lessing auf die Höhe der europäischen Aufklärung geführt wird, auch später vermißt: die realistische Schilderung der Gesellschaft, die Kritik an ihren Schäden, Witz und Satire. Und seine frühen literarischen Pläne, die schon wegen ihrer Vielzahl noch vor einer endgültigen Konzeption zerbrechen mußten, sind zumeist von englischen Vorbildern, insbesondere von Swift inspiriert.
Inzwischen forderte der Darmstädter Landesherr über seinen Minister den säumigen Untertan Georg Christoph Lichtenberg auf, eine Professur für Mathematik und Englisch an der Gießener Universität zu übernehmen. Wollte er doch das Stipendium nicht umsonst ausgegeben haben, zumal ihm das verheißungsvolle Zeugnis Kästners vorlag. Lichtenberg ersuchte zunächst um Aufschub, da er eine Englandreise plante, und fand damit um so eher Gehör, weil seine Besoldung den Etat der Universität sonst überschritten hätte.

Lichtenberg wünschte nichts weniger, als Göttingen mit Gießen zu vertauschen, zumal er in Johann Christian Dieterich, der 1766 in Göttingen eine Buchhandlung und einen Verlag eröffnet hatte, einem Mann begegnet war, mit dem ihn hinfort eine einzigartige Freundschaft verband, die alle Wechselfälle überdauerte, weil sie fern aller Betulichkeit auf der gegenseitigen Wertschätzung der Leistung des anderen beruhte. In Dieterich sah Lichtenberg zu Recht den in Deutschland damals nicht gerade verbreiteten Typ des aufstrebenden Bürgers, der, unternehmend und weitsichtig planend, Geschäfts- und Qualitätssinn miteinander zu verbinden wußte. Hatte der Verlag seine Arbeit mit einer Abhandlung Kästners über die Bienenzucht begonnen, so ließ schon ein Jahrzehnt später Lessing hier seine ›Freimaurergespräche‹ drucken, Bürger seine Gedichte und der Hainbund seinen ›Musenalmanach‹. Und die Ausstattung der Pindar-Ausgabe Heynes wie auch der von Lichtenberg besorgten Werkausgabe des Astronomen Tobias Mayer fanden selbst vor den verwöhnten Augen englischer Fachkenner hohe Anerkennung.
Dieterich war Geschäftsmann genug, dem Freund, der bald darauf als Mieter zu ihm zog, auch manche Arbeit zuzumuten, die dieser nur zähneknirschend besorgte, wie das leidige Korrekturlesen. Andererseits beruhte diese Freundschaft auf so festen Voraussetzungen, daß Lichtenberg es sich leisten konnte, Dieterich den Kopf zurechtzusetzen, wenn der Verleger aus Gründen der Geschäftstüchtigkeit oder auch aus Unüberlegtheit manches ruchbar werden ließ, worüber der vorsichtige und verschwiegene Gelehrte das Geheimnis gewahrt wissen wollte. Und es ist durchaus bezeichnend, daß Lichtenberg in seinen Briefen, sobald er etwas Persönliches mitteilt, den Freund beschwört, sich auf gar keinen Fall darüber öffentlich vernehmen zu lassen. Dabei darf nicht unerwähnt bleiben, daß der Verleger seinem Mieter, dessen kärgliche Mittel nur für das Notwendigste ausreichten, häufig aus finanzieller Verlegenheit

half und ihn stets mit dem unentbehrlichen Wein versorgte. In diese Freundschaft wird auch Frau Dieterich, von Lichtenberg liebevoll Frau Gevatterin oder auch Frau Christelchen genannt, sehr bald mit eingeschlossen. Sie war es denn auch, der Lichtenberg, früher als ihrem Gatten, seine intimsten Erfahrungen und Wünsche anvertraute.

Mitte 1770 unternahm Lichtenberg dann mit seinen beiden Schützlingen die ersehnte Reise nach England. Obgleich der Aufenthalt nur knapp vier Wochen dauerte, wird er für Lichtenbergs Denken zur umstürzenden Erfahrung. Denn nun wird ihm das Erlebnis eines Landes zuteil, in dem er seine politischen Hoffnungen und sein Gesellschaftsideal erfüllt findet. Alles, was er sieht, nötigt ihm, zumal wenn er es an der Rückständigkeit Deutschlands mißt, Bewunderung ab: die entstehende Industrie, das Volksleben und die öffentliche Betriebsamkeit, der parlamentarische Stil der Politik, die politischen Demonstrationen der Londoner Volksmassen für ihren verhafteten Tribunen John Wilkes und nicht zuletzt das Theater. Vor allem aber bewundert er die »Richtigkeit«, mit der alles getan wird, d. h. die Lebensart des jungen englischen Bürgertums, das das Funktionell-Praktische mit Anmut zu vereinen weiß. Vier Wochen genügten dem neben Lessing Unbestechlichsten unter den deutschen Aufklärern, um von diesem Leben so gefangengenommen zu werden, daß er über aller Begeisterung die ihm sonst eigene kühle Sachlichkeit des Urteils und die nüchterne Einschätzung auch der Schattenseiten dieser Gesellschaft zu verlieren droht.

Allein die auf ihn zukommende neue Tätigkeit bewahrte ihn bei seiner Rückkehr nach Deutschland vor einer schweren seelischen Erschütterung. Auf Heynes Empfehlung hin hatte er nämlich eine außerordentliche Professur für Mathematik erhalten. Nun gehörte zwar seine eigentliche Liebe viel mehr der Physik, der Astronomie im besonderen, aber der schroffe, rechthaberische Kästner behauptete sein Monopol für alle naturwissenschaftlichen Fächer und wollte Lichtenberg nur als seinen Adlatus gelten lassen, obgleich ihm selber die Voraussetzungen für experimentelle Physik und astronomische Beobachtung fehlten. Es ist für Lichtenbergs zurückhaltenden Takt einerseits und seine Zielstrebigkeit andererseits bezeichnend, daß er es auf keine Kraftprobe mit dem wegen seiner Epigramme gefürchteten Lehrer ankommen ließ, es aber dennoch durchsetzte, daß er die gewünschten Lehrfächer nach und nach übernehmen konnte.

So kam es seinen eigenen Wünschen entgegen, als er von Georg III., der ihn schon während des Englandaufenthalts in der königlichen Privatsternwarte zu einer Audienz empfangen hatte, den Auftrag erhielt, die geographische Lage der Städte Hannover, Osnabrück und Stade durch astronomische Messungen zu bestimmen, wie es vorher schon Tobias Mayer für Göttingen getan hatte. Nicht zuletzt den Instrumenten, die er zu diesem Zweck aus England erhielt, und seiner Schulung an englischen Vorbildern, wie z. B. dem berühmten Astronomen Herschel, mit dem er später in Briefwechsel stand, verdankt er die Präzision seiner Meßergebnisse, die noch im 19. Jahrhundert den Experten Bewunderung abnötigte.

Während dieser Monate nimmt er bei seinen Reisen durch Niedersachsen jede sich bietende Gelegenheit wahr, um Land und Leute, Bauern und Städter, aber auch die dort lebenden Schriftsteller kennenzulernen. So trifft er in Bückeburg mit Herder zusammen, dem er herzlich zugetan ist und den er später bei seiner Offensive gegen den Sturm und Drang von allen Angriffen verschont. Trotz der Gemeinsamkeiten in ihrer antifeudalen Einstellung, der Verehrung für England und Shakespeare ist schon in diesen Tagen des Jahres 1772 der Gegensatz zwischen dem nüchternen Lichtenberg, der auf dem Boden der Lessingschen Ästhetik steht, und dem enthusiastischen Verkünder einer neuen Literaturauffassung fühlbar. Nachhaltiger wirkte auf sein Leben und Denken die Osnabrücker Begegnung mit dem Staatsphilosophen, Historiker und Volkskundler Justus Möser, der die auch in Göttingen heimische pragmatische Geschichtsauffassung überwand, statt dessen überindividuelle, gesellschaftliche Kräfte als geschichtsbildenden Faktor erkannte und dadurch, daß er die Rolle des Volkes, vor allem der Bauern, in seine historischen Betrachtungen einschloß, ein Wegbereiter des Sturm und Drang wurde. Hier, im Hause Mösers, wo der Historiker und der Naturwissenschaftler lange Abende über Volk und Staat philosophierten, erschlossen sich Lichtenberg neue politisch-weltanschauliche Einsichten. Zwar war er nie vom Professorendünkel geplagt und nannte sich gern einen »offenherzigen Dorfjungen«, aber Möser erweckte die schlummernde Sympathie für das Volk zu einem lebhaften theoretischen Interesse für die soziale Lage und die Lebensformen der Bauern ebenso wie für Volkssitten und das Plattdeutsche. (Wie man wohl auch nicht fehlgeht, wenn man den 1773 gedruckten ›Patriotischen Beitrag zur Methyologie der Deutschen‹, dessen Hauptteil aus einer Sammlung hoch- und plattdeutscher Redensarten besteht, »womit die Deutschen die Trunkenheit einer Person andeuten«, als eine humorvolle Huldigung der freundschaftlichen Begegnung mit dem Osnabrükker Volkskundler betrachtet, da doch der Titel ganz auf den Sprachduktus Mösers hinzielt.) So bezeichnet Osnabrück in seiner Lebenskurve den Punkt, da er sich geschichtsphilosophisch von der frühen Aufklärung, die den Einfluß der gebildeten Persönlichkeit auf die Gesellschaftsentwicklung überbetonte, trennt und zu dieser bemerkenswerten Schlußfolgerung kommt: »Die Klasse des Pöbels enthält Originale zu unseren Versteinerungen der höhern Welt . . . Hier einmal wieder hinzusehen, dünkt mich, was es auch sein mag, gewiß nicht unnützer, als nach Griechenland zu reisen und das heilige Grab der schönen Künste zu besuchen.« Daß dieser Satz keine Affektbehauptung ist, sondern der Lebenspraxis des jungen Gelehrten entsprach, mag man in der ebenso freundschaftlichen wie liebenwürdigen Korrespondenz mit der Osnabrücker »Mamsell« Marie Tietermann nachlesen, wie Lichtenberg überhaupt einige seiner innigsten und schönsten Briefe an Frauen geschrieben hat, die auf einer ungleich niedrigeren Bildungsstufe standen als er.

Nachdem er 1773 nach Göttingen zurückgekehrt war, begann er sogleich wieder seine schriftstellerische Tätigkeit und unternahm es zur gleichen Zeit, als Lessing seine Angriffe gegen die Orthodoxie eröffnete, in der glänzenden Streitschrift ›Timorus‹ den jüdischen Philosophen Moses Mendelssohn gegen den Bekehrungseifer des christlichen Schwärmers Johann Caspar Lavater zu schützen und in höchst eigentümlicher und witziger Form das aufklärerische Ideal der Toleranz zu verteidigen. Diese Streitschrift, der Aufsatz ›Über Physiognomik wider die Physiognomen‹, kurz ›Antiphysiognomik‹ genannt, und auch die Fragment gebliebene ›Schrift, die Beurteilung betreffend, welche die Theologische Fakultät zu Göttingen über eine Schrift des Herrn Senior Goeze gefällt und dem Druck übergeben hat‹, eine Satire, in der er die bornierte Kunstfeindlichkeit der Gottesgelehrten verspotten wollte, gehören neben Lessings ›Anti-Goeze‹ zu den mutigsten und fulminantesten Pamphleten der deutschen Aufklärung. Dabei ist trotz der Gemeinsamkeit des Ausgangspunktes, der Zielrichtung und im Grunde auch des Themas ihre Darstellungsweise denkbar verschieden: Lessing, der prinzipienfeste Theoretiker, kämpft mit offenem Visier und streckt seinen Gegner mit dem ersten Lanzenstich zu Boden; Lichtenberg, der volkstümliche »Kalendermacher«, der sich gern unter einem Pseudonym verbirgt, kostet seine Überlegenheit aus, indem er dem Widersacher scheinbar eine Chance läßt, zermürbt ihn durch Sticheleien und entscheidet den Kampf erst im letzten Augenblick. Später hat sich Lichtenberg dann dem Lessingschen Stilideal gebeugt, während er im ›Timorus‹ noch dem grotesken Spiel seiner Phantasie die Zügel schießen läßt.

Münden seine Schriften und Notizen bis 1773/74 in den breiten Strom der deutschen Aufklärung ein, die sich trotz mannigfacher Nuancen insgesamt als antidespotische und antiklerikale vorwärtsdrängende bürgerliche Bewegung darstellt, so nimmt Lichtenberg hinfort an den inneren Richtungskämpfen teil, die durch die neue Generation der Stürmer und Dränger ausgelöst wurden. Diese junge vorrevolutionäre Intelligenz, die sich unter dem Schlagwort »Genie« zusammenfand, verschärfte die Opposition gegen den Feudalabsolutismus und seine verhängnisvollen Auswirkungen in Deutschland durch ein leidenschaftliches, spontanes Aufbegehren. Sie wollte die unteren Volksschichten, die Bauern vor allem, durch ihre betont volksverbundene und nationale Kunst erreichen, eine Kunst, die sich aus dem schöpferischen Impetus, frei von herkömmlichen Regeln konstituieren sollte. – Waren bis 1774 der bevorzugte Gegenstand von Lichtenbergs Spott noch die Rezensentengilden aller Schattierungen gewesen, so holte er nun zu einem großen Schlag gegen die Geniebewegung aus. Seine Sudelbücher enthalten eine Fülle von Materialien, Entwürfen, Skizzen, Anmerkungen, die er alle für eine Satire mit dem Titel ›Parakletor oder Trostgründe der Unglücklichen, die keine Originalgenies sind‹ verwenden wollte. Es ist tief zu beklagen, daß diese Schrift in den Entwürfen liegenblieb, da Lichtenberg, trotz manchen ungerechten Urteils im einzelnen, die Überspitzungen, Auswüchse und Widersprüche der Bewegung wie kein zweiter Zeitgenosse durchschaute. Tatsächlich aber trübten zunächst einige persönliche Vorfälle seinen Blick für das Epochemachende des Sturm und Drang und ließen ihn, ganz besonders im Fall von Goethes ›Werther‹, Erscheinungsform und Wesen verwechseln. Da hatten nämlich die ›Frankfurter Gelehrten Anzeigen‹, das Organ der südwestdeutschen Genies, an dem zeitweilig auch Goethe mitarbeitete, seinem ›Timorus‹ in einer langen Rezension arg mitgespielt. Und da war vor allem der »Göttinger Hain«, der sich 1772 als Bund genialischer

Studenten unter dem Ehrenprotektorat Klopstocks etablierte. Schon ihr heftiges, ambitiöses Auftreten, das bisweilen in krassem Mißverhältnis zu ihren literarischen Leistungen stand, mußte Lichtenberg, den Hochschullehrer, den Mann des Maßes und der Logik, abstoßen, so daß er in dem vermeintlich altdeutschen Gebaren dieser schwärmenden jungen Poeten nichts anderes als einen schlecht inszenierten Mummenschanz sah. Da sie glaubten, ihrer »Teutschheit« nicht dadurch Genüge getan zu haben, daß sie die Attitüde und die Namen germanischer Barden annahmen, sondern sich laut in Schmähungen der »Welschen« und Voltaires ergingen, zogen sie sich vollends den Haß Lichtenbergs zu, des Mittlers universeller aufklärerischer Bildung, den sie zudem noch dadurch brüskierten, daß sie Bücher des »Sittenverderbers« Wieland, seines deutschen Lieblingsschriftstellers, verbrannten.

Obgleich Lichtenberg gegenüber dem Sturm und Drang eine in den siebziger Jahren bereits überholte frühbürgerliche Kunstauffassung vertrat, indem er statt Leidenschaft und revolutionären Pathos eine sozusagen wissenschaftliche Analyse der Wirklichkeit forderte, war er einer der ersten, der die falschen Töne aus dem Konzert der Jungen heraushörte. Denn tatsächlich führte die Übertragung des westeuropäischen Sentimentalismus und speziell des vorrevolutionären plebejischen Naturevangeliums Rousseaus, seiner sprengenden Gefühlsbetontheit und kühnen Metaphorik, auf die unentwickelte deutsche Wirklichkeit zu einer Reihe von Verzerrungen und Dissonanzen, die Lichtenberg zum Anlaß seiner Kritik nahm. Dabei sprach er kein generelles Verdikt über jeden einzelnen Anhänger dieser Bewegung aus; waren doch ihr theoretischer Kopf, Herder, zunächst auch Goethes ›Goetz‹ und echte Talente wie Hölty und Bürger, die er beide sehr schätzte, von vornherein von der Kritik ausgenommen. Denn nicht die Volkstümlichkeit, der revolutionäre Atem, die scharfe Abrechnung mit den herrschenden Gewalten störte ihn, sondern das Nebulose, Verstiegene, das leere Getöne, das gerade im Kreise des Göttinger Hains beheimatet war; den »Kraftbarden« und »Plunderköpfen« wollte er ihre »Prunkschnitzer« vorrechnen; er konfrontierte das »rasende Odengeschnaube« und vor allem die Deutschtümelei der Klopstock-Jünger mit der miserablen Wirklichkeit seines Vaterlands und bedeutete ihnen, daß das deutsche Mädchen, wie es Klopstock in einer Ode glorifiziert hatte, nicht besser sei als irgendein Mädchen auf der Welt. Das Erlebnis des englischen Geisteslebens während seiner neuerlichen Englandreise von 1774 bis 1775 erscheint Lichtenberg als eine Bestätigung dessen, was er über Deutschland und die deutsche Literatur gedacht und geschrieben hat, und er erkennt, daß große Literatur großer Gegenstände bedarf, die die deutsche Geschichte und Gegenwart dem Dichter versagte. Denn vor der Literatur steht das Leben. Und der bucklige Gelehrte aus der deutschen Kleinstadt scheint sich selbst, seine Herkunft und seine Heimat in dem überquellenden Leben der englischen Metropole zu vergessen. Er begrüßt das Großstädtische aus übervollem Herzen, wohl wissend, daß hier die Pforte zu einem neuen Zeitalter aufgestoßen wird. Und sorgfältig hält er in seinen Notizbüchern und Briefen, den ersten deutschen Literaturdokumenten über die Großstadt, das schillernde Leben Londons, seinen Glanz und sein Elend, fest. Er läßt sich mittreiben von den Menschenwogen auf den Pracht- und Geschäftsstraßen der City, steht dann staunend vor den übervollen Läden, hört verwundert das schmeichelnde Werben der Prostituierten, muß sich am eigenen Leibe über die Geschicklichkeit der Taschendiebe belehren lassen und erlebt im Londoner Eastend die Welt, in der John Gays ›Bettleroper‹ spielt. Fern aller moralisierenden Entrüstung forscht er nach den Motiven der Verbrechen und stößt auf ihren sozialen Ursprung: »Es gibt wohl keinen Menschen in der Welt, der nicht, wenn er um tausend Taler zum Spitzbuben wird, lieber um das halbe Geld ein ehrlicher Mann geblieben wäre.« – Nicht ohne

Stolz darf er nach Deutschland schreiben: »Ich habe nunmehr das Volk so ziemlich kennengelernt und versäume keine Gelegenheit, meine Kenntnis darin zu erweitern.« Volk aber bedeutet für ihn »die Klasse von Menschen . . ., die mit dem westlichen Ende der Stadt wenig zu schaffen hat«.

Tief beeindruckt ist er von den gewaltigen Produktivkräften des kapitalistischen Englands, als er in Birmingham Manufakturen und Industrieanlagen besichtigt, im Auftrage Dieterichs die weltberühmte Druckerei von Baskerville besucht und die neue Kooperation der Arbeit kennenlernt. Weil er das liberale Manchestertum bejaht und bewundert, achtet er der gravierenden Schäden der neuen bürgerlichen Gesellschaft nur im Vorübergehen und läßt sich insgesamt trotz einzelner kritischer Bemerkungen über die ungerechte Verteilung des Sozialprodukts, den Pauperismus der Massen, die Kinderarbeit hinwegtäuschen. Andererseits kommt ihm hier der Sinn der praktischen Tätigkeit, ihre Funktion bei der Gestaltung und Umgestaltung des Lebens zu Bewußtsein, und immer wieder tritt nun ganz im Sinne der englischen Nationalökonomie das Prinzip der Nützlichkeit in den Mittelpunkt seines Denkens. An einen Poeten in Deutschland gewandt, meint er aus englischer Sicht: »Du mußt nicht glauben, daß Deine Kunst wichtiger sei als die Arbeit des Mannes, der Kaffeetische in Birmingham lackiert.« Ein solcher Standpunkt, der Wirkungen auf nutzbare Ergebnisse hin prüft, der seinen Blick auf die greifbaren Ursachen und sichtbaren Folgen richtet und im Grunde auf dem bürgerlichen Arbeits- und Utilitaritätsbegriff beruht, machte Lichtenberg auch zum Schüler des in England tonangebenden Empirismus und zum eingeschworenen Gegner der metaphysischen Spekulation, wie er sie aus der deutschen Philosophie kannte. »Nicht Metaphysik, sondern Physik!«, dieser Ausspruch des von ihm als größten Geist aller Zeiten verehrten Newton wurde auch zu seinem Leitsatz.

Was ihn am englischen Gesellschaftszustand fesselt, ist die Öffentlichkeit des Lebens, die weltpolitische Wirklichkeit mit ihrer glanzvollen Außenseite, einer riesigen Flotte, deren Routen über den ganzen Erdball liefen. Und in dem Maße, wie er die Potenzen eines mächtigen, aufstrebenden Bürgertums innerhalb eines geeinten Nationalstaats wirken sieht, kommt ihm die Ohnmacht seines Vaterlands schmerzlich zum Bewußtsein. Der organisatorische Kopf des Göttinger Hains, Boie, der Adressat der ›Briefe aus England‹, hat Lichtenberg später einen Anglomanen genannt. Aber das mochte ihm mehr als Lob denn als Tadel erscheinen, zumal er diese Bewunderung für Britannien, das Denken in englischen Kategorien mit vielen Großen unter seinen Zeitgenossen teilte, die in England, dem fortgeschrittensten Land der Welt, den exemplarischen Fall einer bürgerlich-demokratischen Entwicklung sahen. Lichtenberg verfolgt die englische Politik mit wachsender Anteilnahme. Im Parlament wird er Zeuge von Debatten und Rededuellen, in den Wandelgängen hört er tuschelnde Gespräche, erlebt Korruptionsskandale, die gerade während dieser Jahre der »Georgian stables« – einem geflügelten Wort für mannigfache Durchstechereien – schwere Schatten auf den englischen Parlamentarismus werfen. Trotz solcherart Erfahrungen, die seiner Auffassung, daß Politik keine Sphäre idealistischer Betätigung ist, recht zu geben schienen, sah er in der englischen konstitutionellen Monarchie die »Asymptote«, d. h. die höchstmögliche Annäherung an einen politischen Idealzustand. Daß er allerdings den deutschen Untertan nie ganz verleugnen konnte, verdeutlicht am besten seine Beurteilung des englischen Königs Georg III., der seine deutschen Mitpotentaten kaum an politischer Weisheit übertraf. Da er jedoch ein lebhaftes Interesse für Astronomie bezeigte und er sich mehrfach stundenlang mit Lichtenberg unterhielt, porträtiert dieser ihn in Briefen und Notizen so liebevoll, freut er sich über die Ehrungen, die ihm zuteil wurden, so sehr, daß man aus diesen Äußerungen unschwer den deutschen kleinbürgerlichen Byzantinismus des 18. Jahrhunderts heraushört. So nimmt es auch nicht wunder, daß er die Haussen und Krisen der englischen Machtpolitik so leidenschaftlich nachvollzieht, als ginge es um sein ureigenes Schicksal; und während des amerikanischen Unabhängigkeitskrieges verteidigt er mit zunehmender Heftigkeit die Position der englischen Krone gegenüber den Ansprüchen der Siedler.

Den Sinn für die empirische Wirklichkeit, für alles Praktische und Nützliche, den er am englischen Bürger auf der Straße ebenso schätzte wie an den englischen Philosophen, konnte er auch an der englischen Literatur des 18. Jahrhunderts feststellen, für deren Verbreitung in Deutschland er sich nicht minder einsetzte als Lessing und Herder. So ist es nur folgerichtig, daß er, der des lyrischen Wortschwalls längst müde war, tief berührt wurde vom englischen Gesellschaftsroman. Trotz seiner zeitweiligen Verehrung für Sterne, zu dessen humoristisch entgrenzter Darstellungsform er ebensoviel Affinität verspürte wie zu der melancholischen Späterotik und der komisch-idyllischen Kleinbürgerschilderung, auch trotz Jonathan Swifts, dessen satirische Bitterkeit er in Deutschland besser verstand als in England und von dem er, wie einzelne nachgelassene Fragmente zeigen, manche Formideen entlieh, trotz Defoes und Goldsmith', galt ihm Fieldings ›Tom Jones‹ als Vorbild und unverrückbares Kriterium bürgerlich-realistischer Gesellschaftsschilderung. Nur so ist es verständlich, daß er die Romane des heute längst vergessenen Fiedling-Epigonen Müller-Itzehoe wohlwollend anerkannte, während er andererseits Goethes ›Wilhelm Meister‹ nicht vorbehaltlos gegenüberzutreten vermochte.

Keines seiner Erlebnisse ist jedoch dem tiefen Eindruck vergleichbar, den das englische Theater auf ihn machte. Im Coventgarden- und Drurylane-Theater, deren Vorstellungen er häufig besuchte, hat er Gelegenheit, die realistische Dramatik der Shakespearezeit und den neuen Bühnenstil kennenzuler-

nen. Er wird bekannt mit Garrick, dem größten Schauspieler der Zeit, dessen geniale Kunst er höchst differenziert in den ›Briefen aus England‹ schilderte, die eine nüchterne und sachkundige Apotheose des großen Mimen enthalten. Diese in Boies Zeitschrift ›Deutsches Museum‹ veröffentlichten ›Briefe‹ gehören schon deshalb zu den wichtigen Dokumenten der Theatergeschichte, weil sich Lichtenberg hier für die neue Spielweise des bürgerlichen Volkstheaters einsetzt, die die Nuance an die Stelle des Pathos setzt, den Heros zum Menschen macht und das höfische Theater mit seinen aufwendigen Effekten und der hohlen Deklamation überwindet.
Nun wäre der Katalog der Reiseergebnisse Lichtenbergs höchst unvollständig, würde man nicht den Namen Hogarth nennen. Unvollständig nicht nur deshalb, weil die quantitativ reichste literarische Ernte Lichtenbergs unerwähnt bliebe, sondern vor allem auch, weil die Kupferstichfolgen des großen Satirikers einen Teil der Rückansicht jenes grandiosen Panoramas bilden, das Lichtenberg naturgemäß zuerst und vor allem sah und das er allzuleicht zu verklären geneigt war. Zwar wird man bei Hogarth vergeblich eine mitleidende oder anklagende Darstellung der Elendsquartiere des Proletariats suchen; statt dessen findet man die minuziös desillusionierende Schilderung der Fallgruben und Kloaken der neuen englischen Gesellschaft, der Kaschemmen, Bordelle, Gefängnisse und Irrenhäuser, die sarkastische Enthüllung des sittlichen Verfalls in den verschiedenen Schichten und im Ergebnis eine, wenn auch nicht ausgesprochene, handfeste Kleinbürgermoral. Das läuft kunstgeschichtlich auf einen Affront gegen den höfischen Ästhetizismus und den hohen Stil der Akademie hinaus und verbindet sich mit den Bestrebungen des kritischen Realismus in der Literatur, wie er vor allem durch Fieldling repräsentiert wurde. Gerade dies macht die Hogarthschen Kupferstiche als Objekte für Lichtenbergs Beschreibungen tauglich. Denn in seinen »skandalösen Exkursionen über den Hogarth«, wie er später seine Beschrei-

bungen in einem Brief an Goethe nennt, bewährt er nicht nur seinen Sinn für das Satirisch-Karikative, kann er nicht nur seine umfassende Kenntnis der englischen Gesellschaft und sein physiognomisches Wissen ausbreiten, sondern auch am negativen Beispiel ein positives bürgerliches Ethos reflektieren.

Das Ergebnis seiner Englandreise, das von neuen persönlichen Freundschaften über fachwissenschaftliche und literarische Anregungen, philosophische und politische Erkenntnisse bis zur inneren Verwandlung seiner Persönlichkeit reicht, läßt sich auch an seiner Reaktion auf die Göttinger Verhältnisse ermessen, in die er sich Ende 1775 zurückversetzt sieht. Schon gleich nach seiner Rückkehr ist die Sehnsucht nach dem Inselreich größer als die Freude über das Wiedersehen mit seinen Göttinger Bekannten. Er klagt über die geistige Enge des Landes, spottet über die Göttinger Spießer, ihre Dummheit und Kraftlosigkeit, ärgert sich über seine Kollegen, ihre Mißgunst und ihre Zwistigkeiten, bezichtigt die Universität der Knausrigkeit, verachtet die Bildungsmethoden der rivalisierenden Fakultäten und verhöhnt vor allem seine alten Widersacher, die Genies, deren Tun und Trachten ihm im Lichte seiner englischen Erfahrungen als bramarbasierende Impotenz erscheint. So braucht er gewisse Zeit, um sich in Deutschland wieder einzuleben, wenn er sich auch hier nie mehr recht heimisch gefühlt hat. Und dann nimmt er ratloser denn je, inspiriert von englischen Vorbildern, seine vielseitige Tätigkeit als Physikprofessor wieder auf. – Die überaus sparsame Lebensführung und die freundschaftlichen Kontakte zu englischen Berufskollegen machten es ihm möglich, ein reichhaltiges Instrumentarium zu beschaffen, das in Deutschland seinesgleichen suchte; darunter waren eine Elektrisiermaschine und ein riesiger Elektrophor. Diese Instrumente erlaubten ihm als einem der ersten Gelehrten, seine Lehrmethoden radikal zu modernisieren und das Experiment in den Mittelpunkt der Vorlesungen zu stellen. Mag Sensationslust das Ihre getan haben, daß Lichtenbergs Kollegräume meistens überfüllt waren – denn in seinen Vorlesungen sprühten die Funken, knallte und stank es, stiegen mit Wasserstoff gefüllte Seifenblasen zur Decke –, so haben doch nachmals bedeutende Forscher wie Hufeland und Alexander von Humboldt, die ihm zu Füßen saßen, seiner mit Worten tiefer Dankbarkeit gedacht, da er sie auf höchst geistreiche Weise lehrte, den Schleier des unerforschlichen Ratschlusses von der Natur zu lüften.

Ein Hauptspaß für die Göttinger war es, wenn »de lüttje Professer« vor dem Stadttor die Drachen steigen ließ, mit deren Hilfe er die Luftelektrizität untersuchte. Mit diesen Experimenten stand er auf der Höhe der damals modernen Elektrizitätsforschung, hatte doch Franklin auf diese Weise in den fünfziger Jahren die elektrischen Ladungen der Gewitterwolken nachgewiesen. Und es ist bemerkenswert, daß man ein Jahrhundert später über diese Erscheinungen, die ihre endgültige Klärung erst durch die Ionentheorie fanden, noch nicht mehr wußte als Lichtenberg. Und wiederum bedeutete es für Göttingen eine Sensation, als er an seinem Haus einen Blitzableiter anbringen ließ, der ihm zugleich zur Erforschung atmosphärischer Elektrizität diente. Während der folgenden Jahre beschäftigt er sich eingehend mit einem möglichst sicheren Blitzschutz, den er schließlich in breiten statt dicken Bändern findet, weil die Hochfrequenzladung nur über die Oberfläche des Metalls geleitet wird.

Es ist für Lichtenbergs Forscherpersönlichkeit charakteristisch, daß er stets vor voreiligen Schlüssen warnte, ja bisweilen zögerte, wenn ein schnelles Zupacken ihm Weltruhm gesichert hätte. Während er um das Geheimnis des Wasserstoffs, dessen niedriges spezifisches Gewicht, wußte und im Kolleg schon wasserstoffgefüllte Schweinsblasen hatte aufsteigen lassen, erfährt er Ende 1783, daß der Franzose Charles vom Marsfeld einen mit Wasserstoff gefüllten Ballon, die berühmte Charlière, hatte aufsteigen lassen. Er beklagt sein unglückliches Schicksal und verwünscht seine Indolenz, die ihn allein daran gehindert habe, als erster diese Erfindung der Öffentlichkeit vorzuführen.

Die naturwissenschaftlichen Leistungen Lichtenbergs sind um so höher zu bewerten, als er nur über seine beschränkten privaten Mittel für die Experimente verfügte und es in Göttingen für ihn kaum Möglichkeiten des Gedankenaustausches gab, für den ein ausgedehnter, bisweilen alles Maß übersteigender Briefwechsel mit verschiedenen Gelehrten in ganz Europa nur schwachen Ersatz bieten konnte. Daß sein Name in der Geschichte der Physik nur am Rande genannt wird, ist am allerwenigsten seinem persönlichen Unvermögen zuzuschreiben als vielmehr der feudal-absolutistischen Kleinstaaterei, die eine großzügige und zentralisierte Forschung verhinderte. – Im Jahre 1777 machte Lichtenberg allerdings, wenn auch zufällig, eine Entdeckung, die seinen Namen auf immer mit der Elektrizitätslehre verbindet: die »Lichtenbergschen Figuren«. Es handelt sich dabei um folgende Erscheinung: Wenn ein positiv elektrischer Funke auf eine Glas- oder Hartgummiplatte überspringt, auf der sich Bärlappsamen befindet, so bildet sich eine sternförmige Staubfigur; springt ein negativ elektrischer Funke über, bildet sich eine kleine, rundliche, kaum verzweigte Staubfigur. Die Hoffnungen, die sich zunächst an diese Entdeckung knüpften, mußten sich als trügerisch erweisen, da die zugrunde liegenden Gesetzmäßigkeiten erst im 20. Jahrhundert entdeckt wurden. Heute finden die »Lichtenbergschen Figuren« im sogenannten Klydnographen elektrotechnische Anwendung als Kontrollmittel für Überspannungen, wie sie besonders bei Gewittern in Hochspannungsleitungen auftreten.

Daß Lichtenberg in physikalischen Fragen als allererste Autorität in Deutschland galt, erhellt Goethes Werben um Lichtenbergs Gunst bei der Beurteilung seines Aufsatzes ›Versuche, die Elemente der Farbenlehre zu entdecken‹. Und es spricht zugleich für die Lauterkeit und wissenschaftliche Integrität des Göttingers, daß er höflich, aber bestimmt Goethes Ergebnissen seine Zustimmung versagte und völlig zu Recht die Newtonsche Auffassung verteidigte, wenngleich er wohl der einzige Fachphysiker der Zeit war, der überhaupt von Goethes Experimenten Notiz nahm und dessen wegweisende Erkenntnisse zu den farbigen Schatten interessiert verfolgte. Mag man es mit Goethe als unnötige Härte empfinden, daß Lichtenberg bei der Herausgabe und Bearbeitung des Werkes seines frühverstorbenen Amtskollegen Erxleben Goethes optische Versuche mit keinem Wort erwähnte, so entspricht auch das seiner konzessionslosen wissenschaftlichen Haltung, da er in Goethes Abhandlungen zur Farbenlehre im Grunde doch nur ein dilettantisches Spiel, nicht aber ein exaktes Forschen zu sehen vermochte. Denn nicht minder bedeutsam als die sichtbaren Ergebnisse seiner Forschertätigkeit ist für die geistige Entwicklung im 18. Jahrhundert das wissenschaftliche Ethos, mit dem er Probleme zu bewältigen suchte und das er in Deutschland heimisch machte. Freiheit der Forschung, für die er ganz im Sinne der westeuropäischen Aufklärer plädiert, ist für ihn unabdingbar verbunden mit der Verantwortung des Wissenschaftlers. Wie er sich die Freiheit nimmt, jahrhundertealten Wunderglauben und neue Mythen aus der Welt zu schaffen, so übernimmt er für sich selbst und fordert von seinen Schülern die Verpflichtung, das hundertfach Behauptete neu zu durchdenken und kein scheinbar oder tatsächlich gesichertes Ergebnis ungeprüft hinzunehmen. Diese kritische und, wenn man will, skeptische Einstellung zu den fremden und den eigenen wissenschaftlichen Leistungen macht ihn zum »Selbstdenker« und folglich zum Gegner der spekulativen Philosophiesysteme. Zwar verneigt er sich vor den gedanklichen Leistungen solcher Systemdenker wie Descartes, Leibniz oder später Kant; da er aber stets das Denken und Forschen nach greifbaren Einzelergebnissen beurteilt, bleiben ihm ihre Werke trotz eingehenden Studiums fremd. Kant, so führt er aus, gebühre »das nicht geringe Verdienst, in der Physiologie unseres Gemüts aufgeräumt zu haben, aber diese nähere Kenntnis der Muskeln und Nerven wird uns weder bessere Klavierspieler noch bessere Tänzer geben«. Der lebensfremden Theoriegläubigkeit deutscher Gelehrter setzt er eine Philosophie des gesunden Menschenverstands entgegen, wie sie in England unter dem Einfluß des Empirismus vor allem von Beattie entwickelt worden war. Wie Lichtenbergs Notizen und Aphorismen beweisen, beraubt er sich durch seine Systemfeindlichkeit einer umfassenden Weltinterpretation, und häufig, insbesondere bei der Beurteilung großer historischer Vorgänge, muß die von Fakt zu Fakt fortschreitende empirische Methode versagen. Andererseits freilich unterliegt Lichtenberg dadurch nicht dem Fundamentalübel der deutschen Intelligenz am Ende des 18. Jahrhunderts, die sich allzuoft vor der erbärmlichen Wirklichkeit in ein Scheinreich hochfliegender Gedankenträume rettete.

Die auf praktischen Nutzen zielende aufklärerische Haltung wie auch das englische Vorbild der moralischen Wochenschriften mögen ihn veranlaßt haben, den Vorschlag seines Freundes Dieterich anzunehmen und den nach dem Tode Erxlebens verwaisten ›Göttinger Taschenkalender‹ zu redigieren. Zweiundzwanzig Jahre lang, von 1777 bis 1798, betreute Lichtenberg die Zeitschrift so sorgfältig, daß sein Verlegerfreund keine Ursache zur Klage hatte. Dabei muß das Ausmaß der Arbeit beachtet werden, die weit über eine Herausgebertätigkeit hinausging, denn insgesamt stammen etwa 230 Artikel aus Lichtenbergs Feder, und für das Jahr 1778 mußte er alle 16 verfassen. – Nun waren zwar die Ansprüche des deutschen kleinbürgerlichen Lesepublikums nicht sonderlich hoch; aber auch der flache Geschmack ist wählerisch, und der geforderte Damenstil erheischte adäquate Stoffe. So konnte Lichtenberg nur bis zu einem geringen Umfang das schreiben, was ihm am nächsten gelegen hätte: Satiren, Rezensionen, Besprechungen von Kupferstichen; statt dessen findet sich in den Kalendern ein buntes Vielerlei: Artikel über Aberglauben und Hochzeitskränze, Jesuiten und Modefragen, Weissagungen und Fleckentferner, über merkwürdige Krankheiten und Schmetterlinge. Aber freilich erschienen im Taschenkalender auch Veröffentlichungen, die, wenngleich für den Tag bestimmt, doch über den Tag hinauswirkten, darunter die Aufsätze ›Warum hat Deutschland noch kein öffentliches Seebad?‹ und ›Das Luftbad‹ sowie die Erklärungen der Kupferstiche von Hogarth und Chodowiecki, vor allem aber das ebenso kluge wie meisterhaft geschriebene Pamphlet ›Über die Physiognomik wider die Physiognomen‹. Hatte Lichtenberg schon mit seinem ›Timorus‹ Lavater wegen seiner »Proselytenmacherei« in die Schranken gewiesen, so stand er nun vor der ungleich schwierigeren Aufgabe, Lavaters voluminösem Werk ›Physiognomische Fragmente‹, das insbesondere durch die Sturm-und-Drang-Generation überschwenglich begrüßt wurde, im Namen der Wissenschaft und intellektuellen Redlichkeit die Gloriole prophetischer Seelenkenntnis zu rauben. – Lavater, den Lessing schon einen »enthusiastischen Narren« genannt hatte, unternahm es, aus der Beschaffenheit der festen Gesichtsteile, der Nase, Stirn, des Kiefers usw., den Charakter der Menschen zu deuten, und gab sich dabei den Anschein, eine neue Wissenschaft zu begründen. So fragwürdig dieser Versuch an sich schon war, so mußte er in den siebziger Jahren um so verhängisvoller wirken, als der antifeudale Protest der jungen Generation nicht selten in Schwärmerei umschlug, weil die deutsche Wirklichkeit gegen irrationale Zugriffe nicht genügend Abwehrstoffe bot. Und Lavater war im tiefsten ein Schwarmgeist; in seinem Buch unterbricht er die sachlichen Erörterungen immer wieder durch mystisch-religiöse Abschweifungen, und mit dem Eifer eines Auserwählten behauptet er apodiktisch und intolerant, die Welt stehe unter dem Gesetz göttlicher Harmonie, also seien Tugend und Schönheit im Grunde identisch. Gegen diese gefährliche Naivität, die Wissenschaft durch religiösen Irrationalismus, Akribie durch Phantasie ersetzen wollte und die Willens- und Geistesfreiheit des Menschen verneinte, indem sie ihn durch eine zufällige körperliche Beschaffenheit mechanistisch determiniert wissen wollte, empörte sich der Geistesadel des Göttinger Aufklärers, und, indem er für sich als körperlich Gezeichneten sprach, verteidigte er zugleich Ratio, Wissenschaft und Humanität vor den Ausgeburten vager Intuition. »Wenn die Physiognomik das wird, was Lavater von ihr erwartet«, führt er aus, »so wird man die Kinder aufhängen, ehe sie Taten getan haben, die den Galgen verdienen. Es wird also eine Firmelung jedes Jahr vorgenommen werden, ein physiognomisches Autodafé.« Und die Frage, ob Newtons Seele im Kopf eines Negers sitzen könne, beantwortete er mit der rhetorischen Gegenfrage: »Und warum nicht?«

Hatte Lavater in ihm das »Mißtrauen gegen alle Physiognomik« bestärkt, so betreibt er mit lebhaftem Interesse insgeheim die Pathognomik weiter, wie er nach dem Wort Lessings die Deutung des Charakters aus den »beweglichen Teilen des Gesichts«, d. h. aus den Gebärden, dem Gesichtsausdruck, den Bewegungen, nennt. Denn immer bleibt ihm das Gesicht »die unterhaltendste Fläche auf der Erde«, aber als kenntnisreicher Psychologe englischer Schulung verurteilt er jede »Physiognomik im luftleeren Raum« und weiß, daß unser Körper zwischen der Seele und der übrigen Welt in der Mitte steht als »Spiegel der Wirkungen von beiden«.

Obgleich durch Lichtenbergs ›Antiphysiognomik‹ der Streit vor der Geschichte entschieden war, fühlte Lavater sich zu einer hoheitsvollen Replik genötigt, die ganz seiner Prophetenpose entsprach. Ihm zur Seite trat der Königlich-Hannoversche Leibmedikus Zimmermann, ein Bekannter Lichtenbergs aus früheren Tagen, der seine literarische Mediokrität durch persönliche Diatriben aufzuwerten suchte und mithin zu Lichtenbergs tiefem Bedauern den Streit in das Gefälle eines für diese

Zeit so charakteristischen Feuilletonkriegs zerrte. Noch ein zweites Mal erlebte Lichtenberg Ähnliches, als er einige Jahre später dem Göttinger Professor Heyne in einer Philologenfehde mit dem verdienstvollen Homer-Übersetzer, aber grobschlächtigen Polemiker Johann Heinrich Voss beisprang.

Persönliche Angriffen war Lichtenberg am Anfang der achtziger Jahre auch von Wohlmeinenden ausgesetzt, da sich seine häuslichen Verhältnisse dem Schema kleinbürgerlicher Sittlichkeit entzogen. Im Jahre 1777 hatte er ein dreizehnjähriges Mädchen kennengelernt, Marie Dorothea Stechard, die Tochter eines armen Leinewebers, die auf dem Wall Blumen verkaufte. Möglicherweise hat er das schöne Kind vorerst mit in sein Haus genommen, um es vor den robusten Nachstellungen der Studenten zu schützen. Dann aber findet er Gefallen daran, das Mädchen, das weder lesen noch schreiben konnte, zu unterrichten. Und wie sie ihrerseits die Häuslichkeit des Professors ordnet, naives Interesse für seine vielen Instrumente zeigt, in dem gleichen Maße gestalten sich ihre Beziehungen enger, bis sie dann 1780 endgültig zu ihm zieht. – Der Parallele zu Goethe, so verlockend sie aus der rückschauenden Betrachtung erscheinen mag, gebricht es an echter Übereinstimmung, da Lichtenberg weder die materielle und moralische Unabhängigkeit noch den gesellschaftlichen Rückhalt besaß, um sich zu seinem illegitimen Verhältnis zu bekennen. – Um allen Anfeindungen aus dem Wege zu gehen, hat die Stechardin kaum je Lichtenbergs Haus verlassen, und er versuchte, nur die Familie Dieterich ins Vertrauen ziehend, eine Art Doppelleben zu führen: war draußen hochoffiziell der unverheiratete Professor und in seiner Wohnung der heimliche Gatte. Daß er diesem einfachen Mädchen einige der glücklichsten Jahre seines Lebens dankt, kann man, wenn auch nur indirekt, aus den Sudelbuchnotizen und Briefen dieser Zeit ablesen. Sie half ihm, seine Hypochondrie zu überwinden, und setzte neue Energien in ihm frei, vor allem aber lehrte sie ihn, die Liebe nicht mehr unter dem Mikroskop des Physiologen, sondern unter einem vielfarbig schimmernden Prisma zu betrachten. Wie schwer ihn der plötzliche Tod seiner Geliebten im Jahre 1782 traf, verdeutlichen die Zeilen, die er an seinen Freund Amelung schrieb und die dem Aufschrei beim Verlust der eigenen Existenz gleichen.

Er überwand den Schmerz durch seine immense Arbeitsleistung; da waren der Taschenkalender, wissenschaftliche Veröffentlichungen und Forschungsberichte, die Vorlesungen, die Beratung englischer Studenten, die vielen Besuche, ein umfassender, vor allem fachlich bestimmter Briefwechsel und, neu hinzukommend seit 1780, die Leitung der Zeitschrift ›Göttingisches Magazin der Wissenschaften und Literatur‹, die er gemeinsam mit Georg Forster herausgab. Die Hauptlast der Redaktionsarbeit fiel auf Lichtenberg, da Forster bis 1788, als er in Mainz eine fest Anstellung als Universitätsbibliothekar fand, ein unstetes Leben führen mußte und Göttingen nur als vorübergehenden Aufenthalt wählen konnte. In Forster, mit dem er während der letzten Englandreise bekannt wurde, fand Lichtenberg einen welterfahrenen, hochgebildeten Mitarbeiter, der, von Hause aus Naturwissenschaftler, die verschiedensten Fachgebiete souverän überschaute und wie er die westeuropäische Aufklärung in Deutschland heimisch machen wollte. Über das Programm der Zeitschrift hatte man sich schnell geeinigt; es sollte ein wissenschaftliches und doch allgemeinverständliches Publikationsmittel sein, das vornehmlich »Kenntnis der Natur und des Menschen überhaupt, Physik, Naturhistorie und Philosophie, Physiognomik für und wider, Geschichte, hauptsächlich gelehrte, Statistik, Nachrichten von den neusten und wichtigsten Entdeckungen« behandeln sollte. Die Hoffnungen, die beide Herausgeber und auch der Verleger Dieterich auf das ›Magazin‹ setzten, erfüllten sich nicht. Ihm wurde das Schicksal bereitet, das viele anspruchsvolle Zeitschriften, wie z. B. auch Schillers ›Horen‹, ereilte; das Publikum blieb zurückhaltend, ja ablehnend, weil es das vermißte, was die mittelmäßigen Musenalmanache und Kalender so reichlich boten: beschauliche Unterhaltung und Erbauung. Auch nach dem Eingehen der Zeitschrift blieb Lichtenberg mit Forster, den er nach der Lektüre der ›Ansichten vom Niederrhein‹ unter die ersten deutschen Schriftstellert zählte, zunächst in gutem Einvernehmen, das nur gelegentlich getrübt wurde durch Lichtenbergs Warnungen vor Therese Heyne, Forsters späterer Frau, die in Göttingen nicht zu Unrecht übel beleumundet war, und andererseits Forsters Unverständnis für Lichtenbergs Verhältnis zu Margarete Kellner.

Und in der Tat schockierte Lichtenberg die Göttinger Spießbürger, und nicht nur sie, als er 1784 die fünfundzwanzigjährige Weißbindertochter als Haushälterin zu sich nahm; und unschwer kann man sich die Entrüstung der Göttinger Honoratioren vorstellen, als im Jahr darauf bekannt wurde, daß die Geliebte des Physikordinarius mit einem Sohn niedergekommen war. Lichtenberg begegnete den philiströsen Vorurteilen mit stoischem Gleichmut und fühlte sich weder durch Sticheleien noch durch grobe Anspielungen veranlaßt, die Verbindung durch das kirchliche Sakrament zu legitimieren. Das war mitnichten »Freigeisterei der Leidenschaft« oder ein erotischer Zynismus; vielmehr blieb Lichtenberg, der seit seiner Schulzeit Kirchen nur zum Zweck ästhetischer Bewunderung aufgesucht hatte, in dieser Zeit, da es noch keine Zivilehe gab, seinem aufgeklärten Bewußtsein treu und lehnte mit der christlichen Kirche auch ihre sakralen Äußerlichkeiten ab. Erst während der schweren Wochen von 1789 ließ er sich dann als Todkranker um der Versorgung seiner Familie willen mit Margarete trauen, die inzwischen ein zweites Kind geboren hatte. Angesichts solcher vorurteilsfreien Einstellung nimmt es nicht wunder, daß er dem tüchtigen, praktischen Mädchen aus den unteren Volksschichten den Vorzug gab vor dem »gepuderten Mädchen«, das »zu artifiziell liebt, zu systematisch blickt und lächelt und mit vorsätzlicher Nachlässigkeit rühren will«. So wich sein Schönheitsbegriff von dem durch Winckelmann inthronisierten Griechenideal ebenso ab wie von dem durch Zierlichkeit und erotische Schaustellung bestimmten höfischen Rokokoideal. Seine Briefe und Aufzeichnungen sind mitgeprägt durch einen kräftigen Zug gesunder Sinnlichkeit, und seit seiner Studentenzeit bewundert er die prallen, natürlichen Landmädchen, die sich in Göttingen als Aufwärterinnen verdingten.

Die Ehe, deren entschiedener Lobredner er in diesen Jahren wird, bedeutet für ihn nicht den Eintritt in ein abgeschlossenes Familienidyill. Er ist zwar ein vorbildicher Vater und liest um der materiellen Sicherheit seiner am Ende achtköpfigen Familie willen manche Korrekturfahne Dieterichs mehr, als er eigentlich möchte, aber er vernachläßigt weder seine wissenschaftliche noch seine literarische Tätigkeit, und immer noch beschäftigt ihn die Hoffnung auf eine Italienreise, die er gemeinsam mit seinem alten Freund Ljungberg unternehmen wollte, die aber trotz vieler Bemühungen schon in den Vorbereitungen scheiterte.

Beständig steigt währenddessen Lichtenbergs Ruhm, dessen äußere Signen die Verleihung des Königlichen Großbritannischen Hofratstitels, die Ernennung zum Mitglied der Petersburger Akademie und der Londoner Royal Society sind. Göttingen wurde zu einem Wallfahrtsort für geistig interessierte Zeitgenossen, vor allem für Naturwissenschaftler, und sie alle kamen nicht zuletzt Lichtenbergs wegen: Volta, der mehrere Tage mit ihm experimentiert; Lessing; gar Lavater, den er in ein Gespräch über Spinoza verwickelt; der italienische Anatom und Chirurg Scarpa und dessen holländischer Fachkollege Camper; der englische Philantrop John Howard und der deutsche Moralphilosoph Garve; Gleim, der Anakreontiker; der polnische Astronom Strecki; Johann Heinrich Merck, der frühe Darmstädter Goethe-Freund und Goethes Weimarer

Landesherr Karl August. Das sind zum Teil heute verblichene Namen, aber dem 18. Jahrhundert bedeuteten sie viel. Und viel bedeutete es, daß die englischen Prinzen, darunter jener nachmalige hannoversche König Ernst August, der 1837 die »Göttinger Sieben« des Landes verwies, eigens zum Studium zu Professor Lichtenberg geschickt wurden. Er gab jedoch wenig auf die ihm in den Augen der Göttinger Bürger dadurch zuteil werdende Ehre, daß in seinem Hause bisweilen königliches Gepränge herrschte. Er spürte nur, wie die Verpflichtungen an seinen Kräften zehrten: arme Studenten bitten um Freitische, und, der schweren Stunden während seines Studiums eingedenk, setzt er sich oft für sie ein; Kant erbittet freundliche Rezensionen seiner Werke, und Goethe möchte ihn zu einer wohlwollenden Stellungnahme nötigen.

All das erfordert neben den laufenden Arbeiten einen Energieaufwand, der selbst einen Gesunden überfordert hätte – und Lichtenberg ist schon seit seiner Jugend ein kranker Mann. Es sind die verschiedensten Leiden, über die er klagt: Katarrhfieber, Hals-, Zahn- und Augenschmerzen, bald weiß er von Blutauswurf zu berichten, bald von starkem Stechen im Unterleib. Jahrelang quält er sich mit falschen Diagnosen, jetzt vermutet er Lungenschwindsucht, dann fürchtet er zu erblinden. Sein starker Hang zur Selbstbeobachtung verschlimmert die Leiden und macht ihn nicht selten zum Hypochonder. Im letzten Lebensjahrzehnt muß er häufig die Vorlesungen aussetzen; monatelang lebt er als Halbtoter, wird von langen schmerzvollen Asthmaanfällen und schwerem Nervenfieber gepeinigt. Nur der entsagungsvollen Pflege seiner Frau und der Unterstützung Dieterichs ist es zu danken, daß sich Lichtenberg von der schweren Krankheit des Jahres 1789 wieder erholt.

So treffen die ersten Nachrichten von den Pariser Juliereignissen im Jahre 1789 auf einen Schwerkranken, der sich erst als Rekonvalenszent ein genaueres Bild von den Vorgängen jenseits des Rheins machen kann. Im Grunde unterscheidet sich dann seine Einstellung zur Französischen Revolution nur in Nuancen von der anderer progressiver deutscher Dichter und Gelehrter. So differieren er und sein Gegner Klopstock nur in der Motivierung und im Ausdruck: denn Lichtenberg begrüßt den Sturm auf die Bastille nicht wie jener hymnisch als grandioses Naturereignis, sondern höchst sachlich als praktische Folge eines aufklärerischen Jahrhunderts, das mit Descartes' rationalistischer Philosophie begann.

Er erachtet die Änderung der herrschenden Zustände, die geprägt wurden vom Despotismus und von der ihm abgrundtief verhaßten katholischen Kirche, für notwendig, aber er sieht hinter den politischen Auseinandersetzungen nicht die höchst realen Klasseninteressen, die hier umkämpft werden. Weil er letztlich an die grenzenlose »Perfektibilität der Menschen« aller Stände durch Erziehung und Aufklärung glaubt, ist er nicht von der Notwendigkeit eines gewaltsamen Umsturzes überzeugt. Und hierauf beruht von allem Anfang der Grundwiderspruch in seiner Beurteilung der Französischen Revolution: sie erscheint ihm als eine Folge der Aufklärungsbewegung und mithin als ein Werk der Vernunft. In dem Augenblick aber, als die Volksmassen und vor allem die Jakobiner gegen die Reaktion revolutionäre Gewalt gebrauchen, versagt er ihnen seine Zustimmung, weil sie sich nach seiner Auffassung Mittel bedienen, die sich weder vor der Vernunft noch vor den Prinzipien der Aufklärung rechtfertigen lassen. Folglich scheidet er säuberlich Ziel und Mittel: »Es war auch immer so, die Geschichte gibt uns nur die Gebäude, die schmutzigen Gerüste dazu hat sie weggeworfen.« Wenn auch andererseits die sonst so klaren Befunde Lichtenbergs angesichts der Hinrichtung Ludwigs XVI. und Marie-Antoinettes umflort werden von mancherlei Kleinbürgersentimentalität. Im ganzen verhält er sich abwartend, denn trotz vieler sich widersprechender Äußerungen faßt wohl dieser Satz seine Meinung am besten zusammen: »Eine Republik zu bauen aus den Materialien einer niedergerissenen Monarchie ist freilich ein schweres Problem. Es geht nicht, ohne bis erst jeder Stein anders gehauen ist, und dazu gehört Zeit. Ich kann freilich nicht sagen ob es besser wird, wenn es anders wird. Aber soviel kann ich sagen: Es muß anders werden, wenn es gut werden soll.«

Die widerspruchsvolle Haltung Lichtenbergs zur Revolution wird vor allem deutlich, wenn man die Briefäußerungen, die in ihrer Mehrzahl heftig ablehnend sind, mit den wesentlich konzilianteren Sudelbuchnotizen vergleicht. Obschon keineswegs in Abrede gestellt werden kann, daß der äußerst vorsichtige Lichtenberg in den Briefen seine Meinung zugunsten der herrschenden Kreise retuschiert, so scheint dennoch der tiefere Grund in den unterschiedlichen Darstellungsweisen zu liegen. In den Briefen spricht er über den unmittelbaren Anlaß und die aktuelle Wirkung, die er in der Tat ablehnte, in den Sudelbüchern jedoch tritt uns der wägende, richtende Philosoph entgegen, der allgemeine Ergebnisse von aktuellen Vorgängen trennt und deshalb zu einem gerechteren, das Ganze umfassenden Urteil gelangt. Freilich versteht man Lichtenbergs Stellung zum revolutionären Frankreich erst dann, wenn man alle diese Äußerungen mit seinem Englandbild konfrontiert. Überall dort, wo die Maßnahmen der revolutionären französischen Kleinbürger über das in England geschaffene Modell einer konstitutionellen Monarchie hinausgingen, konnten sie nicht auf seine Zustimmung rechnen, denn allein im bürgerlichen England vermochte er das Ideal jenes »Mittelzustandes« zu erkennen, der ihm nachahmenswert auch für Deutschland erschien.

Objektive und subjektive, gesellschaftlich-politische und persönliche Ursachen fließen zusammen, wenn Lichtenberg in den letzten Lebensjahren in Hoffnungslosigkeit versinkt. Die Verhältnisse in seinem Vaterland waren trauriger denn je, nachdem die republikanische Begeisterung der jungen Intelligenz verflogen war und die Ohnmacht Deutschlands durch

den Frieden von Campo Formio im Jahre 1797 auch weltpolitisch sanktioniert worden war. Napoleon, über den er noch auf dem Totenbett möglichst viel erfahren möchte, schickt sich schon an, das Heilige Römische Reich zu zertreten, und wird, wie Lichtenberg ahnt, zur Gefahr auch für das geliebte England. – Die meisten, die ihm nahestanden, starben: sein hannoverscher Freund und Gönner Schernhagen, 1790 folgte sein Bruder Friedrich Christian, 1794 der tapfer-unglückliche Forster, im gleichen Jahr Gottfried August Bürger, den er so häufig moralisch und materiell unterstützt hatte; tiefbewegt mußte er, da er krank war, vom Fenster aus den unscheinbaren Leichenzug mit ansehen, der dem hochbegabten Lyriker folgte. Wie sehr ihn der politische Despotismus geistlich-sittlich erniedrigte, erhellen gespenstisch zwei Briefe, die er nach dem Tode Georg Forsters schrieb. Im ersten, datiert vom 16. Juni 1794, lehnt er mit fast schroffen Worten die Bitte des Hamburger Historikers Archenholz um einen Nachruf für seinen in Paris verstorbenen Freund ab, indem er auf Forsters Jakobinertum anspielt. Ein Jahr später erklärt er in einem Brief an den Anatomen Sömmering sein Verhalten: »O wie gerne, wie gerne hätte ich ihm ein paar Bogen gewidmet, wäre ich noch das kinderlose und wegen der Zukunft frei denkende und frei schreibende Wesen, das ich ehemals war. Jetzt muß es beim Freidenken sein Bewenden haben.«
Durfte er einst von sich sagen: »Mit der Feder in der Hand habe ich mit gutem Erfolg Schanzen erstiegen, von denen andere, mit Schwert und Bannstrahl bewaffnet, zurückgeschlagen worden sind«, so konstatiert er nun: »Ich stecke meine ganze Tätigkeit aufs Profitchen. Kohlen sind noch da, aber keine Flammen.« Was nützten ihm noch die Verbeugungen der Mitwelt, der ehrenvolle Ruf nach Leyden, die Zueignung der aufsehenerregenden ›Makrobiotik‹ seines Schülers Hufeland, was konnte es ihm bedeuten, daß der größte Philosoph und der größte Dichter seiner Zeit, Kant und Goethe, seine Freund-

schaft suchten, wenn es ihm versagt war, tätig handelnd oder doch geistig mitgestaltend das Zeitgeschehen zu beeinflussen, wenn er keinen Weg sah, der aus dem deutschen Dilemma herausführte. Während die romantische Generation an das Tor der deutschen Literatur klopft, schreibt Lichtenberg resigniert in sein Sudelbuch: »Man spricht viel von Aufklärung und wünscht mehr Licht. Mein Gott, was hilft aber alles Licht, wenn die Leute entweder keine Augen haben oder die, die sie haben, vorsätzlich verschließen?« Zu dieser düsteren Stimmung und durch sie verschlimmert tritt seine Krankheit, die ihn in immer kürzer werdenden Abständen zum Pausieren zwingt. Häufig muß er zu starken Stimulantien greifen, um wenigstens teilweise die Hogarth-Erklärungen abzuschließen, deren Manuskript er blattweise bei Dieterichs Setzer abliefert. Trotzdem verfolgt er noch aufmerksam die neusten Erscheinungen der deutschen Literatur und Philosophie, die ihm jedoch im Grunde fremd bleiben. Nur die Romane Jean Pauls, der ihm schon wegen seiner Verwandstschaft zu Sterne nahesteht, liest er mit Vergnügen, wenn auch nicht ohne Vorbehalte. Jahrelang, bis kurz vor seinem Tode, quält er sich durch die zottigen Perioden Kants, und noch im letzten Lebensjahr äußert er Kantische Gedanken. Aber trotz aller Bemühungen kann er dem System des Königsberger Denkers nicht zustimmen, weder seiner Erkenntnistheorie, die eine existierende und immer weiter, auch durch Lichtenbergs Mittun, entschlüsselte Welt in ein unerkennbares Ding an sich verflüchtigt, noch der Ethik, die den Menschen unter das Gesetz eines rigorosen Müssens stellt. Und dies ist das Fazit all seines philosophischen Mühens: »Wenn auch meine Philosophie nicht hinreicht, etwas Neues auszufinden, so hat sie doch Herz genug, das längst Geglaubte für unausgemacht zu halten.« Damit schließt sich sein geistiger Lebenskreis, der mit Fragen ob der Richtigkeit überkommener Philosophien begann und beim Zweifel an der Allgemeingültigkeit der Systeme endet. Aber die Fragen am An-

fang sind aufklärerische Denkimpulse, die Zweifel am Ende verdüstern sich bisweilen zu einem weltumspannenden Pessimismus, denn unsentimental, aber zugleich betrübt muß er feststellen, daß mit ihm selbst auch seine Epoche, das Zeitalter der Aufklärung, seine Hoffnungen und Ideale sterben werden. Innerlich und äußerlich vereinsamt, krank und oftmals ratlos, zieht er sich auf sein Ich zurück und findet kaum noch Freude daran, seinen Platz am Fenster einzunehmen, der ihm einst den Zugang zur Welt bedeutete.
Anfang 1799 werfen ihn heftige Schmerzen aufs Krankenlager. Am 24. Februar stirbt er an einer Lungenentzündung. Über fünfhundert Studenten gaben ihm das letzte Geleit.

Obgleich Lichtenbergs Leben an Ereignissen arm ist, obgleich er sich gegen Umbrüche und Katastrophen von vornherein sicherte und, oberflächlich betrachtet, ein zurückgezogenes Gelehrtendasein führte, verharrte er doch keineswegs in apathischem Zuschaun oder passivem Registrieren. Er ist der Zeitgenosse Lessings und Forsters nicht nur im Sinne biographischer Gleichzeitigkeit, sondern auch im Sinne einer bewußt gelebten Zeitgenossenschaft. Als Sohn der europäischen Aufklärung und des aufsteigenden Bürgertums, ausgerüstet mit dem Wissen um das Fortschreiten des Menschengeschlechts, verachtet er den Despotismus der deutschen Höfe, spottet er über die Kirche und besonders den Katholizismus, kämpft er für die Toleranz und die Freiheit wissenschaftlichen Forschens, nimmt er teil an den erkenntnistheoretischen, ethischen, literarischen und naturwissenschaftlichen Auseinandersetzungen der Zeit. Als Gelehrter überhebt er sich nicht der moralischen Verpflichtung zur Stellungnahme, wenn er sich zuweilen auch um der Sicherheit seiner bürgerlichen Gelehrtenexistenz willen den Zwang des Schweigens auferlegen muß. Dieses Kompromiß mit der herrschenden Klasse bewahrte ihn zwar vor dem materiellen Scheitern, andererseits aber birgt es auch eine Ursache für das Fragmentarische seines literarischen Werkes in sich, das sich unter günstigeren Bedingungen zu einem großen polemisch-satirischen Œuvre gestaltet hätte. – So fehlen aber auch seinem geistigen Antlitz die heroischen Züge Lessings, Schillers oder Georg Forsters, weil er die Grenzen des Möglichen, besonders in den Spätjahren, sehr eng absteckte. Wie kaum bei einem Zeitgenossen verschlingen und verknäulen sich im Denken Lichtenbergs die verschiedenen ideologischen Reflexe des fortgeschrittenen westeuropäischen und des anachronistischen deutschen Gesellschaftszustandes. Je höher er sich am englischen Vorbild aufzurichten versucht, um so tiefer fällt er bisweilen in die Erbärmlichkeit deutscher Verhältnisse zurück. Neben weitschauenden politisch-historischen Thesen stehen Briefe, aus denen der willfährige Untertan spricht; mutige Polemik findet sich neben Zeugnissen übergroßer Ängstlichkeit, Äußerungen von nahezu radikalem Atheismus neben Anwandlungen von Aberglauben; hochgespannte Lebensfreude wechselt mit abgrundtiefer Skepsis. Fraglos dominiert das Lebensbejahende, Vorwärtsweisende, das Denken und das Lebensgefühl, wie er es im englischen Bürgertum kennengelernt hatte, aber unterschwellig ist auch noch das Überwundene gegenwärtig, verhindert letzte Konsequenzen, führt zu Spannungen und Krisen.

Damit ist allerdings nur der allgemeine Rahmen angedeutet, innerhalb dessen sich Lichtenbergs Leben und Schaffen vollzieht. Um das Besondere und Einzigartige dieser Persönlichkeit zu verstehen und seinen ideologiegeschichtlichen Ort genauer zu fixieren, dazu muß man vor allem seine berufliche Stellung und Tätigkeit in die Erörterungen einbeziehen. Lichtenberg steht am Ende einer Entwicklungslinie, deren Beginn durch den Namen Albrecht von Haller bezeichnet wird und für die charakteristisch ist, daß sich exakte Wissenschaften und Literatur ungeschieden und theoretisch kaum differenziert miteinander in Personalunion befinden. Insofern finden die ersten

Stufen der deutschen Aufklärung, welche die Kunst der wissenschaftlichen Analyse unterordneten und noch nicht das Spezifische des literarischen Erkenntnisprozesses anerkannten, in Lichtenberg ihren letzten großen Vertreter. Wie sehr das naturwissenschaftliche Denken alle theoretischen Erwägungen überwölbt, läßt sich an seiner scharfen Polemik gegen den Sturm und Drang ablesen. Die künstlerische Erkenntnis soll bei einer praktikablen Wahrheit enden, und füglich behauptet die didaktische und satirische Literatur bei Lichtenberg noch ihre Favoritenstellung, als sie historisch durch die vielschichtigen, alle menschlichen Regungen bloßlegenden Werke des jungen Goethe längst überwunden ist. Und er fordert noch zu einem Zeitpunkt Lehrgedichte auf die Perfektibilität des Menschen und die Physiognomik, als die – ihm höchstwahrscheinlich unbekannten – ›Räuber‹ Schillers das Mannheimer Theaterpublikum zu Exzessen hinrissen.

Obgleich er den Sturm und Drang ästhetisch zu disqualifizieren versucht, beruft er sich in anderen Fragen trotz mannigfacher Interpretationsnuancen auf die gleichen Namen: Shakespeare und Spinoza, vor allem Rousseau, Pope und Möser. – Nicht nur seinem Geburtsjahr nach – er ist dreizehn Jahre jünger als Lessing und sieben Jahre älter als Goethe – steht er an der Wegscheide der beiden höchsten Entwicklungsstufen der deutschen Aufklärung, der Lessing-Periode und des Sturm und Drang.

Bevor noch Herder das Programm der Geniebewegung proklamiert, vollzieht Lichtenberg für sich jene die Literatur der siebziger und achtziger Jahre revolutionierende soziale Neuorientierung der bürgerlichen Intelligenz auf die einfachen Menschen, im besonderen die Bauern. Das drückt sich sowohl in seiner Vorliebe für alles Volkstümlich-Lebendige, in seinem Interesse für die Mundart, wie vor allem in seinem dem Klassizismus entgegengesetzten Schönheitsideal aus. Aber ebensowenig wie bei den meisten deutschen Schriftstellern der Zeit äußert sich bei Lichtenberg diese Umorientierung prononciert politisch, sondern vielmehr ethisch. Wie der junge Goethe überwindet auch Lichtenberg die engherzige Frühaufklärung, die der höfischen Ausschweifung mit dem Kontrastideal einer puritanischen Kleinbürgertugend zu begegnen suchte, indem er Natürlichkeit und die allseitige Entfaltung der bürgerlichen Persönlichkeit fordert, was auch die Befreiung der Leidenschaften vom Reglement moralisierender Zöpfe einschließt. Und Lichtenberg rebelliert nicht nur in Worten gegen die rüde Kleinbürgermoral, sondern höchst praktisch und persönlich durch seine illegitime Verbindung mit der Stechardin und mit Marie Kellner.

Mit der neuen Persönlichkeitsauffassung, wie sie sich im vorrevolutionären Jahrzehnt durchsetzt, hängt sein starkes psychologisches Interesse wie seine Neigung zur Selbstdarstellung zusammen. Dabei drängt sich zugleich die Frage auf, warum Lichtenberg nicht über das fragmentarische, aphoristische, tagebuchartige Selbstzeugnis hinausgelangt ist zu der zwar projektierten, aber nie ernsthaft begonnenen Autobiographie. Die mit geradezu ermüdender Stereotypie von den meisten Lichtenberg-Interpreten wiederholte Behauptung, ihm habe es an künstlerischem Talent gefehlt, enträt insofern echter Kompetenz, weil hier kurzerhand Folgen als Ursachen ausgegeben werden; während die objektiven Gründe in seiner eigentümlichen, widersprüchlichen Mittelstellung zwischen den beiden letzten Stadien der deutschen Aufklärungsbewegung und dem damit ursächlich verbundenen Gegensatz von naturwissenschaftlicher und literarischer Tätigkeit zu sehen sind. Er besitzt schon die neuen, nicht zuletzt durch Rousseau beeinflußten psychologisch-ethischen Einsichten, ohne daraus die ästhetischen Konsequenzen ziehen zu können, welche die Voraussetzungen für die künstlerische Darstellung des neuen Persönlichkeitstyps bilden. Daß ihm die Sensibilität und Leidenschaftlichkeit Werthers durchaus nicht fremd ist, verrät allein dieser Satz: »Bei mir liegt das Herz dem Kopf wenigstens um einen ganzen Schuh näher als bei den übrigen Menschen.« Aber er hält das, sofern es künstlerisch adäquat dargestellt wird, für einen unangebrachten aristokratischen Gefühlsluxus, dem es an positiver moralisch-gesellschaftlicher Zielsetzung und erzieherischer Nutzbarkeit gebricht. – Dort ist er schon Weggefährte der jungen Generation des Sturm und Drang, hier huldigt er noch den überkommenen Lehrmeinungen der frühen Aufklärung.

Hinzu tritt Lichtenbergs ständiges Mißtrauen gegenüber Verallgemeinerungen und seine Neigung zur exakten Einzelforschung. So konnte er sein Bestes und Bemerkenswertestes mit den vielen psychologischen Momentaufnahmen leisten, die uns in seinen Aphorismenbüchern erhalten geblieben sind. Hier vermochte er einen Beitrag zur Erkenntnis der menschlichen Seele zu leisten, der über das 18. Jahrhundert weiterwirkte, weil er fern von Vorurteilen, Spekulationen und mechanistischen Deutungen, allein auf scharfsichtige Beobachtung und Selbstbeobachtung gestellt, seiner Zeit voraus, die Dialektik von Mensch und Umwelt, von der »Korruptibilität« und »Perfektibilität« des Menschen zu ergründen suchte.

Die ideologiegeschichtliche Mittelstellung Lichtenbergs wie auch sein Beharren auf naturwissenschaftlicher Tatsachenerkenntnis verhindert die Ausbildung eines Weltanschauungssystems mit Totalitätsanspruch. Aber was auf den ersten Blick als Ratlosigkeit erscheinen mag, wird von ihm zum philosophischen Regulativ erhoben: Er verweigert kategorisch allen Systemen und Doktrinen die Gefolgschaft, nachdem er die Relativität der überlieferten und zeitgenössischen Philosophien erkannt hat, die einer Gedankenkonstruktion zuliebe die Wirklichkeit zurechtrücken oder spekulativ umbiegen möchten und nicht dem fortschreitenden Leben Rechnung tragen. Denn, so meint er, wo man über das Zeugnis der Sinne hinausgehe, gewinne die »spekulative Simplizität« Oberhand. So fordert er immer wieder in Übereinstimmung mit seinen Erfahrungen als Physiker empirische Tatsachenforschung, obgleich er sehr wohl weiß, daß dies nicht der Weisheit letzter Schluß sein kann. Der Affront gegen die Vorurteile aller Art bestimmt ihn zum »Selbstdenker«: »Laß dich nicht anstecken, gib keines andern Meinung ehe du sie dir passend gefunden, für deine aus; meine lieber selbst.« Hinter Lichtenbergs Selbstdenkertum steht nicht, wie häufig angenommen wird, ein finsterer und müder Skeptizismus, sondern die drängende Skepsis des aufklärerischen Forschers, der allem Hergebrachten, nicht zuletzt dem spekulativen deutschen Denken mißtraut.

Diese Skepsis bildet einerseits den Riegel, mit dem er sich den Zugang zur größeren literarischen Form versperrt, andererseits aber den Schlüssel zu seiner Aphoristik, die Spontaneität in den Dienst wissenschaftlicher Durchleuchtung stellt, sich auf Einzelbeobachtungen stützt, diese deutet und analysiert, ohne daß der Versuch unternommen wurde, eine Gesamtansicht der Gesellschaft und des menschlichen Lebens zu entwerfen.

Es entspricht ganz dieser Haltung, daß Lichtenberg, den das Individuelle und Spezielle fesselte, der psychologische Durchleuchtung den Monumentalentwürfen von Weltbildern vorzog, im Brief eine adäquate Form für die Objektivierung seiner Gedanken sah. Hier war dem Vorsichtigen und Verschwiegenen weitgehend die Angst vor einer schnellfertigen Denunziation durch die literarische Öffentlichkeit genommen, hier erhielten seine apodiktischen Urteile die gewünschte hypothetische Form, so daß ihm der Brief die beste Möglichkeit bot, seine Gedankenexperimente vorzutragen. Hier konnte er sich dem Mitstrebenden offenbaren und sich zugleich dem vagen Urteil kritischer Heißsporne entziehen.

Freilich gibt es eine Anzahl von rein privaten Mitteilungen, aber größer ist die Zahl der Briefe, in denen er seine Stellung in der Zeit, in der naturwissenschaftlichen Forschung, inmitten des politischen Ringens der Mitlebenden fixiert. Das bürgerliche Zusammenleben in jenen Tagen brachte es mit sich, daß die Briefe bei abendlichen Teegesprächen in einem kleinen Kreis solidarischer Geister vorgelesen und erörtert wurden. Gerade Lichtenbergs Briefe stehen zwischen privater Nachricht und Publikation; das geht auch daraus hervor, daß er zuweilen anmerkt, wem der jeweilige Brief vorgelesen oder gezeigt werden solle.

Uns sollte indessen nicht so sehr das Ausmaß der Korrespondenz verwundern – ist doch das 18. Jahrhundert eine Zeit hoher Briefkultur – als vielmehr die Tatsache, daß das Briefschreiben Lichtenberg Erholung und Freude bedeutete. Denn »außer dem Vergnügen, Briefe von meinen guten Freunden zu erhalten, kenne ich beinahe kein größeres als das, in müßigen und guten Stunden wieder an dieselben zu schreiben«. Und dennoch steht er auch hier in Gegensatz zu den inständig monologisierenden Briefschreibern des empfindsamen Zeitalters, denen der Brief ein handliches Gefäß ist, in das sie ihre Seelenschmerzen ergießen. Die überwiegende Anzahl von Lichtenbergs Briefen beschäftigt sich nicht mit seiner Person, sondern mit dem Gegenüber oder einem Dritten, mit Beobachtungen der Umwelt, Reiseerlebnissen, Forschungen und Kunst. Daher ist seine Persönlichkeit nicht unmittelbar aus dem geschriebenen Briefwort erkennbar, sondern nur indirekt, aus seinem Verhalten und Verhältnis zu den Personen, an die er schreibt, aus der Art der Darstellung, aus der kalten oder herzlichen Höflichkeit, dem versteckt ironischen Urteil oder einem übermütigen Geplauder.

Zu Unrecht hat man vom Briefstil Lichtenbergs gesprochen, da es sich doch in Wirklichkeit um Stile, um Stilarten handelt, die abhängig sind vom jeweiligen Adressaten. Und er besitzt eine proteische Verwandlungsfähigkeit! Hier erweist er sich als temperamentvoller Polemiker, dort als freundlich-humoristischer Sittenschilderer, berichtet hier in nüchternem Ton von seinen wissenschaftlichen Ergebnissen und gibt sich dort weltmännisch-ironisch. Er kann entzückende Glückwunschadressen verfassen und schreibt an Strieder, den Verfasser eines Gelehrtenlexikons, ein wahrlich exemplarisches Kanzleideutsch. Bis in die feinsten Nuancen, von der Anrede- bis zur Abschlußformel, ist diese Einstellung auf den Adressaten spürbar, die eine ungewöhnliche Menschenkenntnis, eine komödiantische Ader und einen bedeutenden Grad von Anpassungsvermögen voraussetzt. Der gleiche Lichtenberg, der an den nicht in jedem Betracht geschätzten Lehrer Kästner ein höchst devotes Schreiben richtet, vermag wenig später an Frau Dieterich einen Brief über Damenbekanntschaften zu schreiben, hinter dessen todernstem Ton man das Augurenlächeln zu sehen meint. Der gleiche, der seitenlange Berichte über astronomische Fragen an Amtskollegen schreibt, ist dann plötzlich des trockenen Tones satt und tut sich an allerlei glaubwürdigen und unglaubwürdigen Histörchen gütlich.

Fraglos ist ihm das Briefschreiben Bedürfnis, aber beileibe nicht immer ein Bedürfnis zur Konfession. Seine Briefe sind deshalb nicht nur Lebensdokumente, sondern durchaus, jedenfalls ihrer Stillhaltung nach, künstlerische Zeugnisse, weil Lichtenberg sie ganz bewußt gestaltet. Nicht selten fühlt er sich gedrängt, den gleichen Vorgang, z. B. die Helgolandreise, eingestellt auf den jeweiligen Adressaten, auf ganz verschiedene Weise zu spiegeln. So wollen uns viele seiner Briefe als eine literarische Experimentier- und Spielform erscheinen, die allerdings in jedem Falle eine intime Kenntnis der Psyche seines Gegenüber voraussetzte.

Das schließt natürlich nicht aus, daß manche seiner Briefe von großem informativem Wert sind, wie z. B. die Beschreibung des Londoner Lebens in dem Brief an Baldinger oder das Schreiben an Goethe zu Problemen der Farbenlehre. Im Grunde sind es aber die ironischen Facetten, die Plastizität des Stils, die unmittelbare Lebendigkeit, die uns diese Briefe auch heute noch so lesenswert erscheinen lassen.

Es ist auch kein Zufall, daß er in einigen der besten seiner Aufsätze, wie z. B. in den ›Briefen aus England‹, die Kunstform des Briefes wählte. Aber auch ein solcher Aufsatz wie ›Warum hat Deutschland noch kein großes, öffentliches Seebad?‹ und selbst die ›Ausführliche Erklärung der Hogarthischen Kupferstiche‹ weisen enge Verwandtschaft mit der Briefform auf. Hier konnte Lichtenberg die Grundforderung, die er an jeden Schriftsteller richtete, stets an ein bestimmtes Publikum zu denken, am reinsten verwirklichen. Freilich ist die von ihm gewählte Form, deren Wesen in der Mitteilung besteht, weit entfernt vom Briefroman des europäischen Sentimentalismus. Sie steht vielmehr in einer Traditionsfolge, die sich von der römischen Antike, von Cicero und Plinius, über die Humanisten zu den englischen Pamphletisten des Aufkärungszeitalters fortsetzt. Es ist eine Diskussions- und Gesprächsform, die öffentlich anregen, Fakten übermitteln, zuweilen auch provozieren will und die sich im speziellen Falle Lichtenbergs an das Bildungsbedürfnis des deutschen Bürgertums wendet, an der Veränderung des Menschen und seiner Welt teilhaben will. Überhaupt ist für die überwiegende Zahl von Lichtenbergs schriftstellerischen Arbeiten charakteristisch, daß sie in der Mitte zwischen künstlerischer und wissenschaftlicher Prosa stehen, also auch insofern die Bezeichnung Essays verdienen. Das zeigt sich schon an seiner Arbeitsmethode. Ihm bleiben vulkanische Eruptionen fremd, statt dessen trägt er mit großem Fleiß Material zusammen und sammelt Sentenzen und Einfälle, die er dann in den Schriften verwendet. Häufig wird der Anstoß durch einen aktuellen Anlaß gegeben, den Besuch eines englischen Seebads, das Erscheinen der ›Physiognomischen Fragmente‹ usw., stets aber verbindet er mit seinen Arbeiten einen praktischen Zweck, wie sehr sie sich auch in Thematik und Form unterscheiden mögen.

Das Mißtrauen des Aufklärers und im besonderen des sehr publikationsfreudigen Naturwissenschaftlers gegen die freischaf-

fende Phantasie führte dazu, daß er gern ein bereits in dieser oder jener Weise vorgeformtes Thema – entweder beschreibend oder auch polemisch ablehnend – behandelte, was deutlich wird an seiner größten literarischen Arbeit, den Hogarth-Beschreibungen, wobei hier ganz besonders die minuziös dargestellten Details seiner Neigung zur Exaktheit entgegenkamen und ihm die Möglichkeit zu einer höchst differenzierten Schilderung des frühen »bürgerlichen Heldenlebens« boten, zu einer kritisch-moralisierenden Gegenwartshistoriographie, wie sie das Mittelalter als »Spiegel« bezeichnete. Da er stets den Nützlichkeitseffekt gewahrt wissen wollte, fand er nicht bei den Griechen und ihrem Schönheitskult sein Stilideal verwirklicht, sondern – und das wiederum in Gegensatz zu den meisten seiner Zeitgenossen – bei den weitaus praktischeren Römern, besonders bei ihren Historikern.
Daß jedoch Lichtenbergs eigentliche schriftstellerische Begabung, die er nur allzu bereitwillig unterdrückte, im Bereich des Satirisch-Polemisch-Parodistischen lag, vergegenwärtigt allein ein so amüsanter und phantasiestarker Aufsatz wie das ›Fragment von Schwänzen‹, mit dem er Lavaters Physiognimik vollends dem Lachen preisgeben wollte. Dabei ist für Lichtenberg solch skurriler und zweideutiger Einfall durchaus typisch, wie er auch andererseits durch die Verbindung heterogener Inhaltssphären und Stilebenen im ›Gnädigsten Sendschreiben der Erde an den Mond‹ erstaunliche Wirkungen erzielt.
Dieses Talent jedoch, an dem es den deutschen Schriftstellern des 18. Jahrhunderts zu fehlen scheint, konnte und wollte er unter den gegebenen Bedingungen nicht entwickeln und pflegen. Zwar erlaubt er seiner Phantasie, oftmals ungewollt, manchmal unter einem Pseudonym verborgen, gewisse Seitensprünge, im Grunde lebt er aber dann entweder in ständiger Furcht vor einer scharfen öffentlichen Reaktion, oder er hat zumindest ein schlechtes Gewissen ob seiner eigenen Einbildungskraft.

Im einzelnen belehren uns darüber eine Fülle von Entwürfen zu Essays, Polemiken, Erzählungen, sogar Romanen, die allerdings fast ausnahmslos in der ersten Konzeption steckenblieben. Genannt werden muß hier vor allem die ›Zezuanische Geschichte‹, zu der sich Lichtenberg über mehrere Jahre Notizen machte. Sie sollte ein großes satirisch-zeitkritisches Werk werden nach dem Vorbild des hochgeschätzten ›Gulliver‹ von Jonathan Swift. Zu Papier gebracht wurden lediglich einige funkelnde Einfälle, die indessen hinreichend für die unerhörte Imagination Lichtenbergs zeugen.
Wenn sich der Künstler vor anderen Menschen durch die Fülle der Gesichte, durch Phantasie und Einfallsreichtum auszeichnet, so war es Lichtenberg in hohem Maße. Er notierte beispielsweise den Plan zu einer Erzählung, in welcher der Held als Greis geboren und als Säugling sterben sollte: ein Projekt, das auszuführen das 20. Jahrhundert dem Amerikaner Francis Scott Fitzgerald mit der Erzählung ›Der seltsame Fall des Benjamin Button‹ überließ.
Gerade an diesem Beispiel zeigt sich der Schriftsteller Lichtenberg als Homo ludens, der insgeheim nicht vor dem phantastischen Spiel mit dem Absurden zurückschreckte. Insgeheim muß jedoch betont werden, daß es Lichtenberg nicht nur höchst albern vorgekommen wäre, ein solches Vorhaben zu verwirklichen, sondern zugleich seinem aufklärerischen Ethos als Verrat an den Prinzipien menschenbildender Literatur erschienen wäre.
Man mag es beklagen, daß die geplanten Polemiken, Essays und Satiren Lichtenbergs in den Entwürfen liegenblieben, fest steht aber, daß er im Aphorismus sein Höchstes geleistet hat, daß er durch ihn, wenn auch erst postum, zu einer der führenden Gestalten der deutschen Nationalliteratur des 18. Jahrhunderts wurde. An den Aphoristiker dachte Hebbel, wenn er lieber mit Lichtenberg vergessen als mit Jean Paul unsterblich sein wollte; den Aphoristiker meinten Platen und Tolstoi, der Phy-

siker Einstein oder Publizisten von hohen Graden wie Karl Kraus und Kurt Tucholsky, wenn sie Lichtenberg zu ihren Lieblingsschriftstellern zählten.
Den Aphoristiker? Da Lichtenberg doch, strenggenommen, keine Aphorismen schrieb oder nicht schreiben wollte. Denn was uns in den acht Wachstuchheften, die 1901 von Albert Leitzmann vollständig, vorher schon auszugsweise ediert wurden, überliefert ist, sind Einfälle, Anmerkungen, Beobachtungen, Notizen, Vorstufen, Entwürfe, Fragmente, Arbeitsmaterialien, die von ihrem Verfasser nie zur Veröffentlichung bestimmt waren. Hatte er doch stets einigermaßen abschätzig von seinem waste-book, dem Sudelbuch, Klitterbuch oder Schmierbuch gesprochen. Als er am 1. Januar 1789 ein neues Heft beginnt, stellt er ihm den folgenden programmatischen Satz voran: »Vermischte Einfälle, verdaute und unverdaute, Begebenheiten, die mich besonders angehen; auch hier und da Exzerpte und Bemerkungen, die an einem andern Ort genauer eingetragen oder sonst von mir genutzt sind.« – Wenn er seine Methode beiläufig als Gelegenheitsdenken bezeichnet, so trifft das genau den Charakter seiner Bemerkungen, die ihre Existenz oftmals dem Zufall, einem plötzlichen eintretenden Ereignis, einem Einfall verdanken und die als »Pfennigswahrheiten« in seiner »Exzerptenbuchsparbüchse« gesammelt werden. Daher findet der Leser dort ein schier regelloses Durcheinander von philosophischen, historischen, politischen, psychologischen und sprachwissenschaftlichen Notizen, eine Buntheit und Vielgestalt, die durch kein System geordnet ist. Weshalb es auch ein müßiges und schwer zu rechtfertigendes Unterfangen ist, wenn manche Herausgeber der Bemerkungen durch Gruppierung eine Systematik vortäuschen, die weder in der Absicht Lichtenbergs lag, noch seinem Werk dient. Und dennoch ist insofern eine innere Ordnung unverkennbar, als die Chronologie der Notizen die geistige Entwicklung Lichtenbergs abspiegelt, die philosophisch mit der Aneignung Leibnizscher Gedanken

beginnt und mit der Überwindung der Kantischen Transzendentalphilosophie endet. Aber auch äußerlich-formal läßt sich unschwer ein Reifeprozeß feststellen, da Lichtenberg beim Niederschreiben seiner Bemerkungen mehr und mehr zu der Überzeugung gelangte, daß hier unversehens etwas Eigenes, Unwiederholbares entstand. So feilte er in späteren Jahren oft längere Zeit an den Formulierungen, schrieb sie um, tilgte Unfertiges, suchte nach dem angemessenen Wort und der treffenden Pointe. Das geschah jedoch nicht mit dem Ziel der Publikation, sondern vielmehr als Gedanken- und Fingerübung, zumal er wie alle Aufklärer die geschliffene Sentenz als unabdingbares Bestandteil echter Dichtung betrachtete. Dabei gereichte es den Bemerkungen fraglos zum Vorteil, daß sie nicht von Lichtenberg veröffentlicht wurden, da seine erbarmungslose Selbstzensur und Selbstkritik vieles ausgeschlossen hätte, was heute zur ersten Wahl deutscher Prosa gehört.

So tritt uns aus den Sudelbüchern der ganze Lichtenberg entgegen mit seinen persönlichen Fragen und Zweifeln, mit seinen Qualen und Freuden; aber mehr noch, die Ära ökonomischer, wissenschaftlich-technischer und politischer Umwälzungen, das große Zeitalter der bürgerlichen deutschen Philosophie und Literatur erfährt hier eine Brechung, deren Eigenart darin besteht, daß Lichtenberg zugleich Beteiligter und dennoch distanzierender Richter ist, da er zwar dem großen Strom der Aufklärung, nicht aber einer Ihrer Strömungen zugehört.

Das brachte ihm in späteren Jahrzehnten die Aura der Einsamkeit ein, und von seiten Goethes kam gar der Vorwurf, er sei »keine konstruktive Natur« gewesen. Tatsächlich sind Lichtenbergs Bemerkungen nur in Ausnahmefällen im Sinne Goethes »Maximen«. Sie vermeiden geradezu, Lebensregeln zum täglichen Gebrauch auszugeben, statt dessen überwiegt eine kritische, kühle, analysierende Haltung, die aber stets von Verantwortung für die Menschheitsentwicklung getragen ist, die Kritik nicht als nihilistische Absage, sondern als Voraussetzung zur Erneuerung und Umwandlung betrachtet. Denn: »Der oft unüberlegten Hochachtung gegen alte Gesetze, alte Gebräuche und alte Religion hat man alles Übel in der Welt zu danken.«

Lichtenbergs schriftstellerische und philosophische Haltung ist nicht auf Repräsentanz eingestellt, er will nicht der Praeceptor Germaniae sein, keinen kategorischen Imperativ formulieren, vielmehr den Menschen durch Beobachtung und Erfahrung kennenlernen und dann das tausendfach Beobachtete und Erfahrene in einem Satz, der das Innerste der Sache enthüllt, komprimieren. Insofern ist Lichtenberg im französischen Sinne ein Moralist, d. h., er untersucht Sein und Wesen des Menschen, studiert Charaktere, beobachtet Reaktionen auf bestimmte Umwelteinflüsse und entwickelt daran seine Thesen der Lebensführung. Aber nur in diesem sehr umfassenden Sinne. Denn die Kunstform des französischen Aphorismus, wie sie durch die Moralisten von La Rochefoucauld bis Rivarol europäische Wirkung ausübt, entsteht aus dem Gesellschaftsleben des Rokoko und sublimiert literarisch die höfische Spätkultur, deren intellektueller Zynismus im Brillantfeuerwerk von La Rochefoucaulds Maximen verführerisch aufleuchtet. Lichtenbergs Bemerkungen sind überhaupt keiner bestimmten künstlerischen Traditionsfolge verpflichtet, da ihr Verfasser sich nicht mit der Absicht trug, Aphorismen zu schreiben. Und nur ein Teil der in den Sudelbüchern enthaltenen Abschnitte, Sätze und Satzscherben tut dem Gattungsbegriff des Aphorismus Genüge, der in einem prägnant formulierten geistreichen, witzigen Satz eine Lebensweisheit, ein Urteil oder auch einen paradoxen Gedanken vorträgt, und zwar zumeist in überraschendem, subjektivistisch überspitztem Gegensatz zu einem überkommenen Meinungsgefüge.

Wie sehr Lichtenberg auch seine geistige Unabhängigkeit und Vorurteilslosigkeit betont und in Übereinstimmung mit dem sich emanzipierenden Bürgertum die Freiheit des Individuums als Voraussetzung gesellschaftlichen Fortschreitens betrachtet, sowenig huldigt er doch als Aufklärer einer subjektiven Willkür und Bindungslosigkeit. Seine Bemerkungen sind trotz mancher schockierender Aussage nicht die Denkergebnisse eines freischwebenden individualistischen Geistes, sondern vielmehr Bausteine, die er dem Gebäude der europäischen Aufklärung einfügen möchte. – Wenn von Lichtenbergs Vorbildern die Rede ist, so muß an erster Stelle der englische Renaissancephilosoph Francis Bacon genannt werden, den er wegen seines vorurteilsfreien Forscherethos, seiner naturwissenschaftlichen Methode und seines gegen die Systemphilosophie gerichteten Denkens des öfteren rühmt. »Der berühmte Baco von Verulam hat schon gesagt, und wir haben es für wahr befunden, daß in einer Wissenschaft nicht viel mehr erfunden wird, sobald sie in ein System gebracht wird.« Daraus ergibt sich Lichtenbergs Stilideal, das sich gleichermaßen weit entfernt von dem Glanz der Aphorismen La Rochefoucaulds wie von der orakelhaften Dunkelheit der Fragmente Friedrich Schlegels. Lichtenberg unterordnet immer die Form dem Inhalt, ohne auf das Schleifen zu verzichten. Er will jedoch nicht bestechen und verblüffen, sondern überzeugen. Und überzeugen kann nur die Sache selbst. Wie er einerseits zeitlebens den Sprachwulst und -prunk bekämpfte, so hegte er andererseits tiefes Mißtrauen gegen stilistische Marmorglätte. Und er verzichtete gern auf wohlgefügte Figuren und symmetrische Perioden, sobald er dahinter eine wenn auch nur leichte Wahrheitsretusche witterte. Gegenständlichkeit und Klarheit, Schlichtheit und Sachlichkeit sind oberste Gebote, die er am schönsten bei Lessing verwirklicht sah, und eine Formulierung vermochte er nicht höher zu ehren als mit dieser Bemerkung: »Der fast Lessingsche Ausdruck, der dem Gedanken sitzt wie angegossen.« – Dabei sind Lichtenbergs Aphorismen alles andere als einfach oder banal, sondern eher kompliziert. Die Energien, die in einem Satz zusammengeballt sind, erfordern vom Leser ein intensives Mit-, vor allem aber ein Weiterdenken. Allerdings sind die Denkbahnen mit zwingender Logik vorgezeichnet, so daß keine phantasievolle Deutung, sondern nur das exakte Erfassen des Sinngehalts möglich ist. Das erweist sich an einem Aphorismus wie diesem: »Kluge Leute glauben zu machen, man sei, was man nicht ist, ist in den meisten Fällen schwieriger, als wirklich zu werden, was man scheinen will.« Die glasklare, geometrische Struktur dieses Satzes, der als rhetorische Figur ein meisterhaft gelungener Chiasmus ist, erleichtert zwar zunächst nicht das Verständnis des ungewöhnlichen, ja paradoxen Gedankens, aber sie gibt ihm eine solche präzise und bündige Fügung, daß man beim zweiten Lesen mit dem Inhalt auch die Form begreift, ja die konzentrierte Antithetik als die bestmögliche Gestalt des geistreich-paradoxen Inhalts erkennt. Die Schönheit der Sprache realisiert sich in der Überschaubarkeit der Gedanken. Die sprachliche Form der Aphorismen soll nach Lichtenbergs Willen einem von allem Schmuck befreiten enganschließenden Kleid gleichen, auf dem sich die Muskeln, Sehnen und Knochen des Gedankenkörpers sichtbar abzeichnen. Das setzt freilich, um dem ästhetischen Gesetz zu genügen, jene Schlankheit des Denkens voraus, die allein die Mathematik lehrt.

Wie er das Ornament und den Zierat ablehnt, so unterliegt er auch höchst selten der Versuchung des Wortspiels um seiner selbst willen, des Wortwitzes, wohl aber bedient er sich des außergewöhnlichen Wortarrangements, mit dessen Hilfe er schlaglichtartig und mit hintersinniger Ironie die Illusionen der Mächtigen seiner Zeit zerstört: »Nicht alle, die wohlgeboren, sind wohlgestorben oder im Reich der Toten Hochedelgestorbene.« Im übrigen läßt sich gerade an diesem Beispiel das Wesen von Lichtenbergs Sprachkunst gut demonstrieren, deren Wirkung nicht zuletzt darauf beruht, daß sie zwischen Metapher und Abstraktion, reinem Bild und reinem Gedanken in der Mitte steht und Dichtung gleichsam mit wissenschaftlicher

Akribie zu realisieren weiß. Trotzdem wird Lichtenbergs Diktion nie blutleer, weil er seine Sprache ständig durch Dialektwörter und volkssprachige Wendungen bereichert. Und manche seiner Bemerkungen gewinnen gerade durch den Kontrast von esoterischem Gegenstand und umgangssprachlich-lässiger Formulierung eine eigentümliche Pikanterie oder auch eine nahezu brutale Schärfe: »Oden, wenn man sie liest, so gehen einem, mit Respekt zu sagen, Nasenlöcher und Zehen auseinander.«

Wenngleich die Bemerkungen ihre Entstehung häufig einem zufälligen Denkreiz verdanken, so sind sie in der uns vorliegenden Gestalt doch das Ergebnis einer jahrelang geübten und wohlüberlegten Sprachbehandlung, da ihr Verfasser – wie nur wenige seiner Zeitgenossen – über Wesen und Möglichkeiten der Sprache nachgedacht hat, Wörter in neuer Bedeutung verwendete, ihre semantischen Randzonen abhorchte und feinsinnige Beobachtungen über Akzent und Sprachgestus anstellte.

Freilich beruht die Wirkung von Lichtenbergs Bemerkungen nicht nur auf einem genialen Sprachvermögen, sondern vor allem auf einer universellen Bildung, über die er souverän zu gebieten vermochte. So jedenfalls erklärte Goethe das Phänomen Lichtenberg: »Ihm stand eine ganze Welt von Wissen und Verhältnissen zu Gebote, um sie wie Karten zu mischen und nach Belieben schalkhaft auszuspielen.«

Obschon der thematische Radius der Bemerkungen sehr weit ist und fast alle Wissens- und Tätigkeitsgebiete berührt, steht doch unverkennbar die geistig-moralische Physiognomie des Menschen im Zentrum von Lichtenbergs Nachdenken. Aber ihn interessiert nicht so sehr das Genie oder das gekrönte Haupt, sondern der einfache Mensch seiner Zeit, der abseits von der Heerstraße der Geschichte lebt, arbeitet, liebt und stirbt. Er mißtraut dem großen Wort wie dem weltfernen Pathos und leuchtet mit seiner Zauberlaterne hinter die heroische Attitüde, deren Fragwürdigkeit im bizarren Licht- und Schattenspiel seiner Aphorismen offenbar wird. – Er vermag den Propheten und Priestern nicht zu glauben und mißtraut den vermeintlichen Helden der Weltgeschichte, weil er weiß, daß der Mensch von irdischem Zuschnitt ist. Fern von den Utopien und Selbsttäuschungen des jungen Bürgertums, an dessen Ringen um einen neuen Lebensinhalt er teilnimmt, weist er den Menschen auf das tätige Leben, die Gegenwart, das Naheliegende und verpflichtet ihn zur Toleranz ohne Standpunktlosigkeit, zur Menschlichkeit ohne Sentimentalität, zur Hoffnung ohne Illusionismus. *Kurt Batt*

# QUELLENNACHWEIS

Die Aphorismen werden zitiert nach der Ausgabe von Albert Leitzmann, die 1902 bis 1908 in den ›Deutschen Literaturdenkmalen‹ erschien. Die Aphorismenbücher wurden von Lichtenberg mit den Buchstaben A bis L bezeichnet. Sie entstanden wie folgt:

| | | | | | |
|---|---|---|---|---|---|
| A | 1765–1770 | D | 1773–1775 | J | 1789–1793 |
| B | 1768–1771 | E | 1775 | K | 1793–1796 |
| C | 1772–1773 | F | 1776–1779 | L | 1796–1799 |

Der größte Teil des Heftes K sowie die Hefte G und H waren schon verloren, als Leitzmann seine Ausgabe veröffentlichte. Eine Auswahl ging in die Bände I und II der ›Vermischten Schriften‹ (neue vermehrte, von Lichtenbergs Söhnen herausgegebene Originalausgabe, Göttingen 1844) ein und wird nach dieser Ausgabe zitiert, und zwar nur mit Band- und Seitenzahl.

9 A 1
A 2
A 11
A 15

10 A 19
A 21
A 23
A 25
A 26
A 29

11 A 30
A 31
A 33
A 39
A 40
A 42

12 A 45
A 48
A 49
A 50
A 51

13 A 52
A 55
A 56

| | |
|---|---|
| 13 | A 58 |
| | A 61 |
| 14 | A 62 |
| | A 63 |
| | A 68 |
| | A 69 |
| 15 | A 70 |
| | A 78 |
| | A 80 |
| 16 | A 86 |
| | A 89 |
| | A 101 |
| | A 108 |
| | A 110 |
| 17 | A 111 |
| | A 112 |
| 18 | A 113 |
| | A 117 |
| 19 | A 123 |
| | A 125 |
| | A 128 |
| 20 | A 129 |
| | A 130 |
| | B 1 |
| | B 3 |
| 21 | B 4 |
| 21 | B 6 |
| | B 12 |
| | B 15 |
| | B 17 |
| 22 | B 18 |
| 23 | B 21 |
| | B 24 |
| | B 29 |
| | B 30 |
| | B 31 |
| | B 32 |
| | B 41 |
| 24 | B 42 |
| | B 48 |
| | B 53 |
| | B 54 |
| 25 | B 55 |
| | B 63 |
| | B 64 |
| | B 65 |
| | B 67 |
| | B 70 |
| | B 72 |
| 26 | B 73 |
| | B 74 |
| | B 75 |
| 27 | B 77 |
| 28 | B 78 |
| 29 | B 79 |
| | B 81 |
| | B 103 |
| | B 105 |
| | B 108 |
| | B 112 |
| 30 | B 116 |
| | B 119 |
| | B 121 |
| 31 | B 122 |
| | B 123 |
| | B 125 |
| 32 | B 126 |
| | B 128 |
| | B 132 |
| 33 | B 133 |
| | B 135 |
| | B 137 |
| 34 | B 138 |
| | B 142 |
| 35 | B 154 |
| | B 156 |
| | B 158 |
| 36 | B 159 |
| | B 160 |

| | | | | | |
|---|---|---|---|---|---|
| 36 | B 163 | 41 | B 260 | 47 | B 356 |
| | B 169 | | B 262 | | |
| | B 170 | | B 267 | 48 | B 360 |
| | B 178 | | | | B 364 |
| | B 181 | 42 | B 268 | | B 370 |
| | | | B 269 | | B 374 |
| 37 | B 184 | | B 271 | | |
| | B 187 | | B 275 | 49 | B 381 |
| | B 194 | | | | B 383 |
| | B 201 | 43 | B 279 | | B 387 |
| | B 205 | | B 280 | | B 390 |
| | B 209 | | | | B 409 |
| | B 211 | 44 | B 281 | | B 2 Anh. |
| | | | B 283 | | B 5 Anh. |
| 38 | B 212 | | B 289 | | B 6 Anh. |
| | B 213 | | B 291 | | B 8 Anh. |
| | B 219 | | B 297 | | B 9 Anh. |
| | B 222 | | | | |
| | B 225 | 45 | B 299 | 50 | B 10 Anh. |
| | B 228 | | B 304 | | B 11 Anh. |
| | B 236 | | B 305 | | B 12 Anh. |
| | B 237 | | B 309 | | B 13 Anh. |
| | B 238 | | B 313 | | B 14 Anh. |
| | | | B 318 | | B 15 Anh. |
| 39 | B 241 | | | | B 17 Anh. |
| | B 243 | 46 | B 321 | | |
| | B 244 | | B 329 | 51 | B 18 Anh. |
| | B 245 | | B 337 | | |
| | B 251 | | B 339 | 53 | C 4 |
| | B 254 | | B 341 | | C 19 |
| | B 258 | | | | C 20 |
| | | 47 | B 342 | | C 21 |
| 40 | B 259 | | B 352 | | C 22 |
| | | | B 353 | | |

54 C 24
C 26
C 27
C 30
C 31
C 35
C 36
C 46
C 51

55 C 56
C 59
C 79
C 98
C 101
C 123

56 C 146
C 155
C 156
C 164

57 C 179
C 180
C 181
C 184
C 192

58 C 204
C 207

59 C 217
C 219
C 221

59 C 227

60 C 231
C 232
C 239
C 240
C 243
C 246
C 247
C 255

61 C 264
C 265
C 270
C 277
C 297
C 312
C 316

62 C 322
C 325
C 332
C 337
C 338
C 341
C 342

63 C 344
C 347
C 348
C 349
C 352
C 356
C 368

63 D 10
D 11
D 14

64 D 19

65 D 27
D 29
D 30
D 44
D 45
D 46
D 52

66 D 58
D 67
D 69
D 74
D 79
D 80
D 85

67 D 87
D 89
D 94
D 96

68 D 97
D 99
D 103
D 105
D 106
D 108
D 121

69 D 123
D 137
D 138
D 141
D 143
D 145
D 159
D 162
D 167
D 173

70 D 174
D 175
D 198
D 201
D 202
D 213
D 215
D 216
D 217
D 218

71 D 219
D 220
D 226
D 232
D 237
D 240
D 241
D 242
D 244
D 246
D 250

72 D 269
D 270
D 271
D 272
D 273
D 283
D 301
D 307

73 D 310
D 311
D 322
D 326
D 328
D 331
D 336
D 337
D 346

74 D 347
D 358
D 359
D 360
D 361
D 364
D 366
D 372

75 D 375
D 384
D 391
D 396
D 401
D 403

75 D 404
D 407
D 408
D 409

76 D 410
D 414
D 419
D 420
D 422
D 426
D 427
D 432

77 D 440
D 441
D 446
D 447
D 448
D 457

78 D 459
D 461
D 462
D 465
D 470
D 471
D 473

79 D 474
D 479
D 482
D 483
D 484

| | |
|---|---|
| 79 | D 494 |
| | D 500 |
| 80 | D 502 |
| | D 512 |
| | D 513 |
| | D 521 |
| | D 526 |
| 81 | D 530 |
| | D 537 |
| | D 540 |
| | D 541 |
| | D 544 |
| | D 553 |
| | D 557 |
| | D 558 |
| | D 567 |
| 82 | D 574 |
| | D 575 |
| | D 578 |
| | D 585 |
| | D 591 |
| | D 598 |
| | D 599 |
| | D 603 |
| 83 | D 610 |
| | D 611 |
| | D 614 |
| | D 617 |
| 84 | D 639 |
| 84 | D 647 |
| | D 649 |
| | D 650 |
| | D 651 |
| | D 653 |
| | D 656 |
| 85 | D 661 |
| 87 | E 3 |
| | E 9 |
| | E 11 |
| | E 16 |
| | E 35 |
| | E 39 |
| 88 | E 43 |
| | E 45 |
| | E 46 |
| | E 48 |
| | E 50 |
| | E 52 |
| 89 | E 54 |
| | E 60 |
| | E 61 |
| | E 62 |
| | E 69 |
| | E 78 |
| | E 80 |
| 90 | E 82 |
| | E 96 |
| | E 97 |
| 90 | E 99 |
| | E 101 |
| | E 108 |
| | E 110 |
| 91 | E 111 |
| | E 124 |
| | E 127 |
| | E 128 |
| | E 131 |
| 92 | E 132 |
| | E 133 |
| | E 135 |
| | E 138 |
| | E 139 |
| | E 142 |
| | E 143 |
| | E 147 |
| | E 148 |
| | E 153 |
| 93 | E 162 |
| | E 165 |
| | E 170 |
| | E 171 |
| | E 173 |
| | E 174 |
| 94 | E 178 |
| | E 183 |
| | E 186 |
| | E 189 |
| | E 190 |

94 E 191

95 E 192
E 193
E 194
E 195

96 E 196

97 E 199
E 200
E 201
E 202
E 203
E 212
E 213
E 215
E 216
E 219

98 E 220
E 222
E 228
E 229
E 230
E 231
E 233

99 E 240
E 244
E 246
E 249
E 251
E 255

100 E 260
E 262

101 E 263
E 271
E 272
E 283
E 286
E 288
E 291

102 E 292
E 293
E 294
E 302
E 303
E 304
E 306
E 307
E 313

103 E 314
E 316
E 321
E 323
E 325
E 327
E 339
E 345
E 347
E 348

104 E 351

104 E 353
E 356
E 357
E 359
E 360
E 361
E 362
E 369
E 370
E 374

105 E 376
E 382
E 384

106 E 392
E 406
E 408
E 409
E 411
E 417

107 E 419
E 420
E 421
E 422
E 424

108 E 425
E 428
E 433
E 437
E 438
E 444

| | |
|---|---|
| 108 | E 450 |
| 109 | E 453 |
| | E 456 |
| | E 463 |
| | E 472 |
| | E 481 |
| | E 490 |
| 110 | E 506 |
| | E 507 |
| | E 509 |
| | E 515 |
| | F 5 |
| | F 6 |
| | F 7 |
| | F 13 |
| 111 | F 18 |
| | F 23 |
| | F 32 |
| | F 48 |
| | F 49 |
| | F 50 |
| | F 53 |
| 112 | F 58 |
| | F 69 |
| 113 | F 80 |
| | F 87 |
| | F 92 |
| | F 93 |
| | F 94 |
| 113 | F 95 |
| 114 | F 99 |
| | F 100 |
| | F 104 |
| | F 112 |
| | F 119 |
| | F 125 |
| 115 | F 126 |
| | F 129 |
| | F 131 |
| | F 134 |
| | F 135 |
| | F 149 |
| 116 | F 151 |
| | F 156 |
| | F 159 |
| | F 160 |
| | F 164 |
| 117 | F 166 |
| | F 169 |
| 118 | F 172 |
| | F 200 |
| | F 206 |
| | F 231 |
| | F 233 |
| | F 237 |
| | F 244 |
| | F 250 |
| | F 256 |
| 118 | F 264 |
| 119 | F 265 |
| | F 267 |
| | F 268 |
| | F 279 |
| | F 284 |
| | F 289 |
| | F 310 |
| | F 311 |
| 120 | F 332 |
| | F 333 |
| | F 334 |
| | F 335 |
| | F 338 |
| | F 339 |
| | F 350 |
| 121 | F 351 |
| | F 354 |
| | F 362 |
| | F 365 |
| | F 384 |
| | F 390 |
| | F 392 |
| | F 393 |
| 122 | F 394 |
| | F 396 |
| | F 401 |
| | F 405 |
| | F 407 |
| | F 411 |

122 F 418
F 420
F 423
F 433

123 F 436
F 437
F 468
F 473
F 474
F 475
F 477

124 F 478
F 480
F 484
F 485
F 486
F 492
F 494

125 F 495
F 505
F 506
F 507

126 F 508
F 512
F 513
F 515
F 517
F 518

127 F 523

127 F 531
F 532
F 537
F 538
F 545
F 547
F 552
F 556

128 F 560
F 567
F 571
F 752
F 573
F 577
F 579
F 582
F 584
F 590
F 591

129 F 593
F 595
F 598
F 607
F 609
F 616
F 621
F 630
F 635
F 636

130 F 656
F 669

130 F 672
F 678
F 696
F 699
F 700

131 F 707
F 717
F 737
F 738
F 752

132 F 759
F 760
F 762
F 775
F 776
F 778
F 782
F 784

133 F 785
F 806
F 808
F 839
F 851
F 855

134 F 856
F 860
F 866
F 867
F 868
F 870

| | |
|---|---|
| 134 | F 872 |
| | F 876 |
| | F 877 |
| | F 889 |
| 135 | F 892 |
| | F 903 |
| | F 915 |
| | F 929 |
| | F 930 |
| | F 931 |
| 136 | F 936 |
| | F 939 |
| | F 949 |
| | F 952 |
| | F 953 |
| | F 961 |
| 137 | F 962 |
| | F 964 |
| | F 972 |
| | F 986 |
| | F 989 |
| | F 991 |
| | F 1004 |
| | F 1010 |
| | F 1011 |
| 138 | F 1012 |
| | F 1013 |
| | F 1017 |
| | F 1018 |
| | F 1019 |
| 138 | F 1022 |
| | F 1030 |
| 139 | F 1034 |
| | F 1038 |
| | F 1056 |
| | F 1058 |
| | F 1065 |
| | F 1070 |
| | F 1076 |
| | F 1077 |
| 140 | F 1078 |
| | F 1080 |
| | F 1097 |
| | F 1115 |
| | F 1124 |
| | F 1133 |
| | F 1134 |
| | F 1136 |
| | F 1137 |
| 141 | F 1147 |
| | F 1149 |
| | F 1152 |
| | F 1154 |
| | F 1155 |
| | F 1162 |
| | F 1170 |
| 142 | F 1171 |
| | F 1172 |
| | F 1182 |
| | F 1191 |
| 142 | F 1196 |
| | F 1201 |
| | F 1202 |
| 143 | F 1204 |
| | F 1207 |
| 144 | F 1208 |
| | F 1209 |
| | F 1210 |
| 145 | F 1212 |
| | F 1215 |
| | RA 2 |
| | RA 4 |
| | RA 12 |
| 146 | RA 20 |
| | RA 29 |
| | RA 32 |
| 147 | I/10 |
| | I/14 |
| | I/15 |
| | I/15 |
| | I/19 |
| 148 | I/21 |
| | I/26 |
| | I/26 |
| | I/26 |
| | I/26 |
| 149 | I/39 |

149 I/41
I/71

150 I/72
I/73
I/73

151 I/74
I/75
I/75
I/78
I/78

152 I/78
I/79
I/103
I/104

153 I/104
I/105
I/120
I/127
I/129
I/130
I/142
I/142
I/143

154 I/144
I/166
I/166
I/166
I/167
I/168

154 I/169
I/169
I/169

155 I/169
I/169
I/169
I/169
I/170
I/171
I/171
I/190
I/190

156 I/191
I/191
I/192
I/192
I/192
I/171
I/171
I/171

157 I/208
I/208
I/209
I/212
I/213
I/217
I/217

158 I/218
I/218
I/219

158 I/252
I/252
I/273

159 I/277
I/278
I/280

160 I/280
I/281
I/282
I/306
I/306

161 I/307
I/309
I/324
I/327
I/327

162 II/24
II/36
II/40
II/40
II/43

163 II/67
II/69
II/69
II/69
II/69
II/70
II/70
II/70

163 II/70

164 II/71
II/71
II/71
II/71
II/72
II/73
II/73

165 II/73
II/74
II/74
II/74
II/82
II/82
II/83
II/83
II/83
II/84
II/84

166 II/86
II/86
II/86
II/87
II/87
II/87
II/88
II/104
II/105
II/106
II/106
II/106

167 II/107
II/107
II/108
II/108
II/110
II/110
II/122
II/129

168 II/131
II/131
II/131
II/131
II/135
II/137
II/163
II/164

169 II/164
II/165
II/166
II/166
II/166
II/166
II/168

171 J 2
J 12
J 14

172 J 17
J 23
J 25
J 31

172 J 32

173 J 33
J 35
J 36
J 40
J 47
J 53

174 J 61
J 79
J 96
J 97
J 98
J 104
J 106
J 110
J 112

175 J 120

176 J 123
J 143
J 147
J 148
J 149
J 155
J 163
J 164

177 J 166
J 167
J 168
J 170

177 J 185
J 187
J 193
J 209
J 212
J 220

178 J 221
J 226
J 231
J 233
J 235
J 236
J 237

179 J 245
J 251
J 255
J 261
J 262
J 263

180 J 267
J 268
J 269

181 J 271
J 273
J 277
J 279
J 280

182 J 289
J 308

182 J 310
J 322
J 323
J 324
J 325
J 327
J 333

183 J 334
J 336
J 340
J 341
J 342
J 343
J 352
J 361

184 J 363
J 371
J 385
J 397
J 419
J 423
J 427
J 429
J 440
J 448
J 450
J 452

185 J 453
J 454
J 456
J 463

185 J 468

186 J 488
J 490
J 494
J 502
J 516
J 520
J 524
J 525
J 526
J 528

187 J 534
J 537
J 540
J 558
J 565

188 J 567
J 575
J 600
J 618
J 620
J 627
J 629
J 638

189 J 639
J 644
J 649
J 650
J 656
J 664

| | |
|---|---|
| 189 | J 682 |
| | J 684 |
| | J 691 |
| 190 | J 694 |
| | J 696 |
| | J 705 |
| | J 711 |
| | J 716 |
| | J 737 |
| 191 | J 745 |
| | J 750 |
| | J 758 |
| | J 764 |
| | J 765 |
| | J 769 |
| | J 771 |
| | J 772 |
| | J 777 |
| | J 783 |
| 192 | J 811 |
| | J 820 |
| | J 830 |
| | J 833 |
| 193 | J 842 |
| | J 849 |
| | J 852 |
| | J 854 |
| | J 855 |
| | J 858 |
| | J 870 |
| 193 | J 876 |
| | J 888 |
| 194 | J 893 |
| | J 894 |
| | J 895 |
| | J 904 |
| | J 912 |
| | J 914 |
| | J 921 |
| 195 | J 922 |
| | J 928 |
| | J 933 |
| | J 935 |
| | J 943 |
| | J 949 |
| 196 | J 950 |
| | J 969 |
| | J 973 |
| | J 988 |
| | J 990 |
| 197 | J 993 |
| | J 1022 |
| | J 1024 |
| | J 1027 |
| | J 1036 |
| | J 1048 |
| | J 1069 |
| | J 1070 |
| 198 | J 1072 |
| 198 | J 1075 |
| | J 1079 |
| | J 1083 |
| | J 1095 |
| | J 1098 |
| | J 1102 |
| | J 1104 |
| 199 | J 1108 |
| | J 1122 |
| | J 1127 |
| | J 1130 |
| | J 1134 |
| | J 1135 |
| 200 | J 1147 |
| | J 1157 |
| | J 1160 |
| | J 1177 |
| | J 1178 |
| | J 1183 |
| 201 | J 1190 |
| | J 1194 |
| | J 1196 |
| | J 1197 |
| | J 1200 |
| | J 1201 |
| | J 1208 |
| 202 | J 1209 |
| | J 1214 |
| | J 1217 |
| | J 1223 |

202 J 1231
J 1236
J 1240
J 1243

203 J 1248
J 1252
J 1255
J 1259
J 1266
J 1268
J 1269
J 1271

204 J 1273
J 1280
J 1281
J 1287
J 1288
J 1294
J 1300
J 1310
J 1322

205 J 1323
J 1325

206 J 1331
J 1340
J 1346

207 K 3
K 15
K 16

207 I/17
I/22

208 I/23
I/23
I/23
I/23
I/24
I/24

209 I/30
I/31
I/31
I/32
I/32
I/32

210 I/33
I/33
I/33
I/42
I/42
I/89
I/90

211 I/90
I/107

212 I/130
I/131
I/131
I/131
I/134
I/135

212 I/148
I/148

213 I/149
I/152
I/176
I/176
I/177

214 I/177
I/177
I/178
I/178
I/178

215 I/178
I/179
I/182
I/186
I/190
I/190
I/197
I/197

216 I/198
I/199
I/200
I/221
I/221
I/221

217 I/224
I/237
I/240

| | |
|---|---|
| 217 | I/240 |
| 218 | I/240 |
| | I/240 |
| | I/241 |
| | I/242 |
| | I/242 |
| | I/242 |
| 219 | I/242 |
| | I/243 |
| | I/243 |
| | I/246 |
| 220 | I/247 |
| | I/253 |
| | I/282 |
| | I/283 |
| 221 | I/283 |
| | I/284 |
| | I/284 |
| | I/286 |
| | I/286 |
| 222 | I/287 |
| | I/297 |
| | I/300 |
| | I/311 |
| | I/311 |
| 223 | I/312 |
| | I/312 |
| | II/31 |
| 223 | II/76 |
| | II/77 |
| | II/94 |
| 224 | II/95 |
| | II/95 |
| | II/101 |
| | II/112 |
| | II/116 |
| | II/116 |
| | II/117 |
| | II/143 |
| | II/145 |
| 225 | II/145 |
| | II/177 |
| | II/177 |
| | II/177 |
| | II/177 |
| 226 | II/185 |
| | II/185 |
| | II/188 |
| | II/190 |
| | II/191 |
| | II/192 |
| 227 | L 9 |
| | L 16 |
| | L 20 |
| | L 22 |
| | L 25 |
| | L 26 |
| 228 | L 28 |
| | L 31 |
| | L 34 |
| | L 37 |
| 229 | L 38 |
| | L 46 |
| | L 50 |
| | L 58 |
| | L 60 |
| 230 | L 61 |
| | L 65 |
| | L 67 |
| | L 69 |
| | L 72 |
| | L 73 |
| | L 76 |
| 231 | L 79 |
| | L 88 |
| | L 100 |
| | L 102 |
| | L 103 |
| | L 112 |
| 232 | L 116 |
| | L 135 |
| | L 140 |
| | L 143 |
| | L 145 |
| | L 150 |
| | L 152 |

233 L 153
L 155
L 163
L 181
L 182

234 L 191
L 192
L 193

235 L 197
L 210
L 259
L 264

236 L 269
L 275
L 296
L 300
L 308

237 L 318
L 320
L 324
L 325
L 346
L 347
L 366

238 L 372
L 384
L 389
L 398
L 400

238 L 402
L 403
L 404
L 406
L 407

239 L 411
L 412
L 415
L 417
L 425
L 433
L 436a
L 437
L 443
L 455
L 458

240 L 464
L 465
L 468
L 469
L 470
L 474
L 482
L 489
L 500

241 L 501
L 502
L 503
L 527
L 532

242 L 539
L 547
L 551
L 556
L 557
L 560
L 569
L 570
L 579
L 589

243 L 593
L 596
L 597
L 601
L 612
L 614

244 L 615
L 616
L 619
L 620
L 622
L 623
L 626
L 638

245 L 645
L 646
L 724
L 733
L 734
L 737
L 745
L 747

## insel taschenbücher

Alphabetisches Verzeichnis

Fontane: Effi Briest it 138
Caspar David Friedrich: Auge und Landschaft it 62
Manuel Gassers Köchel-Verzeichnis it 96
Das Geburtstagsbuch it 155
Geschichten der Liebe aus 1001 Nächten it 38
Gespräche mit Marx und Engels (2 Bände) it 19/20
Goethe: Dichtung und Wahrheit (Kassette)
it 149/it 150/it 151
Goethe: Die Leiden des jungen Werther it 25
Goethe: Die Wahlverwandtschaften it 1
Goethe: Faust (1. Teil) it 50
Goethe: Faust (2. Teil) it 100
Goethe: Reineke Fuchs it 125
Goethe: West-östlicher Divan it 75
Hebel: Kalendergeschichten it 17
Heine: Buch der Lieder it 33
Heras: Am Anfang war das Huhn it 185
Hesse: Dank an Goethe it 129
Hesse: Geschichten aus dem Mittelalter it 161
Hesse: Kindheit des Zauberers it 67
Hesse: Leben und Werk im Bild it 36
Hesse: Pictors Verwandlungen it 122
Hillmann: ABC-Geschichten von Adam bis Zufall it 99
E. T. A. Hoffmann: Kater Murr it 168
Hölderlin-Chronik it 83
Homer: Ilias it 153
Ricarda Huch: Der Dreißigjährige Krieg
(2 Bände) it 22/23
Jacobsen: Niels Lyhne it 44
Kant-Brevier it 61
Kaschnitz: Eisbären it 4
Kästner: Die Lerchenschule it 57
Kästner: Die Stundentrommel
vom heiligen Berg Athos it 56
Kästner: Griechische Inseln it 118
Kästner: Kreta it 117
Kästner: Ölberge, Weinberge it 55
Zum Kinderbuch it 92
Kinderheimat it 111
Kinder- und Hausmärchen gesammelt durch
die Brüder Grimm it 112/it 113/it 114

Rilke: Ausgesetzt auf den Bergen des Herzens it 98
Rilke: Das Buch der Bilder it 26
Rilke: Duineser Elegien / Die Sonette an Orpheus it 80
Rilke: Geschichten vom lieben Gott it 43
Rilke: Neue Gedichte it 49
Rilke: Das Stunden-Buch it 2
Rilke: Wladimir, der Wolkenmaler it 68
Rilke: Leben und Werk im Bild it 35
Schlote: Das Elefantenbuch it 78
Schlote: Fenstergeschichten it 103
Schmögner: Das Drachenbuch it 10
Schmögner: Das unendliche Buch it 40
Schwab: Sagen des klassischen Altertums
(3 Bände) it 127
Shakespeare: Sonette it 132
Shaw-Brevier it 159
Sindbad der Seefahrer it 90
Sophokles: Antigone it 70
Sophokles: König Ödipus it 15
Stendhal: Über die Liebe it 124
Stevenson: Die Schatzinsel it 65
Storm: Am Kamin it 143
Swift: Ein bescheidener Vorschlag . . . it 131
Swift: Gullivers Reisen it 58
Toepffer: Komische Bilderromane (2 Bände) it 137
Tolstoj: Die großen Erzählungen it 18
Turgenjew: Väter und Söhne it 64
Der Turm der fegenden Wolken it 162
Twain: Huckleberry Finns Abenteuer it 126
Twain: Tom Sawyers Abenteuer it 93
Voltaire: Candide it 11
Voltaire: Zadig it 121
Wagner: Ausgewählte Schriften it 66
Walser: Fritz Kochers Aufsätze it 63
Das Weihnachtsbuch it 46
Das Weihnachtsbuch der Lieder it 157
Das Weihnachtsbuch für Kinder it 156
Wilde: Die Erzählungen und Märchen it 5
Wilde: Salome it 107
Wilde: Leben und Werk it 158
Zimmer: Yoga und Buddhismus it 45